SCHACH-BIBLIOTHEK

Gary Kasparow

Schach als Kampf

Meine Spiele und mein Weg

Im Falken-Verlag sind zahlreiche Schachbücher hervorragender Autoren erschienen. Fragen Sie Ihren Buchhändler.

ISBN 3 8068 0729 9

© 1984/1986 by Falken-Verlag GmbH, 6272 Niedernhausen/Ts.
© der Originalausgabe 1983 by G. Kasparow, R.G. Wade
Übersetzung: Karl Colditz
Titelfoto: Michael Kupferschmidt, Basel
Gesamtherstellung: H.G. Gachet & Co., 6070 Langen

817 2635 4453 62

Inhalt

Vorwort

»... Sowohl in der UdSSR als auch anderswo ist eine ganze Schar starker, junger Großmeister in den Vordergrund gerückt ... nach meiner Anschauung hat Gary Kasparow die besten Aussichten ... (mit einer FIDE-Wertungszahl von 2690 [ÉLO] am 1. Januar 1983 ist er der am höchsten eingestufte Teenager der Geschichte – der Hrsg.) ... nach meiner Meinung ist Kasparow auf dem Wege, einen perfekten und harmonischen Stil zu entwickeln wie Aljechin (Weltmeister 1927–35, 37–45).«

Michail Botwinnik, Weltmeister 1948–57, 58–60, 61–63. Viele sind der Ansicht, daß sein Aufstieg zum Weltmeistertitel nicht mehr aufzuhalten ist.

Dieses Buch enthält 32 Partien, die von Gary Kasparow (Aussprache: Kas-pa-row) kommentiert werden, 1 Partie kommentiert von Michail Botwinnik, 3 Partien mit Anmerkungen von Eric Schiller, 2 gemeinsam von Gary und Eric besprochen und 31 Partien und Stellungen, die vom Herausgeber ausgewählt wurden – insgesamt 64 Partien und 5 Stellungen. Zugrundegelegt wurde eine 36seitige Broschüre »Rastut vo dvortsye shakmatisti« (Aufgewachsen im Palast der Schachspieler), die am 20. Januar 1981 zu Ehren von Juri Gagarin (Astronaut) vom Palast für die Jungen Pioniere in Baku herausgegeben wurde.

Vom Herausgeber wurden Einzelheiten aus Garys Laufbahn und Hintergründe zu seinen Partien hinzugefügt.

Danksagungen

Autor und Herausgeber bedanken sich herzlich für die Hilfe, die sie beim Anfertigen dieses Buches erhalten haben. Hier gebührt der Dank Eric Schiller und Raymond Keene für den Kontakt zu Gary, B. T. Batsford Ltd. für die Verbindung zu VAAP, der 14tägig erscheinenden russischen Zeitung »64« und Frits Agterdenbos für Photographien.

Bibliographie

Dem Herausgeber war folgendes Quellenmaterial von Nutzen:
die sowjetischen Schachzeitschriften Shakmaty of USSR, Shakmaty (Riga), Shakmaty Bulletin, Shakmaty (Baku), 64 und Bulleten Tsentralnogo Shakmatnogo Kluba USSR,
British Chess Magazine,
Deutsche Schachblätter,
Schaakbulletinen,
Schachinformator, mit $^1/_2$jährlichem Erscheinen,
Turnierbuch Tilburg 1981,
verschiedene Turnierbulletins.

Symbole

+		Schach
±	∓	leichter Vorteil für Weiß bzw. Schwarz
±	∓	klarer Vorteil
±±	∓∓	entscheidender Vorteil
=		ausgeglichene Stellung
∞		unklare Stellung
!		guter Zug
!!		sehr guter Zug
!?		interessanter Zug
?!		zweifelhafter Zug
?		schlechter Zug
??		sehr schlechter Zug
ESE		Enzyklopädie der Schacheröffnungen

1

Am Anfang ...

1963 – 1974

Gary Kimowitsch Kasparow wurde am 13. April 1963 in Baku geboren, wo er heute noch lebt. Garys Vater, Kim Moisejewitsch Wainstein, gelernter Ingenieur, war ein gebildeter und vielseitiger Mann. Er liebte besonders die Musik und spielte gerne auf der Violine. Verständlich ist, daß er sich mit Schach befaßte; überraschender ist, daß sich auch seine Frau dafür interessierte. Als Gary gerade 6 geworden war, kam die Familie zu der Entscheidung, ihn in Musik zu unterrichten. Es wäre interessant, sich vorzustellen, welchen musikalischen Beitrag er geleistet hätte, wäre der Entschluß in die Tat umgesetzt worden. Wäre die Lücke im Schach wohl durch ein anderes Genie ausgefüllt worden?

Am gleichen Abend, an dem die Entscheidung fiel, bauten Garys Eltern eine Stellung aus der von dem alten Schachmeister Suryen Abramian geführten Schachspalte der örtlichen Tageszeitung auf. Ihr Kleiner, Garik (familiär für: Gary), wandte seine Augen nicht von dem Brett; nach dem Aufwachen am nächsten Morgen – beim Frühstück – schlug Gary einen Lösungszug für die Stellung vor. Die Familie war erstaunt; niemand hatte ihm das Spiel beigebracht. Sein Vater, neugierig geworden, fragte ihn die Bezeichnung der einzelnen Felder ab.

Eine solche Aufforderung rief bei ihm nur ein leichtes Heben der Augenbrauen hervor. Das heißt, daß Garik schon sehr früh Lesen und Abzählen gelernt haben mußte.

Von Wainstein zu Kasparow

Garys Vater, der jüdischer Herkunft war, starb vor Vollendung seines 40. Lebensjahres; Gary war damals 7 Jahre alt. Gary lebte nun bei seiner Mutter, Klara Schagenowna, und ihren Eltern, die aus Armenien stammten. Seine Mutter und beide Großeltern mütterlicherseits hießen bei allen »Kasparian«. Es war selbstverständlich, daß Gary die russische Version dieses Nachnamens annehmen sollte, wenn er es mit 12 Jahren vom Gesetz her durfte.

Als Gary 7 war, nahm ihn Rostik Korsunsky, ein Nachbarjunge aus der 7. Klasse, mit in den Schachkreis der Bewegung der Jungen Pioniere (Korsunsky ist inzwischen einer der Schachmeister Bakus geworden).

Die Jungen Pioniere von Baku

Garys erster Trainer bei den Jungen Pionieren war Oleg J. Priworotsky, der bereits nach einigen Lektionen bemerkte: »Ich weiß nicht, ob andere Städte vergleichbare Anfänger haben; sicher gibt es in Baku niemand wie ihn.«

Laut Trainer Priworotsky spielte Garik ziemlich schwach, unterschied sich aber von den anderen Neulingen durch sein außergewöhnliches Gedächtnis. Er lernte die Daten (Züge, Ergebnisse, Punkte) der Weltmeisterschaftskämpfe auswendig. Und wenn die Lehrer damit begannen, Stellungen und Studien zu analysieren, verschwand für den Jungen die Umgebung, und er ging ganz im Studieren der Varianten auf.

Garik interessierten eindrucksvolle Endabwicklungen; es dauerte nicht lange, da geriet er in den Bann der dynamischen Partien Alexander Aljechins (Weltmeister 1927–35, 1937–45), der einen dauerhaften Einfluß auf ihn haben sollte.

Jung-Gary erklomm schnell die Leiter des schachlichen Könnens, von der 4. Kategorie (Wertungszahl etwa 1450) zur 3. Kategorie (etwa 1600), zur 2. Kategorie (etwa 1800). Als Garik, 9jährig und Spieler der 1. Kategorie (Wertung etwa 2000), das Finale der Blitzmeisterschaft von Baku erreichte, hielt man dies einer Notiz in den regionalen und überregionalen Zeitungen für würdig.

Ende 1973 wurde in Baku ein Turnier nach Scheveninger System von Schachtrainern gegen Spieler der 1. Kategorie abgehalten. Dabei erfüllte Gary die Norm eines Meisteranwärters (etwa 2150 Punkte). Und die Fachleute begannen, auf Gary aufmerksam zu werden. In der Mannschaft der Trainer war A. Schacharow, der in der Schule von Botwinnik einer seiner Lehrer werden sollte.

Die Schule von Botwinnik

Tatsächlich hatte Gary schon im Juni 1973 sein erstes, ernsthaftes All-Unions-Turnier gespielt, die Jugend-Mannschaftsmeisterschaft in Wilna. Im Finale verlor der Zehnjährige im Kampf gegen Meisteranwärter keine Partie, obwohl alle seine Gegner älter waren. Von den anwesenden Trainern richtete Alexander Nikitin sein besonderes Augenmerk auf Garys Spiel. Das Ergebnis: Einen Monat später wurde der Junge zu einer Sitzung in der Botwinnik-Schule eingeladen.

Michail Botwinnik war Weltmeister 1948–1957, 1958–1960, 1961–1963 und war sicherlich der größte Spieler der Sowjetunion. Zu dieser, 1963 gegründeten Schule gehörten so begabte Schüler wie Anatoli Karpow; in ihr waren alle Teile des Landes vertreten, Der Schulbetrieb wurde hauptsächlich über Fernkurse abgewickelt. Die Schüler trafen ihre Lehrer in kurzen Sitzungen zwei- bis dreimal im Jahr, normalerweise in den Schulferien. Am Ende einer jeden Sitzung wurde ein neues, individuell ausgerichtetes, hartes Stück Arbeit mit auf den Weg gegeben.

Kasparow sagte selbst: *1973, als ich noch ein Junge war, der einfach gerne Schach spielte, lud mich Michail Moisejewitsch (Botwinnik) ein, seiner Schule beizutreten. Die Dinge, die ich mir in diesem Lehrgang während der folgenden 5 Jahre aneignen konnte, sind nicht mit Geld aufzuwiegen. Er drängt keinem . . . seiner Schüler seine Ansichten auf.*

Botwinnik bestärkte mein Gefühl, daß Aljechins Spielweise der meinen entsprach. Als ich 1977 Jugendmeister der Sowjetunion wurde, gratulierte mir Botwinnik. Dann schlug er mir vor, mit ihm meine Gewinnpartien durchzusprechen; in einigen Punkten wurde ich schwer kritisiert. Aber dann machte er mich mit der Bemerkung glücklich, daß ich mir aufgrund der Qualität meines Spiels große Hoffnungen machen könne.

Botwinnik schrieb: *Es war von Anfang an deutlich, daß er sich mit seiner Fähigkeit, Varianten exakt und viele Züge im voraus zu berechnen, von den anderen Jugendlichen abhob. Aber Gary war ein sehr nervöser Junge. Ich mußte darauf bestehen, daß er erst überlegen sollte, bevor er einen Zug machte. Auch pflegte ich zu sagen: »Gary, du läufst Gefahr, ein neuer Larsen oder Taimanow zu werden.« Diese berühmten Großmeister machen selbst in ihren besten Jahren manchmal zuerst einen Zug und überlegen dann.*

Bakus Junge Pioniere 1973–74

Die Mannschaft der Jungen Pioniere von Baku (6 Jungen, 1 Mädchen) qualifizierte sich für das All-Unions-Finale des Komsomolskaja-Prawda-Turniers, indem sie das Zonenturnier in Kiew zum Jahreswechsel 1973–74 gewann. Baku erreichte 27-8, vor Kiew 22½, Saporoschje 19, Taschkent 18, Dnjepropetrowsk 11 und Stawropol 7½. Rostik Korsunsky und Gary Wainstein gewannen für ihre Mannschaft alle 5 Partien.

G. Wainstein – W. Wassiljenko
(Dnjepropetrowsk)
Französisch (C03)

1. e4	e6
2. d4	d5
3. Sd2	Sc6
4. Sf3	Sh6
5. e5	f6
6. Lb5!	Ld7
7. Lxc6	Lxc6
8. Sb3	Sf7
9. Lf4	f5
10. h4	Le7
11. Dd2	b6
12. c3	Lb7
13. Le3	Dd7
14. Sc1	La6
15. Th3	Db5
16. Se2	Dxe2+
17. Dxe2	Lxe2
18. Kxe2	0–0–0
19. Sg5	Sxg5
20. hg	Tdf8
21. g3	g6
22. Th6	Tf7
23. Tah1	Tg7
24. Kf3	Kd7
25. g4	fg+

26. Kxg4	Ke8
27. b4	a6
28. a4	Kd7
29. b5	a5?!

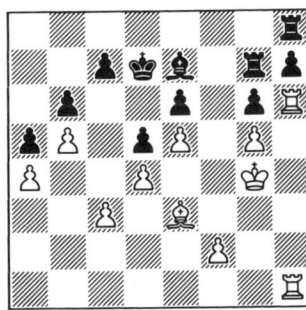

Diagramm 1

30. c4!	dc
31. Tc1	Te8?
32. Txc4	Ld8
33. Kf4	Tee7
34. Ke4	Tgf7
35. Tc6	Tg7
36. d5	ed+
37. Kxd5	Te8
38. e6+	Kc8

39.	**Ld4**	**Tgg8**
40.	**Txh7**	
1:0		

Keine schlechte Positionspartie für einen Zehnjährigen!

»Komsomolskaja Prawda«-Finale 1974

Der 10jährige Gary Wainstein war Mitglied des Teams der Jungen Pioniere von Baku, das, von Großmeister Bagirow geführt, Ende März 1974 mit den Mannschaften der Jungen Pioniere von Moskau, Leningrad, Tscheljabinsk, Riga und Tschernowtsi im Wettstreit um den Preis der »Komsomolskaja Prawda« lag.

Jedes Team mit 6 Jungen und 1 Mädchen hatte einen Großmeister zum Trainer, der in einer Uhren-Simultanvorstellung gegen jedes Mitglied der anderen Mannschaften spielte.

Gary schlug Awerbach, remisierte mit Kuzmin und verlor gegen Tal (ein wirklich denkwürdiges Erlebnis), Taimanow und Polugajewski.

In einem Spezialbericht über Gary war zu lesen: *Seine schachliche Grundschwäche ist Überschwenglichkeit, die ihn vorschnell zu überoptimistischen Einschätzungen kommen läßt. Dies führt zu Fehlern, die sonst wegen der negativen Auswirkungen aussortiert würden. Aber er ist immer noch ein Kind; er will in seiner Spielstärke weiterkommen, ohne sich anzustrengen. Gary sollte einen erfahrenen Schachlehrer (oder noch besser: Großmeister) haben, der – hoffentlich – all seine Partien sorgfältig analysiert.*

Jugendmeisterschaft der UdSSR 1975

Der 11jährige »Garik« Wainstein war bei weitem der jüngste der 42 Konkurrenten, unter ihnen 23 Meisteranwärter, die an der UdSSR-Jugendmeisterschaft in Wilna (Januar 1975) teilnahmen. Er gewann die ersten drei Partien, so daß er dann meist gegen die in Führung liegenden spielen mußte (eine Folge des Schweizer Systems – der Übersetzer), und schloß ab mit einem verdienstvollen 7. Platz. Der Sieger, Ewgeni Wladimirow aus Alma-Ata, war 17 Jahre alt.

Tabelle der ersten Zehn, 9 Runden nach Schweizer System:

		1	2	3	4	5	6	7	8	9	0	Rest	
1	E. Wladimirow	★	½	1	1		½	1	1			2½	7½
2	E. Kengis	½	★	1	½		1	½	½		½	2	6½
3	V. Sokolow		0	★	1			0				5½	6½
4	L. Jurtajew	0	½	0	★	1		1	½	1		2	6
5	A. Jermolinski	0			0	★		1			½	4½	6
6	R. Gabdrachmanow		0				★		1			5	6
7	G. Wainstein	½	½	1	0	0		★	½			3	5½
8	S. Dwoiris	0	½		½		0	½	★			4	5½
9	S. Pekker	0			0					★		5½	5½
10	E. Magerramow		½			½					★	4½	5½

Die folgende Partie aus der Jugendmeisterschaft wurde in dem ersten westlichen Pressebericht über Gary von Leonard Barden in »The Guardian« am 24. Februar 1975 abgedruckt. Wir zitieren daraus:

Was auch immer mit der Weltmeisterschaft 1975 geschehen wird, die Experten sagen voraus, daß Karpow der Nachfolger von Fischer werden wird – dieses Jahr, 1978 oder 1981. Aber wer wird der Weltmeister nach Karpow sein?

. . . nach meiner Meinung gibt es einen klaren Favoriten für die Weltmeisterschaft 1990. Es ist der 11jährige Gary Wainstein aus Baku, vom Internationalen Meister Bagirow betreut, der jüngste Spieler in der UdSSR-Jugendmeisterschaft und der jüngste Meisteranwärter seit Karpow. Wainstein ist ein Spieler mit der ELO-Zahl von 2120, der schnelle Fortschritte macht.

E. Einoris – G. Wainstein
Sizilianisch (B 59)

1.	e4	c5
2.	Sf3	Sc6
3.	d4	cd
4.	Sxd4	Sf6
5.	Sc3	d6
6.	Le2	e5

Heute zieht es Gary vor, mit dem e-Bauern nur noch ein Feld vorzugehen.

7.	Sb3	Le7
8.	0–0	0–0
9.	f4	a5!

Eine theoretisch bewährte Reaktion auf den selten gespielten und zweifelhaften Zug von Weiß.

10.	a4	Sb4
11.	Lf3	Ld7!?

Das Manöver . . . Lc8–d7–c6 wird von Gary im Scheveninger System häufig angewandt. Hier stellt es eine theoretische Neuerung dar. Ebenfalls gut steht Schwarz nach 11. . . . Le6.

12.	Kh1	Lc6!
13.	Sd5?	

Ein ziemlich offensichtlicher Fehler, der einen Bauern grundlos verliert. Nachdem das Feld d5 bereits den schwarzen Figuren überlassen wurde, hatte Weiß nichts Besseres als 13. Tel (falls 13. fe de 14. Lg5 Dxd1∓) 13. . . . Tac8, und es steht ein harter Kampf bevor, in dem die Chancen etwa gleich stehen.

13.	. . .	Lxd5
14.	ed	e4
15.	Le2	Sbxd5
16.	g4	Sc7
17.	g5	Sfe8

Die aggressive weiße Aufstellung vermag den jungen Burschen aus Baku nicht einzuschüchtern, der einfach den Schutz seines Monarchen organisiert und sich auf die Verwertung seines schönen Freibauern auf e4 konzentriert.

18.	Ld2	Se6
19.	h4	f5!

Der weiße König hatte sich als Eroberer verkleidet, und wenn er jetzt auf f6 nimmt, dann wird seine Nacktheit deutlich, z. B. 20. gf? Lxf6 21. h5 Lxb2 22. Tbl Dh4+ 23. Kg2 La3∓, da 24. f5 beantwortet wird mit 24. . . . e3! 25. Lxe3 De4+ 26. Tf3 Txf5∓∓.

20.	Le3	d5
21.	c4	S8c7

21. . . . dc 22. Lxc4 gibt Weiß ausgezeichnete Perspektiven.

22.	Lb6	Dd6!
23.	c5	

Nun hat der Druck auf das schwarze Zentrum nachgelassen und die verbundenen Freibauern sind frei zum Laufen. Es ist ohne Bedeutung, daß Weiß das materielle Gleichgewicht wiederherstellen kann.

23.	. . .	Dd7
24.	Sxa5	Lxc5

25. Lxc7	Sxc7
26. Sxb7	La7!

Besetzt eine herrliche Diagonale und blockiert dazu den a-Bauern.

27. a5	d4
28. Lc4+	Kh8
29. a6	d3
30. b4?	

Dieser Vormarsch auf dem Damenflügel, so schleichend wie eine Schnecke, hat keine Wirkung. Eine letzte verzweifelte Idee wäre 30. Ta5!?

30. ...	Dd4
31. Db3	De3
32. Da2	Tac8!

Bereitet ein hübsches Qualitätsopfer vor.

33. Sd6	Tcd8
34. Sb7	

Diagramm 2

34. ...	d2!

mit der Absicht 35. ... Dh3 matt.

35. Kh2	Td3!

Auf der Flucht vor dem einen Angreifer, stürzt sich der kühne Turm geradewegs in die Arme eines anderen!

36. Lxd3	Dxd3
37. Da3	Dxa3
38. Txa3	e3
39. Taa1	e2
40. Th1	Te8
41. Sd6	e1D
42. Sxe8	Df2+
0:1	

Ein wildes Remis aus dieser Jugendmeisterschaft:

S. Dwoiris – G. Wainstein
Sizilianisch (B 89)
1. e4 c5 2. Sf3 Sc6 3. d4 cd 4. Sxd4 Sf6 5. Sc3 d6 6. Lc4 e6 7. Le3 Le7 8. De2 a6 9. 0–0–0 Dc7 10. Lb3 0–0 11. g4 Sxd4 12. Txd4 b5 13. g5 Sd7 14. Dh5 Td8

15. Sd5!?	

ESE gibt 15. e5 und 15. Tg1 an. 15. Sd5 war von Alexander Nikitin 1968 analysiert worden.

15. ...	ed
16. Lxd5	Se5
17. f4	

17. Lxa8 Lg4 18. Dh4 Lf3 gibt Schwarz die besseren Chancen.

17. ...	g6

Spielbar wäre auch 17. ... Lg4 18. Dh4 Tac8 19. c3 Lf3 gewesen.

18. Dh4	Sf3

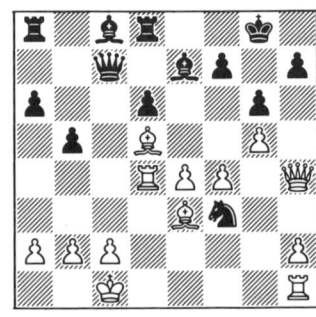

Diagramm 3

19. Lxf7+	Kg7
20. Dh6+	Kxf7
21. Dxh7+	Ke8
22. Dxg6+	Kd7

 14

23. Df5+ Ke8 24. Dg6+ Kd7 25. Td3
Dc4 26. Thd1 Lb7 27. Dh7 Lxe4
28. Txd6+ Ke8 29. Dh8+ Lf8 30. Txd8+
Txd8 31. Txd8+ Kxd8 32. Dxf8+ Kd7
33. Dg7+ Ke8 34. Dh8+ Kf7 35. Df6+

Kg8 36. Dd8+ Kh7 37. Dd7+ Kg6 38.
De8+ Kf5 39. Dd7+ De6 40. Dxe6+
Kxe6 41. b3 Sxh2 42. c4 bc 43. bc Sg4
44. Kd2 Kf5 45. a3 Lb1
1/2:1/2

»Stadtpokal« von Baku

Dieses Mini-Wettkampfturnier nach K.-o.-System (2 Partien, bei Gleichstand 5 Minu-
ten-Blitzpartien) führte 128 Meister, Meisteranwärter und Spieler der 1. Kategorie im
Herbst 1975 zusammen. Das Finale – ein scharfer Kampf – endete mit einem Sieg des
Schülers der 6. Klasse über den Schachmeister. Hier ist die entscheidende Partie:

O. Pawlenko – G. Kasparow
Königsindisch (E 71)

1. d4	Sf6
2. c4	g6
3. Sc3	Lg7
4. e4	d6
5. h3	0–0
6. Le3	e5
7. d5	Sh5
8. Le2	f5!?
9. Lxh5	gh
10. Dxh5	f4
11. Ld2	Sd7
12. 0–0–0	Sf6
13. De2	De8
14. Sf3	c5
15. Kb1	a6
16. g4	Ld7
17. Sh4	b5
18. Sf5	b4
19. Sxd6	De7
20. Sf5	Lxf5
21. ef?	bc
22. Lxc3	Sd7
23. d6	Df7
24. f3	Tab8
25. Td5	

(Diagramm 4)

25. ...	Sb6!
26. Thd1	Sxd5?!
27. Txd5	e4!

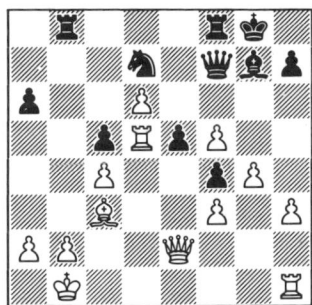

Diagramm 4

28. f6	Lxf6
29. Tf5	Lxc3
30. Txf7	Txb2+
31. Dxb2	Lxb2
32. Te7	ef
33. Tel	f2
34. Tf1	Ld4
0:1	

Die heftigen und explosiven Aktionen
aus der königsindischen Verteidigung
heraus sind typisch für Kasparow.
In ihrem Bericht über das obige Turnier
erwähnte die Wochenzeitung »64« in
ihrer Ausgabe 42/1975, daß Kasparow,
bisher bekannt unter dem Namen
Wainstein, jetzt den Familiennamen der
Mutter trägt.

 15

Turnier Großmeister gegen Junge Pioniere 1975

Das »Komsomolskaja Prawda«-Turnier Großmeister gegen Junge Pioniere fand in Leningrad im November 1975 statt. Gary remisierte mit den Großmeistern Wiktor Kortschnoi (Herausforderer der Weltmeisterschaft 1978 und 1981), Lew Polugajewsky und Gennady Kusmin, schlug den Meister Boris Katalimow und verlor gegen Exweltmeister Wassili Smyslow und Weltmeister Anatoli Karpow.

Die Ergebnisse im einzelnen:
Moskau 54 (Smyslow 38 aus 42 – 6 Uhren-Simultanvorstellungen an jeweils 7 Brettern – plus der 16 Punkte, die seine Mannschaft den anderen Großmeistern abgeknöpft hatte), Leningrad 49¹/₂ (Kortschnoi 37¹/₂ plus 12), Kuibischew 42 (Polugajewski 37 plus 5), Tscheljabinsk 42 (Karpow 37 plus 5), Baku 39 (Bagirow 33¹/₂ plus 5¹/₂), Woroschilowgrad 37¹/₂ (Kusmin 32 plus 5¹/₂) und Alma-Ata 30 (Katalimow 28¹/₂ plus 1¹/₂).

Dies war das erste »Kreuzen der Klingen« zwischen Karpow, dem späteren, neugekrönten Weltmeister, und Gary Kasparow. Hier die Partie:

A. Karpow – G. Kasparow
Sizilianisch (B 92)

1. e4	c5
2. Sf3	d6
3. d4	cd
4. Sxd4	Sf6
5. Sc3	a6
6. Le2	e5
7. Sb3	Le7
8. Lg5	Le6
9. f4	ef
10. Lxf4	Sc6
11. 0-0	0-0
12. Kh1	b5
13. Lf3	Se5
14. Sd4	Lc4
15. Tf2	b4
16. Sd5	Sxd5
17. ed	Lf6
18. Td2	Db6
19. Le3	Dc7
20. Le4	Tfe8
21. Lg1	g6
22. a3	a5
23. ab	ab
24. Txa8	Txa8
25. b3	La6
26. Sc6	Sxc6
27. dc	

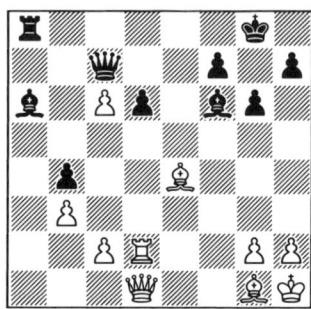

Diagramm 5

27. ...   Te8?
»Ich hatte so eine gute Stellung!« schrie der Junge aus Baku nach dem Spiel. Schwarz hatte tatsächlich die Initiative, und nach 27. ... Lb5 stünde Weiß ein mühsamer Kampf um das Remis bevor. Nun ändert sich das Bild schlagartig.

28. Ld5	Lc3
29. Tf2	Te1
30. Df3	Ld4
31. Lxf7+	Kg7
32. Lc4!	

Diesen »Schuß« hatte Kasparow nicht vorausgesehen. Die Doppeldrohung – Matt auf f8 und Wegnehmen des Läufers auf a6 – zwingt Schwarz, in ein verlorenes Endspiel einzulenken.

32. ...	Txg1+
33. Kxg1	Lxf2+
34. Kxf2	Lxc4
35. bc	Da7+
36. Ke2	Dd4
37. Dd5	Df6
38. De4	b3
39. cb	Db2+
40. Kf1	Dc1+
41. De1	Df4+
42. Kg1	Dd4+
43. Kh1	Db6
44. De7+	Kh6
45. Df8+	
1:0	

Nun folgt Kasparows Remis mit Polugajewski:

G. Kasparow – L. Polugajewski
Sizilianisch (A 08)

1. e4	c5
2. Sf3	e6
3. d3	d5
4. Sbd2	Sc6
5. g3	Ld6
6. Lg2	Sge7
7. 0–0	0–0
8. Te1	Lc7
9. De2	

(9. a3! mit der Absicht c3 und b4)

9. ...	b6
10. h4	Sb4
11. Sf1	

(zurückhaltender ist 11. Dd1, um a3 folgen
zu lassen)

11. ...	de
12. Dxe4?!!	Sxc2

(12. ... Tb8!)

13. Dxa8	Sxa1
14. Se3!	Sf5!

15. Sxf5	ef
16. Lg5	f6
17. Txa1	fg
18. Sxg5	g6
19. Te1!	h6

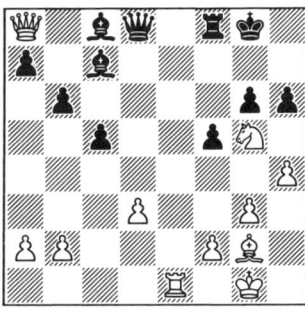

Diagramm 6

20. Dc6!	Dd6!

(Falls 20. ... hg 21. Dxg6+ Kh8 22. Dh6+
Kg8 23. Ld5+ Dxd5 24. Dg6+ Kh8
25. Te7 und Weiß gewinnt)

21. Se6	Dxc6
22. Lxc6	Lxe6

(Auf 22. ... Tf7 folgt 23. Ld5, z. B. 23. ...
Kh8 24. Sf4)

23. Txe6	Kg7
24. Le8	f4!?
25. g4	

(Gary verstärkt lieber seine Stellung, als
einen Bauern zu gewinnen mit 25.
Txg6+ Kh7 26. Tc6)

25. ...	Ld8!
1/2:1/2	

Botwinnik, der damals diese Partie
kommentierte, behauptete kühn: »In
den Händen dieses jungen Menschen
liegt die Zukunft des Schachs.«

Juniorenmeister der UdSSR 1976

Der Vorsprung eines halben Punktes nach Buchholz (Wertungssystem bei Punktegleichstand) brachte Gary Anfang 1976 den Titel des Juniorenmeisters der UdSSR ein. 38 Jugendliche unter 18 nahmen an diesem 9-Runden-Turnier nach Schweizer System, das in Tiflis stattfand, teil.

Einzelheiten: 1. G. Kasparow 7–2 (darunter die überlieferten Remisen mit E. Lauka, E. Sturua und P. Gabdrachmanow); 2. E. Sturua 7; 3. P. Gabdrachmanow 6½ 4. A. Wassiljenko 6½ 5.–8. E. Lauka, S. Lputjan, A. Haritonow und L. Jurtajew 6; 9. A. Jussupow 5½.

Maja Tschiburdanidze, Frauen-Weltmeisterin in spe, gewann die gleichzeitig ausgetragene Meisterschaft der Mädchen.

G. Kasparow – M. Mjerkulow	**L. Jurtajew – G. Kasparow**
Sizilianisch (B 36)	**Sizilianisch (B 22)**

G. Kasparow – M. Mjerkulow
Sizilianisch (B 36)
1. e4 c5 2. Sf3 Sc6 3. d4 cd 4. Sxd4 g6
5. c4 Sf6 6. Sc3 Sxd4 7. Dxd4 d6 8. Lg5
Lg7 9. Dd2 0–0 10. Le2 Le6 11. Tc1 Da5
12. f3 Tfc8 13. b3 a6 14. a4 Kf8 15. h4 h5
16. Ld1 Ld7 17. g4!?

Diagramm 7

17. ... b5 (17. ... hg!?) 18. gh gh (18. ...
Sxh5 19. Lxe7+) 19. Lh6 Lc6 20. ab ab
21. cb Lxb5 22. Lxg7+ Kxg7 23. Tg1+
Kf8 24. Tg5 Tc5 25. Txc5 dc 26. Sxb5
Dxb5 27. Dh6+ Kg8 28. Dg5+ Kh8
29. Dxc5 Dd3 30. Tc3 Dd7 31. e5 Se8
32. Dc6 Da7 33. Tc5 Sg7 34. Lc2 Se6
35. De4 Sf8 36. De3 Da1+ 37. Ke2 Dh1
38. Dh6+ Kg8 39. Dg5+ Kh8
40. Dxh5+ Kg8 41. Dg4+ Kh8 42. e6 f6
43. Th5+
1:0

L. Jurtajew – G. Kasparow
Sizilianisch (B 22)
1. e4 c5 2. c3 Sf6 3. e5 Sd5 4. d4 cd
5. Lc4 Dc7 6. De2 Sb6 7. Lb3 d5 (7. ...
d3!?) 8. ed Dxd6 9. Sf3 Sc6 10. 0–0 d3
11. De3 Sa5 12. Sa3 a6 13. Se5 Sxb3
14. ab Lf5 15. Sac4 Sxc4 16. Sxc4 De6

Diagramm 8·

17. Dg3 Dg6 18. Lf4 Dxg3 19. hg Tc8
20. Sa5 b5 21. b4 f6 22. Sb3 e5 23. Le3
Tc6 24. f4 Le6 25. Sc5 Lxc5 26. bc Lg4
27. fe fe 28. Tf2 h6 29. Kf1 Ke7 30. Ke1
Tg6 31. Kd2 Lc8 32. Kxd3 Txg3 33. Te1
Lb7 34. Kc2 Txg2 35. Txg2 Lxg2
36. Ld4 Kf7 37. Txe5 Tf8 38. Kb3 a5
39. c4 Td8 40. Lc3 b4 41. Tf5+ Kg6
42. Tf2 Lc6 43. Td2 Txd2 44. Lxd2 Kf5
0:1

<table>
<tr><td>2</td></tr>
</table>

2	Ein Dreizehnjähriger im Ausland

Alter:

13 Jahre

Weltpokal der Kadetten

»Nje plocho – nicht schlecht!«
So begrüßte die russische Halbmonatszeitung »64« Garys Vorstellung im 3. Weltcup der Kadetten (nach dem 31.12.1958 geborene Jugendliche) in Wattignes (in der Nähe von Lille in Frankreich) vom 4.–13. Juli 1976. Gary erreichte den geteilten 3. Platz unter 32 Spielern in dem 9-Runden-Turnier nach Schweizer System.
In einem so jungen Alter wie 13 war es noch keinem Jugendlichen vor Kasparow gelungen, die Sowjetunion im Sport im »westlichen« Ausland zu vertreten.

Weltcup der Kadetten, Wattignes 4.–13. 7. 1976

		1	2	3	4	5	6	7	8	9	0	Rest
1	**N. Grinberg (ISL)**	★	1	½	1	½			1		1	2½	7½
2	**M. Chandler (NZ)**	0	★	1	½	1			1		½	3	7
3	**I. Rogers (AUS)**	½	0	★	½	0		1		1	1	2	6
4	**M. Petursson (ISL)**	0	½	½	★			1		0		4	6
5	**G. Kasparow (SU)**	½	0	1		★		0			½	4	6
6	**A. Groszpeter (H)**						★	0	0			6	6
7	**J. van der Wiel (NL)**			0	0	1	1	★	0		½	2	5½
8	**P. Nikolić (YUG)**	0	0				1	1	★		0	3	5½
9	**A. Chia (China)**			0						★		5½	5½
10	**D. Cramling (S)**	0	½	0	1	½		½	1		★	1½	5

Kasparow schlug Rogers, Dunne, D. Roos, Sendur und Galle.

In der 8. Runde beendete Gary seine Partie durch eine hübsche Kombination:

G. Kasparow – I. Rogers
Sizilianisch (B 33)
1. e4 c5 2. Sf3 Sc6 3. d4 cd 4. Sxd4 Sf6
5. Sc3 e5 6. Sdb5 d6 7. Lg5 a6 8. Sa3
Le6 (8. . . . b5!? Sweschnikow-Variante)
9. Sc4 Tc8 10. Se3 Le7 11. Lxf6 Lxf6
12. Lc4 0–0

(12. . . . Lg5 13. Lxe6 fe 14. Dg4 Sd4 führte zu einem langwierigen Kampf in der Partie Rohde – Dan Cramling, Junioren-WM 1977)

13. Lb3 Sd4 14. 0–0 Lg5 15. Scd5 Sxb3
16. ab g6 17. Kh1 Lh6 18. Dd3 f5 19. ef gf
20. f4 Kh8 21. Tad1 Dh4 22. De2 ef
23. Sc4 Lf7 24. Dd3 Lh5 25. Sxd6 Lxd1
26. Sxc8 Lh5 27. Sce7 f3 28. gf Dh3

 19

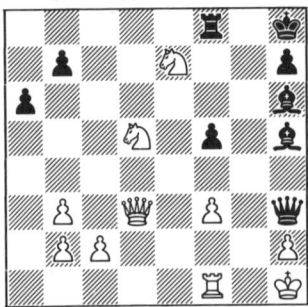

Diagramm 9

29. Sf4! Dh4 (Falls 29. ... Lxf4 30. Dd4+)
30. Dd4+ (mit der Absicht 31. Sg6+, um
die schwarze Dame zu erobern) 30. ...
Df6 31. Dxf6+ Txf6 32. Sxh5 Tf7
33. Sd5 f4 34. Te1
1:0

Partien aus 1976

Garys Antwort auf Lputians Sämisch-Aufbau in der königsindischen Verteidigung,
gespielt während der Kaukasischen Jugendspiele in Tiflis, ist ein anregendes Beispiel
für die Konterchancen und taktischen Möglichkeiten des Schwarzen:

S. Lputian – G. Kasparow
Königsindisch, Sämisch-Aufbau
(E 83)

1. d4	Sf6
2. c4	g6
3. Sc3	Lg7
4. e4	d6
5. f3	Sc6
6. Le3	a6
7. Dd2	Tb8
8. Tb1	0–0
9. b4	

Der weiße Zug verspricht einen sowohl
interessanten als auch verwickelten
Kampf. Gewöhnlich spielt Weiß 9. Sge2,
um den Zentrumspunkt d4 zu verstärken, und geht dann erst zu Operationen
auf dem Damenflügel über. Das sofortige 9. b4 provoziert die schwarze Antwort und das folgende Bauernopfer.

9. ...	e5!
10. d5	Sd4
11. Sge2	c5
12. dc	bc!
13. Sxd4	ed
14. Lxd4	Te8!

Ziemlich verlockend erscheint 14. ... c5
15. bc Sxe4 16. fe Dh4+, aber nach 17. Kd1!
Txb1+ 18. Sxb1 Dxe4 19. Lxg7 Dxb1+
20. Dc1 Lg4+ 21. Kd2 Dxc1+ 22. Kxc1
Kxg7 23. cd Td8 24. c5 Tc8 25. Lxa6
Txc5+ 26. Kb2 sind die Verwicklungen
beendet und es ist ein Endspiel entstanden, das für Weiß günstig steht.
14. ... Te8! stellt Weiß vor ein größeres
Problem: Er muß den richtigen Weg im
Minenfeld finden. Vielleicht wäre jetzt
15. Ld3 die beste Entscheidung gewesen.

15. Le2	c5!
16. bc	Sxe4

Deckt eine mögliche Schwäche des
weißen Planes 8. Tb1, 9. b4 auf.

17. fe	Dh4+
18. g3	

Auf 18. Lf2 wäre gefolgt 18. ... Lxc3

 20

19. Lxh4 Txb1+ 20. Kf2 Lxd2 21. Txb1 dc
mit bedeutendem Vorteil für Schwarz.

18. ...	Txb1+
19. Kf2	

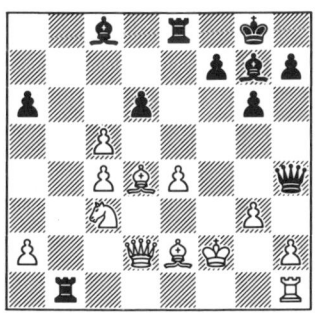

Diagramm 10

19. ...	Tb2!!
20. gh	Txd2
21. Lxg7	Kxg7
22. Ke3	Tc2
23. Kd3	Txc3+!
24. Kxc3	dc

Die Kombination hat Schwarz ein technisch gewonnenes Endspiel einge-
bracht, trotz des Materialgleichge-
wichts.

25. Ld3	Lb7
26. Te1	Te5

26. ... f5 27. e5 Le4 28. Lxe4 Txe5 hätte
auch gereicht.

27. a4	f5
28. Tb1	Lxe4
29. Tb6	f4
30. Txa6	f3
31. Lf1	Lf5
32. Ta7+	Kh6
33. Kd2	f2
34. Le2	Lg4
35. Ld3	Te1
36. Tf7	Lf5
37. a5	Lxd3
38. Txf2	Tf1
0:1	

Oleg Romanischin, Großmeister aus der
Ukraine, Ehrengast des Komsomols-
kaja-Prawda-Zonenturniers in Baku Anfang November 1976, gab eine Uhren-
Simultanvorstellung gegen 16 der teil-
nehmenden Junioren. Er verlor 2 Parti-
en, beide gegen Meisteranwärter. Hier
ist eine davon:

O. Romanischin – G. Kasparow
Bird-Eröffnung (A 03)

1. f4	d5

Gariks Abneigung gegen die 1. e4 e5-
Eröffnungen hindert ihn, das From-
Gambit zu wählen (1. ... e5!?), da Weiß
dann die Gelegenheit ergreifen kann,
mit 2. e4 in das Königsgambit überzulenken.

2. Sf3	Sf6
3. e3	Lg4
4. b3	

Ein Angriff Marke Nimzowitsch-Larsen.

4. ...	Sbd7
5. Lb2	c6
6. Le2	Dc7
7. 0–0	Lxf3!?

Schwarz beseitigt seinen »Hauptfeind
Nr. 1«, bevor dieser einen aggressiven
Platz auf e5 einnehmen kann.

8. Lxf3	e5!

Das passive 8. ... e6 würde d3, Sbd2, e4
zulassen. Kasparow zeigt – und dies
schon im Alter von 12 Jahren – die kon-
zentrierte Beschäftigung mit dem Zentrum, die so typisch für seine späteren
Partien geworden ist.

9. d3	

Nach 9. fe Sxe5 hat Schwarz ein sehr
bequemes Spiel, aber es darf auch dem
e-Bauern nicht erlaubt werden, ungestraft vorzustoßen.

9. ...	Ld6
10. g3	0–0–0!

Schwarz spielt verwegen, durch die
ideenlose Eröffnungsbehandlung des
Weißen dazu angestiftet. 10. ... 0–0 hätte

zu einem absolut ausgeglichenen, aber wesentlich weniger interessanten Spiel geführt.

11. c4!?

Weiß baut sich mit der »Mujannah«-Formation auf. Diese Bauernstruktur, die aus dem 10. Jahrhundert stammt, ist nicht sehr beliebt, wurde aber gelegentlich von Staunton und Nimzowitsch angewandt. Die flankierenden c- und f-Bauern haben die Aufgabe, den Zentrumsvorstoß des Gegners einzudämmen.

11. ...   **dc**

12. bc

Nach 12. dc? Db6! mit der Drohung ... ef hat Schwarz gute Aussichten bei dem Versuch, die Partie in weniger als 20 Zügen zu gewinnen, z. B. 13. fe Dxe3+ 14. Khl (14. Tf2? Lc5!) 14. ... Sxe5 15. Lg2 Se4!

12. ...	**h5!**
13. Dc2	**h4**
14. Sc3	**hg**
15. hg	**ef**
16. ef	

Diagramm 11

16. gf Tde8!? 17. Tael mag nicht schlechter gewesen sein, aber Schwarz könnte auch dann die Idee ausführen, die er in der Partie demonstriert.

16. ...   **g5!!**

Ein brillanter Einfall, nicht wegen des naheliegenden 17. fg Lxg3, und Schwarz hat überwältigenden Angriff, sondern weil er sich nicht scheut, die lange Diagonale des weißen Läufers auf b2 zu öffnen. Die unverfrorene Chuzpe (hebr. für: Dreistigkeit – der Übersetzer) ist ebenfalls sehr eindrucksvoll.

17. Se4!

Hat Garik etwas übersehen?

17. ...   **Sxe4!**

18. de

Auf 18. Lxh8 ist Sxg3 tödlich, aber auch 18. Lxe4 Thg8 ist nicht sehr angenehm.

18. ...	**Thg8**
19. e5	**Lc5+**
20. Kg2	**gf**
21. g4	**Sxe5**
22. Df5+	**Dd7!**
23. Dxd7+	

23. Dxe5 hätte das Matt nach 23. ... Txg4+! ermöglicht. Weiß hat jetzt keine Kompensation für den Materialnachteil.

23. ...	**Sxd7**
24. Kh3	**Sb6**
25. Lf6	**Td3**
26. Tacl	**Sd7**
27. Lal	**f5**
28. Kh4	**Le7+**
29. Kh5	**Tg5+**
0:1	

Weiß gibt auf, weil er das Ende 30. Kh6 Td6+ 31. Kh7 Sf8+ 32. Kh8 Th6 matt nicht abwarten wollte. (Anmerkungen von E. Schiller)

Juniorenmeisterschaft der UdSSR 1977

Gary Kasparow gewann die UdSSR-Juniorenmeisterschaft in Riga im Januar 1977 in überwältigender Weise, wie der folgende Tabellenausschnitt der 9 Runden nach Schweizer System mit 36 Teilnehmern zeigt:

	1	2	3	4	5	6	7	8	9	0	Rest	
1 G. Kasparow	★	1	1		1				1	1	4½	8½
2 A. Tschernin		★	0	½	½	1	½				4	6½
3 L. Eoljan	0		★	1	½	0				1 .	3½	6
4 Z. Lanka	0	1	0	★				½			4½	6
5 B. Taborow	½	½			★		1	½			3½	6
6 A. Jussupow	0	½	1			★	½		1		3	6
7 R. Gabdrachmanow	0					½	★	½	1		3½	5½
8 V. Kuporossow	½		½	0		½		★	0		4	5½
9 J. Pigussow	0					½	0		★		5	5½
10 Z. Sturua	0	0		0			1			★	4½	5½

Kasparow schlug L. Gitsin (3) in Runde 1, V. Romantschjenko (4½) in 2, E. Kengis (5) in 6 und remisierte mit I. Jefimow (4½) in Runde 3.

Aus Runde 4:

L. Eoljan – G. Kasparow
Caro-Kann (B 18)

1. e4	c6

Garik nimmt häufig Anleihen bei Varianten aus dem Eröffnungsrepertoire seines Lehrers Botwinnik, der die Caro-Kann-Verteidigung so erfolgreich in seinen Weltmeisterschaftskämpfen 1958 gegen Smyslow und 1961 gegen Tal angewandt hatte.

2. d4	d5
3. Sc3	de
4. Sxe4	Lf5
5. Sg3	Lg6
6. Lc4	e6
7. S1e2	Sf6
8. 0–0	Ld6
9. f4	Dd7!

Ein Vorschlag von Boleslawski. Statt dessen folgte in der Partie Keres – Golombek, Moskau 1956: 9.... Dc7 10. f5! ef 11. Sxf5 Lxh2+? 12. Kh1 0–0 13. g3! Lxf5 14. Txf5 Lxg3 15. Txf6! mit klarem Gewinn.

10. Kh1	

Nicht 10. f5?! ef 11. Ld3 Se4! Nach 10. Ld3 gleicht 10.... Lxd3 11. Dxd3 g6 aus.

10. ...	h5!
11. f5	ef
12. Sf4	Lxf4
13. Txf4	h4!
14. De1+	Kf8
15. Se2	h3
16. Th4	hg+
17. Kxg2	Lh5
18. Sf4	Sa6
19. Sxh5	Sxh5
20. Dd1	g6
21. Lg5	Kg7
22. d5!	f6
23. Dd4	c5
24. Dc3	b5
25. Txh5	Txh5
26. Dxf6+	Kh7
27. Le2	

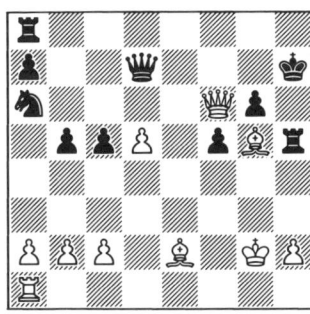

Diagramm 12

27. ...	Tf8!
28. Dxf8	

Falls 28. De7+ Tf7 29. Dxd7 Txg5+!
28. ...   Dxd5+
29. Kg3?
Unter dem konstanten Druck erlahmt die Verteidigungskraft des Weißen. 29. Kf2 hätte gute Remischancen gehabt, z. B. 29.... Txg5 30. De7+ oder 29.... Txh2+ 30. Ke1, während 29.... Dd4+ 30. Le3 Txh2+ 31. Kg1 unklar ist.
29. ...   Txg5+
30. Kh4 Tg2! 31. De7+ Kg8 32. De8+ Kg7 33. De7+ Df7 34. De5+ Df6+ 35. Dxf6+ Kxf6 36. Lxb5 Sc7 37. Ld3 Sd5! 38. Tf1 c4! 39. Lxc4 Se3 40. Kh3 g5! 41. Tc1 g4+
0:1

Aus Runde 5:
G. Kasparow – E. Pigussow
Abgelehntes Damengambit (D 36)
1. d4 d5 2. Sf3 Sf6 3. c4 e6 4. Sc3 Sbd7 5. cd ed 6. Lg5 Le7 7. e3 c6 8. Ld3 0–0 9. Dc2 Te8 10. 0–0 Sf8 11. Tae1 (zur Erinnerung an Botwinnik!) 11. ... Sg6 (11. ... Se4!) 12. Se5! Sd7 13. Lxe7 Dxe7 14. f4 Sdf8 15. e4! Sxe5 16. fe Le6 17. ed Lxd5 18. Sxd5 cd 19. Lf5 Db4 20. Td1 h6 21. Df2 Te7 22. Td3! Tc7 23. Tb3 De7?! (Besser ist es, den Druck auf d4 aufrechtzuerhalten durch 23. ... Da4.) **24. Tg3 Se6 25. De3 Kh8 26. h3 Db4 27. Tg4! Dxb2 28. Kh2 Db4 29. Ld3 De7**

Diagramm 13

30. Tf6! (droht 31. Dxh6+) **30. ... Sg5 31. Txg5 hg** (falls 31. ... gf 32. Th5) **32. Dxg5! Kg8 33. Dh4! Da3 34. Tf3! g6 35. Lxg6 Dxf3 36. Dh7+! Kf8 37. gf 1:0**

Aus Runde 6:
E. Lanka – G. Kasparow
Caro-Kann (B 19)

1.	e4	c6
2.	d4	d5
3.	Sc3	de
4.	Sxe4	Lf5
5.	Sg3	Lg6
6.	h4	h6
7.	Sf3	Sd7
8.	h5	Lh7
9.	Ld3	Lxd3
10.	Dxd3	e6
11.	Ld2	Sgf6
12.	De2	Dc7
13.	c4	Ld6
14.	Sf5	

Diese Stellung ist in der Turnierpraxis häufig anzutreffen. Keinen Ausgleich kann Schwarz jetzt mit der Fortsetzung 14. ... 0–0–0 15. Sxd6+ Dxd6 16. La5 Tde8 17. Se5 De7 18. f4 erreichen.
In der 8. Partie des Wettkampfes Spasski – Karpow 1974 in Leningrad wurde 14. ... Lf4 gespielt, und nach 15. Lxf4 Dxf4 16. Se3 Dc7 17. 0–0–0 b5 18. cb cb 19. Kb1 0–0 20. g4 Se4 21. Thg1 Sg5 22. Sxg5 hg gelang es Schwarz nur mit größter Mühe, zu überleben.
14. ...   0–0!
Ein kühner Entschluß! Die Bauernstruktur des schwarzen Königs könnte durch den Bauernsturm g2–g4–g5 zerstört werden. Dieser Plan kostet jedoch Zeit, und Schwarz ist bereits gerüstet, seinen eigenen Bauernsturm mit b7–b5 einzuleiten.
15. Sxd6   Dxd6

Diagramm 14

16. Th4?

Ein schwacher Zug, der ein wichtiges Tempo verschenkt. Die theoretische Diskussion konzentriert sich auf 16. 0–0–0 b5 17. cb cb 18. Kb1, und falls Schwarz den Bauern mit 18. ... Dd5 verteidigt, dann ist nach 19. Se5 Sb6 (das Endspiel nach 19. ... Sxe5 20. de De4 21. Dxe4 Sxe4 22. Le3 ist für Weiß günstiger) 20. f3 Sc4 21. Lc1 die Drohung g2–g4–g5 sehr unangenehm.

Im Falle von 18. ... Tfc8 19. g4 (nicht 19. Dxb5? Tab8 20. De2 Db6 21. Lc1 Se4!) 19. ... Sxg4 20. Thg1 f5 21. Se5 Sdxe5 22. de Dxe5 23. Dxe5 Sxe5 24. Lc3 kommt Weiß in Vorteil nach 24. ... Txc3 25. bc, oder 24. ... Tc5 25. f4 Sg4 26. Td7 e5 27. fe.

Natürlich muß Schwarz den g-Bauern nicht schlagen. Wenn er statt dessen 19. ... Dc6! 20. Se5 Sxe5 21. de Dc2+ 22. Ka1 Se4 spielt, erhält er eine solide Stellung. Wenn Weiß auf 18. ... Tfc8 mit 19. Se5 antwortet, hat Schwarz erneut die Chance zu echtem Gegenspiel: 19. ... Dc7 20. Lc1 Sxe5! 21. de Sd5 22. Td4 (22. g4 Dc4) 22. ... b4 23. Tg4 Kh8, und die Drohungen 24. ... Tab8 und 25. ... Sc3 könnten sich als erfolgreich erweisen.

Es kann sein, daß Weiß das Remis erzwingen muß mit 24. Lxh6 gh 25. Dd2 Kh7 (gefährlich ist 26. ... f6 27. Tg6 Tg8

28. ef Dh7 29. Ka1) 26. Dd3+ Kh8 27. Dd2.

16. ...	b5
17. Kf1	bc
18. Dxc4	Dd5
19. De2	Db5

Schwarz beeilt sich, in ein Endspiel überzugehen, und riskiert dabei, einen großen Teil seines Vorteils zu verlieren. 19. ... Tfb8 wäre gut gewesen, z. B. 20. b3 a5 oder 20. Lf4 Tb4!

20. b3?

Dies gibt dem Gegner die Gelegenheit, einen Angriff auf dem Damenflügel zu inszenieren. Mit 20. Dxb5 cb 21. Ke2 Tfc8 22. Kd3 hätte Weiß seinen König aktivieren können, um die Kontrolle wichtiger Felder zu übernehmen.

20. ...	a5
21. Se5	a4
22. Th3	Tfd8
23. Dxb5	cb
24. Sc6	Te8
25. ba	ba
26. Tc1	Sb6
27. Se5	

Es lohnt sich nicht, seinen Springer aus einer Position zu entfernen, von der aus er die Aktivität des gegnerischen Turmes zeitweise einschränken kann. Ebenfalls möglich, aber auf keinen Fall zwingend, ist 27. Ke2 Sbd5 28. Kd3 Tec8 29. Thh1 Ta6 30. Se5 Txc1 31. Txc1 Sxh5 32. Tc8+ Kh7 33. Sxf7 Shf4+ 34. Lxf4 Sxf4+ 35. Ke4 Sxg2 36. Th8+ Kg6 37. Sxh6 Tb6 38. Sg4 Tb2 39. Se5+ Kg5 40. Tg8 mit Remis.

27. ...	Tec8
28. Tb1	Se4
29. Le1	Sd5
30. Tb7	Sd6!

Dies vertreibt den Turm von der 7. Reihe, denn nach 31. Td7 31. ... Ta6! sitzt der Turm in der Falle.

31. Tb2	Tab8
32. Txb8	Txb8
33. Sd7	

Weiß hätte auch Schwierigkeiten nach 33. Ta3 Ta8 34. Ld2 Sb5 35. Td3 Tc8

| 33. ... | Tb1 |
| 34. Ta3 | Sc4 |

Es war immer noch möglich, einen Fehler zu machen: 34. ... Sb4? 35. Txa4 Sc2? 36. Ta8+ Kh7 37. Sf8+ Kg8 38. Sg6+ Kh7 39. Th8 matt.

35. Td3

35. Txa4 führt zum Verlust der Qualität nach 35. ... Sd2+ 36. Ke2 Sc3+ 37. Kxd2 Sxa4.

| 35. ... | Ta1 |

35. ... Sf4 wäre sofort entscheidend gewesen, da Schwarz nach einem Wegzug des Turmes 36. ... Sd2+ spielt.

36. g3	Txa2
37. Sc5	a3
0:1	

Aus Runde 7:
G. Kasparow – Z. Kengis
Damenbauerspiel (A 47/48)

1. d4	Sf6
2. Sf3	b6
3. Lf4	Lb7
4. e3	c5
5. Sbd2	g6
6. c3	Lg7
7. h3	0–0
8. Le2	Sc6
9. 0–0	d6
10. a4	a6?!

Weiß hat die Eröffnung zurückhaltend behandelt, und Schwarz hat eine zufriedenstellende Position erreichen können. In diesem Moment sieht 10. ... Sa5, mit der Einladung zu 11. b4, nicht schlecht aus, z. B. 11. ... cb 12. cb Sc6 13. Db3 e5! oder 13. Tb1 a5!.

Nach dem tatsächlich gespielten Zug von Schwarz und der weißen Antwort macht sich die Schwäche des Feldes b6 bemerkbar.

| 11. Sc4 | b5 |

11. ... Sd5 12. Lh2 b5 ist schwächer wegen 13. Scd2! b4 14. e4 Sf6 15. d5.

| 12. Sa3 | b4 |
| 13. cb | Sxb4!? |

Nach 13. ... cb (13. ... cd? 14. b5) 14. Sc4 hat Weiß Stellungsvorteil. Mit dem Textzug versucht Schwarz, die entstandenen Probleme mit taktischen Mitteln zu lösen.

| 14. dc | Sfd5! |

Natürlich nicht 14. ... dc 15. Tc1 Sfd5 16. Le5 mit klarem Vorteil für Weiß.

| 15. cd! | Lxb2 |

Verlockend. Aber stärker war 15. ... Sf4 16. ef Lxb2 17. Db3! Lxf3! 18. Lxf3 Lxa1 19. de (19. Lxa8 Dxd6 ist erfolglos, ebenso wie 19. Dxb4 Tb8 20. de Txb4 21. edD Txd8 22. Txa1 Txa4) 19. ... Dxe7 20. Lxa8 Ld4 mit deutlicher Kompensation für den Bauern. Es ist offensichtlich, daß Schwarz sich im Augenblick mehr erhofft.

| 16. Lh6! | Te8 |

Diagramm 15

Kengis hält unerschütterlich an seiner Absicht fest, die Qualität zu gewinnen, weder zu beeindrucken durch 16. ... Sc3 17. Dd2 Sxe2+ 18. Dxe2 Lxa1 19. Lxf8 Dxd6 20. Lxe7 mit einem Mehrbauern für Weiß noch durch 16. ... ed 17. Lxf8 Dxf8 18. Dd2 Dg7 19. Sd4 mit positionellem Vorteil (19. ... Lc3 20. Dc1 Tc8 21. Sc4 ist nicht gefährlich).

Der junge Gary.

17. d7!!   Dxd7
18. Sc4   Lxa1
19. Dxa1   e5?

Nachdem er die schwarze Dame auf das Feld d7 gelockt hatte, hatte Weiß damit gerechnet, die Qualität nach dem stärkeren 19.... Sf6 (19.... f6 20. e4) mit 20. Sb6 De6 21. Sxa8 zurückzugewinnen, mit klarer positioneller Überlegenheit. Kengis fand einen Weg, den Kampf um die materielle Überlegenheit fortzusetzen (19.... e5 20. e4? Sf4! usw.), aber es wird deutlich, daß er die wichtigen Diagonalen und Felder vernachlässigt hat.

20. Scxe5   De6
21. Sg4   f6
22. Lc4!   Tf8
23. e4!
1:0

Die nächste Partie stammt aus einem Trainingskampf mit einem Lokalrivalen, der in Baku im Jahre 1977 gespielt wurde.

E. Magerramow – G. Kasparow
Abgelehntes Damengambit (D 58)

1. Sf3	Sf6
2. d4	e6
3. c4	d5
4. Sc3	Le7
5. Lg5	h6
6. Lh4	0–0
7. e3	b6
8. Db3	Lb7
9. Lxf6	Lxf6
10. cd	cd
11. Td1	

Ich hatte diese gut bekannte Stellung aus dem Tartakower-System gewählt, um eine interessante Idee auszuprobieren, die mit dem Opfer eines Bauern verknüpft ist.

Nach 11. Ld3 löst Schwarz alle seine Eröffnungsprobleme mit 11.... c5! 12. dc Sd7. Zu gleichem Spiel führt nun 13. 0–0 Sxc5 oder, falls 13. cb, so erhält Schwarz eine starke Initiative mit 13.... Sc5 14. Dc2 Sxd3+! 15. Dxd3 Db6.

11. Td1 ist ein Versuch, das schwarze Gegenspiel in Schranken zu halten, aber...

11. ...	**c5!?**
12. dc	**Sd7**
13. c6!?	

13. cb würde den Erfordernissen der Stellung gerechter werden, aber angesichts der theoretischen Neuerung beschloß Magerramow, mehr auf Sicherheit zu spielen.

13. ...	**Lxc6**
14. Sd4?	

Nach 14. Le2 Sc5 15. Dc2 Tc8 konnte man sicher nicht von einem weißen »Vorteil« sprechen. Dieser meistens natürliche Zug des Springers führt zu unerwarteten Schwierigkeiten.

14. ...	**Lxd4!**
15. Txd4	

Nach 15. ed wäre 15.... Dg5 unangenehm.

15. ...	**Sc5**
16. Dd1	**Se6**
17. Td2	**d4!**
18. ed	

Zu einer starken Initiative für Schwarz würde 18. Se2 Dg5! 19. Sxd4 Sxd4 20. Txd4 Tad8! führen.

18. ...	**Te8**
19. f3	(Diagramm 16)

Nach 19. d5 Sf4+ 20. Le2 (20. Te2 Sxd5!) 20.... Sxg2+ 21. Kf1 Ld7! ist der schwarze Angriff kaum aufzuhalten, z. B. 22. Kxg2 Dg5+ 23. Kf1 Lh3 24. Kel Dg2.

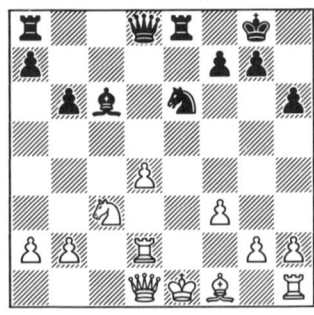

Diagramm 16

Mit dem Textzug öffnet Weiß seinem König das Fluchtfeld f2, sich weder um das Abzugsschach kümmernd, noch 19.... Dh4+ fürchtend, z. B. 20. g3 Df6 21. Kf2!

19. ...	**Lxf3!!**

Ein schlimmer Schlag! Die nächsten Züge sind erzwungen.

20. gf	

Nach 20. Dxf3 Sg5+ hat Weiß keine Perspektive.

20. ...	**Dh4+**
21. Tf2	**Sxd4+**
22. Le2	**Sxf3+**
23. Kf1	**Dh3+**
24. Tg2	**Sh4**
25. Tg1	**Tad8**
26. De1?	

Die beste Chance bot 26. Da4! Sxg2 27. Txg2 Te5 28. Dg4 Dxg4 29. Lxg4 f5 30. Lf3 g5. Die weiße Stellung wäre zwar schwierig, aber ein Kampf wäre noch möglich.

26. ...	**Td3!**
27. Df2	**Sf3!**

(Diagramm 17)

Die weißen Figuren sind so ziemlich pattgesetzt – ein seltener Fall.

Falls 28. Lxd3 Sxh2 matt oder 28. Sd5 Td1+! 29. Lxd1 Sxh2 matt; 28. Dg3 wird beantwortet mit 28.... Sd2+ 29. Kel Txg3 30. Txg3 Sf3+ 31. Kf2 Sxg1.

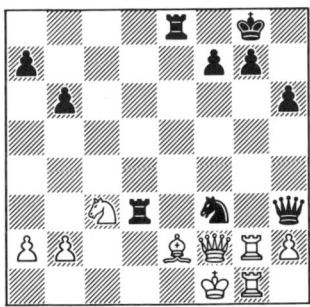

Diagramm 17

	28. Th1	Tde3
	29. Tg1	Kh8
	30. Th1	b5!

Mit der Absicht 31. . . . b4; falls 31. a3 a5.

0:1.

3

Älter:
14 Jahre

Älter: Vierzehn Jahre

Qualifikation der Junioren

Als Artur Jussupow das doppelrundige Qualifikationsturnier, das in Leningrad im April 1977 stattfand, gewann, wurde Kasparow gerade 14 Jahre alt. In diesem Turnier sollte entschieden werden, wer die UdSSR in der bevorstehenden Weltmeisterschaft der Junioren (unter 20) in Columbia vertreten sollte. Und Jussupow machte sich auf, den Junioren-Welttitel zu gewinnen.

UdSSR-Qualifikation der Junioren, Leningrad April 1977

		1	1	2	2	3	3	4	4	5	5	6	6	7	7	
1	A. Jussupow	★	★	½	½	1	½	1	0	1	1	½	½	½	0	7
2	G. Kasparow	½	½	★	★	½	1	½	½	1	0	0	1	1	0	6½
3	Z. Lanka	0	½	½	0	★	★	1	1	1	0	½	0	½	1	6
4	E. Magerramow	0	1	½	½	0	0	★	★	0	½	1	1	1	½	6
5	L. Zaid	0	0	0	1	0	1	1	½	★	★	½	1	1	0	6
6	A. Haritonow	½	½	1	0	½	1	0	0	½	0	★	★	1	1	6
7	A. Jermolinski	½	1	0	1	½	0	0	½	0	1	0	0	★	★	4½
8	S. Dolmatow	1		½		½						½				

Wie gewöhnlich spielte Gary höchst kraftvoll. Hier ist sein Schlußspiel mit Jermolinski (Weiß).

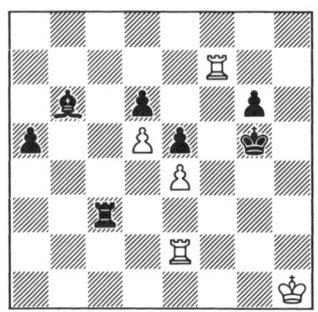

Diagramm 18

Das Spiel verlief wie folgt:
**50. ... Kg4 51. Tf6 Th3+ 52. Kg2 Tg3+
53. Kh2 Lg1+ 54. Kh1 Lc5 55. Ta2 Lb4
56. Kh2 Th3+ 57. Kg1 g5 58. Tf8 Tf3
59. Tg2+ Tg3 60. Txg3+ Kxg3 61. Kf1
a4 62. Ke2 g4 63. Kd3 a3 64. Kc4 Lc5
65. Kb3 Kh4 66. Th8+ Kg5 67. Kc2 g3
68. Kd3 a2**
0:1

Runde 3 aus dem gleichen Turnier:
**G. Kasparow – L. Zaid
Sizilianisch, Najdorf-System (B 97)
1. e4 c5 2. Sf3 d6 3. d4 cd 4. Sxd4 Sf6
5. Sc3 a6 6. Lg5 e6 7. f4 Db6 8. Dd2
Dxb2 9. Sb3 Da3 10. Lxf6 gf 11. Le2 Sd7**

12. 0–0 h5 13. Dd4 b5 14. Sb1 Da4 15. c4 b4 16. f5 Le7 17. fe fe 18. S1d2 Dc6 19. a3 ba 20. Kh1 Tb8 21. Txa3 Db6 22. Da1 Se5 23. c5! dc 24. Sc4 Dc7 25. Sbd2 Sxc4 26. Sxc4 Tb4 27. e5! (der dritte Bauer wird geopfert) **27. ... fe 28. Dd1! Ld7 29. Txa6 h4 30. h3 Tg8**

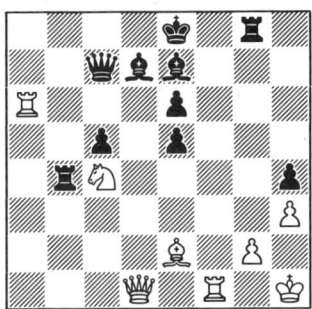

Diagramm 19

---

31. Txe6!   **Kd8**
31. ... Lxe6 32. Lh5+
32. Txe5   **Txc4!?**
33. Dd5!
Falls 33. Lxc4 Dxe5 34. Lxg8 Ld6!
33. ...   **Txg2**
34. Lxc4   **Tg3**
35. Da8+   **Dc8**
36. Da5+   **Ke8**
Falls 36. ... Dc7 37. Dxc7+ Kxc7 38. Txe7.
    37. Lf7+   **Kf8**
38. Le6+ Kg7 (oder 38. ... Ke8 39. Lxd7+) **39. Da1! Kh6 40. Dc1+ Lg5 41. Txg5! Dc6+ 42. Ld5 Txh3+ 43. Kg2 1:0**

Jugendspiele Moskau 1977

In den Jugendspielen, die vom 3.–13. Juli 1977 in Moskau unter den Mannschaften mit 6 Junioren aus den 16 Sowjetrepubliken (einschließlich Moskau und Leningrad) ausgetragen wurden, bot Kasparow punktemäßig keine Sensation – er erzielte 4½ Punkte aus 7 Partien am Brett 1 für Aserbaidschan (bestes Ergebnis hatte S. Dolmatow 6½–1½) – aber sie stellten möglicherweise einen wichtigen Lernschritt dar. Die Ukraine gewann in der Vorrundengruppe 2 mit 15–3 Punkten vor Garys Mannschaft (Aserbaidschan) 11½ Punkte, Estland 5 und Kirgistan 4½ Punkte. In der Begegnung mit Estland führte Gary einen verwegenen Kampf mit einem möglichen Rivalen der Zukunft.

J. Ehlvest – G. Kasparow
Caro-Kann (B 13)
1. e4 c6 2. c4 d5 3. ed cd 4. cd Sf6 5. Sc3 Sxd5 6. d4 Sc6 7. Sf3 Lg4 8. Db3 Lxf3 9. gf Sb6 10. Le3 e6 11. Tg1 Lb4 12. Lb5 Sd5 13. Txg7 Db6 14. Kf1 Sxc3 15. Lxc6+ Dxc6 16. bc Lf8 17. Tg5 Le7 18. Tb5 Dxf3 19. Txb7 0–0 20. Tb1 Lf6 21. Dd1 Dh3+ 22. Ke2 Kh8 23. Dh1 e5 24. Df3 De6 25. d5 Da6+ 26. Ke1 Lg7 27. Txf7 e4 28. Txf8+ Txf8 29. Dxe4 Lxc3+ 30. Kd1 Lg7 31. a4 Tc8 32. Tb5 Df6 33. Dg4 Td8 34. Kf1 Dd3+ 35. Kg1

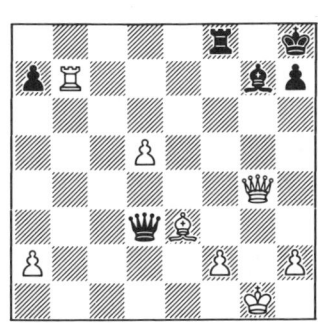

Diagramm 20

35. ... Tg8! 36. Lg5 Dxd5 37. Txg7 Txg7 38. Lf6? (38. Dc8+ Dg8 39. Dc3 h6 40. Kf1!? Kh7! mit Gewinn) **39. ... Dd1+! 0:1**
(Zeitbegrenzung 45 Züge in 2¼ Stunden)
In einer der Halbfinalgruppen erzielten Georgien und Aserbaidschan jeweils 10–8 Punkte, vor der RSFSR 9½ und Weißrußland 6½. Die Partie Korzubow – Kasparow wurde Anlaß eines Artikels mit dem Titel »Krankheit Zeitnot« in der Schakmaty Riga No. 12/1981, der von dem Haupttrainer Wladimir Zak geschrieben war, einem Kritiker der Zeitbeschränkung.
Georgien besiegte im Endspiel um den 1. und 2. Platz die Ukraine 4½–1½. Aserbaidschan remisierte 3–3 mit Moskau im Kampf um den 3./4. Platz, verlor aber nach Wertung; mitbeteiligt daran war Garys Verlust gegen Dolmatow.

Weltmeisterschaft der Kadetten 1977

Der 16jährige Jon Arnason, der bereits Landesmeister von Island war, gewann die erste offizielle Weltmeisterschaft der Kadetten (unter 17 Jahren), die vom 8.–19. September 1977 in Cagnes-sur-Mer im Süden Frankreichs stattfand. Dieses 11-Runden-Turnier mit 32 Teilnehmern war weit stärker als der Kadetten-Weltpokal 1976, und Botwinnik bezeichnete Gariks Resultat – ein unangefochtener 3. Platz hinter Jay Whitehead (USA) – als gut. Gary war wesentlich jünger als die meisten seiner Konkurrenten. Und er schlug den Sieger.

Weltcup der Kadetten, Cagnes-sur-Mer 8.–19.9.1977

		1	2	3	4	5	6	7	8	9	0	*Rest*	
1	J. L. Arnason (ISL)	★	1	0	1	½	1	1	1			3½	9
2	J. Whitehead (USA)	0	★	½	1	½	1	½				5	8½
3	G. Kasparow (SU)	1	½	★	0	½	1	½			1	4	8
4	M. Kappe (GB)	0	0	1	★		½			1	1	4	7½
5	I. Morovic (CHI)	½	½	½		★		½	1	½		4	7
6	A. Negulescu (ROM)	0	0	0	½		★	1		1		4½	7
7	M. Santo Roman (F)	0	½	½		½	0	★			0	5	6½
8	J. Pajak (CDN)	0				0			★			6½	6½
9	N. Short (GB)				0	½	0			★		5½	6
10	A. Sendur (TRK)			0	0			1			★	5	6

J. Arnason – G. Kasparow
Sizilianisch, Scheveninger System
(B 85)

1. e4 c5 2. Sf3 e6 3. d4 cd 4. Sxd4 Sf6 5. Sc3 d6 6. Le2 a6 7. a4 Sc6 8. Le3 Le7 9. 0–0 0–0 10. f4 Dc7 11. Kh1 Td8 (ESE behandelt nur die Fortsetzungen 11. ... Sa5, 11. ... Ld7, 11. ... Kh8 und 11. ... Sxd4)
12. Del (falls 12. Lf3 Se5) **12. ... Sxd4 13. Lxd4 e5 14. fe de 15. Le3 Le6 16. Dg3 Da5 17. Tad1?!** (aktiver ist 17. Lg5 Kh8 18. Ld3 mit der Absicht Sd5) **17. ... Txd1 18. Txd1 Td8 19. Txd8 Lxd8 20. Lh6 g6 21. h3 Lb6 22. Le3 Ld4 23. Df2 Lxe3 24. Dxe3**

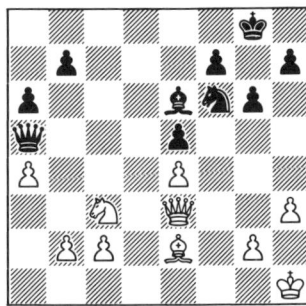

Diagramm 21

24. ... Db4! 25. b3 Dd4 26. Dd3 Kg7!

27. Lf1 Sh5! 28. Df3 (nach 28. Dxd4 Sg3+! 29. Kg1 ed 30. Se2 Sxe2+ 31. Lxe2 Kf6 ist das Läuferendspiel für Weiß wenig aussichtsreich) **28. ... Dd2 29. Dd3 Df2 30. Kh2 Sf4 31. Df3 Dxc2 32. Sd5 Lxd5 33. ed Dd2 34. Lc4 f5 35. Dg3 h6 36. d6 Dxd6 37. Dc3 Sh5 38. Le2 Sf6 39. Dc8 e4+ 40. Kh1 De7 0:1**

In einer Reportage über das Turnier wurde berichtet, daß Gary und Ivan Morović ein höchst erfolgreiches Team im Tischfußball waren!

UdSSR – Australien, Telex-Wettkampf

Telex-Wettkämpfe können eine langdauernde Angelegenheit sein. Gary Kasparow aber vermied diese traurige Aussicht in dem UdSSR-Australien-Telex-Wettkampf an 8 Brettern (24. September 1977), indem er am Brett der Junioren Guy West wie folgt besiegte:

G. Kasparow – G. West
Sizilianisch (B 40)

1. e4	c5
2. Sf3	Sf6
3. Sc3	e6
4. d4	cd
5. Sxd4	Lb4
6. e5	Sd5
7. Ld2	Sxc3
8. bc	Lf8
9. Ld3	d6
10. De2	Sd7?

(Diagramm 22)

11. Sxe6!	Db6
12. Sc7+!	
1:0	

Aber selbst dafür wurden 4½ Stunden für Bedenkzeit und Übermittlung benötigt.
Die ersten 5 Bretter gingen remis aus, während die UdSSR die letzten 3 Bretter gewann.

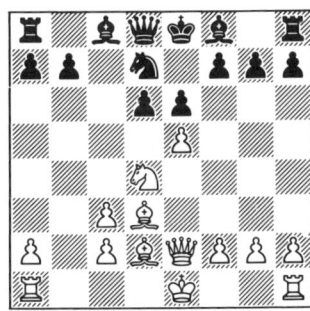

Diagramm 22

Ich war 14, als mir klar wurde,
daß Schach dabei war,
mein Lebensinhalt zu werden. –
Kasparow, 1982

 33

4

Alter: 14 Jahre

Minsk 1978

Das Jahr 1978 sah Kasparows dramatische Schritte nach vorne. Er wurde Erster in einem starken Turnier in Minsk und danach Erster im Otborotschnii-Turnier in Daugavpils. Die Folge war, daß er bei weitem der jüngste Teilnehmer in der Superliga der UdSSR-Meisterschaft wurde.
Man denkt sofort an Capablancas Vormarsch (Sieg gegen Marshall 1909, Gewinner von San Sebastian 1911 im Alter von 20–22), Tals Aufstieg zum Weltmeistertitel 1957–60 (Alter: 21–23) und Fischers Weg von der US-Meisterschaft Anfang 1958 bis zum Kandidaten 1959 (Alter: 14–15) als Parallele.
Der erste Vorstoß blieb in vielen ausländischen Zeitschriften unbeachtet. Der junge Mann aus Baku, der im 8. A. P. Sokolsky-Gedenkturnier im Januar in Minsk mitspielte und keine internationale Wertungsziffer hatte, schlug in einem gleichwertigen Kampf seinen ersten Großmeister, Lutikow. Er wurde Erster vor 14 Spielern mit Wertungen, deren Durchschnitt 2414 Punkte betrug; gegen diese erzielte er das Resultat 10–4.

Sokolsky-Gedenkturnier, Minsk 1978

			1	2	3	4	5	6	7	8	9	0	1	2	3	4	5	6	7	8	
1	**G. Kasparow**	–	★	½	**1**	**1**	½	**0**	**0**	**1**	**1**	**1**	½	**1**	½	**1**	**1**	**1**	**1**	**1**	**13**
2	**V. Kupreitschik**	**2530**	½	★	**1**	½	½	½	½	**1**	½	**1**	**1**	**1**	**1**	**1**	½	½	½	**1**	**12½**
3	**M. Schereschewski**	**2460**	**0**	**0**	★	½	½	½	½	**1**	½	½	**1**	½	½	**1**	**1**	**1**	**1**	**1**	**11**
4	**A. Kapengut**	**2465**	**0**	½	½	★	½	½	**1**	**0**	½	½	**1**	**1**	**1**	**0**	½	**1**	**1**	**1**	**10½**
5	**J. Klowan**	**2490**	½	½	½	½	★	**1**	½	½	½	½	**0**	½	**1**	½	**1**	½	**1**	**1**	**10½**
6	**E. Mochalow**	**2450**	**1**	½	½	½	**0**	★	**1**	**0**	½	**1**	½	½	½	**1**	**1**	½	½	**1**	**10½**
7	**W. Didischko**	**2415**	**1**	½	½	**0**	½	**0**	★	½	**0**	**0**	**1**	**1**	**1**	**0**	½	**1**	**1**	**1**	**9½**
8	**A. Lutikow**	**2540**	**0**	**0**	**0**	**1**	½	**1**	½	★	**1**	½	½	½	½	**0**	**1**	**1**	**1**	½	**9½**
9	**S. Juferow**	**2450**	**0**	½	½	½	½	½	**1**	**0**	★	½	½	**0**	**1**	½	**0**	**1**	**1**	**1**	**9**
10	**A. Roizman**	–	**0**	**0**	½	½	½	**0**	**1**	½	½	★	½	½	**1**	**0**	**0**	**1**	**1**	**1**	**8½**
11	**A. Sacharow**	**2460**	½	**0**	**0**	**0**	**1**	½	**0**	½	½	½	★	½	½	**1**	**1**	½	½	**1**	**8½**
12	**S. Begun**	**2380**	**0**	**0**	½	**0**	½	½	**0**	½	**1**	½	½	★	½	**1**	½	**1**	**0**	**1**	**8**
13	**W. Smirnow**	**2275**	½	**0**	½	**0**	**0**	½	**0**	½	**0**	**0**	½	½	★	**1**	**1**	**1**	**1**	**1**	**8**
14	**W. Litwinow**	–	**0**	**0**	**0**	**1**	½	**0**	**1**	**1**	½	**1**	**0**	**0**	**0**	★	**0**	**0**	**1**	**1**	**7**
15	**B. Maryasin**	**2250**	**0**	½	**0**	½	**0**	**0**	½	**0**	**1**	**1**	**0**	½	**0**	**1**	★	**1**	½	½	**7**
16	**K. Kagan**	**2340**	**0**	½	**0**	**0**	½	½	**0**	**0**	**0**	**0**	½	**0**	**0**	**1**	½	★	½	½	**4**
17	**W. Weremeitschik**	**2300**	**0**	½	**0**	**0**	**0**	½	**0**	**0**	**0**	**0**	½	**1**	**0**	**0**	½	½	★	**0**	**3½**
18	**A. Ljuboschitz**	–	**0**	**0**	**0**	**0**	**0**	**0**	**0**	½	**0**	**0**	**0**	**0**	**0**	**0**	½	½	**1**	★	**2½**

Garys Abschneiden brachte ihm den UdSSR-Titel eines Meisters des Sports ein. Er übererfüllte die erforderliche Norm um 3½ Punkte!
Ein verwirrter Zuschauer in Minsk begann, die weißrussischen Schachfunktionäre auszuschelten: »Unsere Meister verlieren gegen Kinder! Da stimmt doch etwas

nicht ...« Der in der Nähe stehende, sonst eher schweigsame Janis Klowan fühlte sich provoziert, zu erwidern: »Sie regen sich grundlos auf. Sie werden noch mehr von diesem Kind hören.«

Die Art und Weise des Erfolgs von Kasparow verlangte nach solchen Antworten. Garys Siege, als Resultat vollblütiger Kämpfe, rühren von seinem ungeheuer kraftvollen Stil her, der durch ein ungebrochen kreatives – d. h. innovatives und improvisierendes – Herangehen unterstützt wird.

Unsere Hauptperson ist der 15jährige Gary Kasparow aus Spartak, Baku. Er hat in unserer Schule 4 Jahre lang studiert und ist auf allen Gebieten ausgebildet. In der Zeit der Prüfungen im Februar 1978 hatte ich keinen Assistenten zur Verfügung. Gary übernahm erfolgreich diese Funktion auf dem Gebiet der Eröffnungsanalyse.

Im Januar dieses Jahres nahm Gary an einem riesigen Turnier, dem Sokolsky-Gedenkturnier in Minsk, teil, in dem er den ersten Platz erreichte. Hier ist ein Beispiel für diese »Hauptperson« unserer Schule. – Botwinnik in »Sowietsky Sport«, 9. April 1978.

G. Kasparow – A. Roizman
Spanisch (C 61)
(Anmerkungen von M. Botwinnik)

1. e4	e5
2. Sf3	Sc6
3. Lb5	Sd4
4. Sxd4	ed
5. 0–0	Lc5
6. d3	c6
7. Lc4	d6
8. f4	

Typisch für Kasparows Spielweise: Er beginnt bei der ersten Gelegenheit mit aktiven Operationen.

8. ...	Sf6
9. e5	de

Wahrscheinlich war 9. ... Sd5 schärfer, da die Öffnung der f-Linie verhindert wird.

10. Lxf7+
Nun muß Schwarz auf die Rochade verzichten; darüber hinaus erhält Weiß die bessere Bauernstruktur; aber das Wichtigste von allem – die Kampfhandlungen beginnen. Der erste Angriff jedoch wird von Schwarz erfolgreich zurückgeschlagen.

10. ...	Kxf7
11. fe	Dd5

12. ef	gf
13. Sd2	Tg8

Schwarz macht deutlich, daß er auch Spiel hat – in der g-Linie.

14. Se4	Le7
15. Lf4	Tg6
16. De2	Lg4
17. Df2	Tag8

Schwarz kümmert sich um seinen Angriff, aber die Stellung seines Königs bleibt unsicher. 17. ... Kg8 war zu fordern, gefolgt von Kh8.

18. Tae1
Beneidenswerte Lage: Weiß läßt sich durch den Angriff auf seinen Bauern g2 nicht beunruhigen, da er die g-Linie mit einem geringwertigen Stein verschließen kann. Schwarz wirft daher seinen h-Bauern in die Schlacht.

18. ...	h5

(Diagramm 23)

19. Lg5!
In dem Augenblick, in dem sich sein Gegner sicher wähnt, holt Weiß zu einem unerwarteten Schlag aus – die Antwort 19. ... Txg5 führt zu nichts wegen 20. Sxf6!, und die schwarze Stellung wird in Stücke zerrissen. Die hoffnungslose Lage des schwarzen Königs beginnt deutlich zu werden.

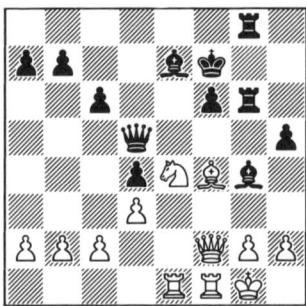

Diagramm 23

19. ...	Dd8
20. Df4	Le6
21. h4	

Bricht die Brücken hinter sich ab – der Läufer hat keinen Fluchtweg mehr. Aber was kommt jetzt?

| 21. ... | Ld5 |

Diagramm 24

Es scheint, daß sich Schwarz nur um die eine Gefahr Gedanken gemacht hat: 22. Lxf6 Txf6 23. De5! mit den unabwendbaren Drohungen 24. Sxf6 und Sg5+. Aber jetzt folgt ein erneuter und bereits entscheidender Schlag! Die einzige Möglichkeit, den Kampf fortzusetzen, war 21.... Lg4.

22. g4!!

Weiß verletzt die Grundsätze des Positionsspiels, indem er die Stellung des eigenen Königs aufreißt ... aber wichtiger ist, daß der Turm auf g6 in eine gefährliche Situation kommt – dies wird die Partie entscheiden.

| 22. ... | Kg7 |

Verspäteter Rückzug. Auf 22. ... hg wäre 23. h5 gefolgt. Wenig Aussicht bot auch der Versuch, den Widerstand mit 22.... Lxe4 fortzusetzen, wegen 23. gh T6g7 24. Txe4.

23. gh	fg
24. De5+	Kh6
25. hg6	gh
26. Tf5	Kxg6
27. Kh2	
1:0	

Eine kraftvolle Partie!

Kasparow meint dazu:

Zur Analyse von M. Botwinnik sollte ich noch einige schöne Varianten hinzufügen.

Schwarz konnte den h-Bauern, der durch den Zug 22. g4! angegriffen war, mit 22.... Th8 verteidigen. Darauf war vorgesehen: 23. Lxf6! Txg4+ 24. Dxg4 hg 25. Lxe7+! Kxe7 26. Sc5+, oder 23.... Lxf6! 24. g5 Lxe4 25. Txe4 Kg7 26. Te6 Tf8 27. Kh2 – die Stellung des Schwarzen wäre zwar sehr schlecht, aber er könnte immer noch versuchen, sich zu halten.

Nach 19. Lg5! hatte Schwarz die Möglichkeit zum Gegenangriff mit 19.... Lh3, der am besten widerlegt worden wäre mit 20. Sxf6 Lxf6 21. Dxf6+! mit Matt in wenigen Zügen, oder 20.... Dxg2+ 21. Dxg2 Lxg2 22. Txe7+!.

G. Kasparow – S. Begun
Tarrasch-Verteidigung des
Damengambits (D 42)

1. d4	d5
2. c4	e6
3. Sc3	Sf6
4. Sf3	c5

5. cd	Sxd5
6. e3	Sc6
7. Ld3	Le7
8. 0–0	0–0
9. Sxd5	

Zieht man die »Enzyklopädie der Schacheröffnungen« heran, erfährt man, daß 9. Sxd5 Weiß keinen Eröffnungsvorteil gibt. Zur gleichen Beurteilung aber kommt dieses Handbuch auch bei den anderen möglichen Fortsetzungen: 9. Se4, 9. De2, 9. Te1 und 9. a3.

9. ...	Dxd5
10. e4	Dd8
11. dc	Lxc5

Die Stellung nach 11. ... Sb4 12. Le2 Lxc5 wird als ausgeglichen angesehen, aber ist dies wirklich so? Ein Beispiel: 13. a3 Sc6 14. b4 Ld4 15. Sxd4 Sxd4 16. Lb2 Sxe2+ 17. Dxe2, und Weiß behält die Initiative, trotz der Vereinfachungen.

12. e5	Le7
13. De2	Sb4?!

Besser wäre der Abtausch der Springer durch 13. ... Sd4 gewesen.

14. Lb1	Ld7
15. a3	Sd5
16. De4	g6
17. Lh6	Te8
18. h4!	

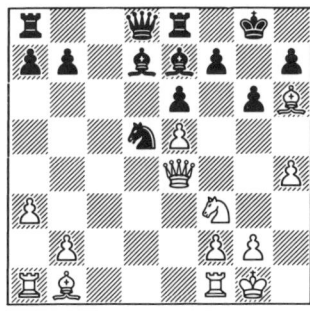

Diagramm 25

18. ...	Db6
19. h5!	f5?

Es ist nicht einfach, sich gegen den heftigen Angriff des Weißen zu verteidigen. Auf das naheliegende 19. ... Dxb2 wäre gefolgt 20. Ta2 Db5 21. Dg4 Da4 22. Dg3 Lf8 23. Lxf8 Txf8, und jetzt nicht 24. hg? fg 25. Lxg6 Df4!, sondern 24. Td2! mit der Idee, den Turm über d4 zum Königsflügel zu spielen.

Für Schwarz scheint es selbstverständlich zu sein, daß 19. ... f5 die Verteidigungsprobleme löst. So geht tatsächlich nach 20. ef Sxf6 der vorwärtsstürmende Bauer auf h5 verloren. Dennoch wird sich zeigen, daß die Stellungsbeurteilung des Schwarzen in diesem Punkt, genauso wie bei seiner Aktion im 13. Zug, zu oberflächlich ist.

20. ef	Sxf6
21. De1!	Sxh5
22. Se5	Lb5
23. Lxg6	

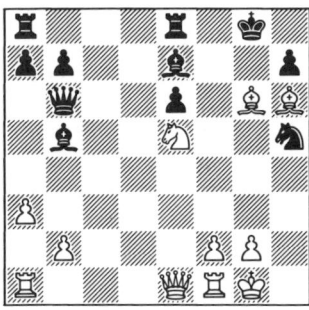

Diagramm 26

Nach 23. ... hg, gewinnt 24. De4 Lf8 25. Dxg6+ Sg7 26. Sg4.

23. ...	Sf6
24. Lxh7+!	

Brutal, aber das Beste. Weiß setzt Matt nach sowohl 24. ... Kxh7 25. Db1+, als auch nach 24. ... Sxh7 25. De4.

1:0

Garys erster Gewinn in einer unmittelbaren Begegnung mit einem Großmeister erfolgte in der letzten Runde:

G. Kasparow – A. Lutikow
Altindisch (A 46)

1. d4 Sf6 2. Sf3 d6 3. Sc3 Lg4 4. e4 Sbd7
(4. . . . e6; 4. . . . c6) **5. e5 Sg8** (5. . . . de
6. de Lxf3 7. Dxf3 Sxe5 8. Dxb7±) **6. h3
Lxf3** (6. . . . Lh5 7. g4 Lg6 8. h4 mit der
Absicht e6) **7. Dxf3 c6 8. Lf4** (8. ed! ed
9. d5 c5 10. Lf4) **8. . . . d5** (8. . . . e6 9. ed
Sdf6! 10. 0–0–0 Lxd6 11. Le5!±) **9. e6 fe
10. Ld3 Sgf6 11. De2 g6** (11. . . . Db6
12. 0–0–0 0–0–0 13. Dxe6 Dxd4 14. Dxc6+
bc 15. La6 matt) **12. Dxe6 Lg7 13. 0–0 Sh5
14. Lg5?! Sdf8** (Nach 14. . . . Lxd4 hatte
ich beabsichtigt 15. Sxd5 cd 16. Lb5 Sf6
17. Tad1 Db6 18. Lxd7+, aber zuhause
fand ich 16. . . . a6 mit der Idee . . . Sc5)
15. Dg4 Sf6 16. De2 Dd6 17. Tae1 (mit
der Absicht f4, f5) **17. . . . e6** (Falls 17. . . .
Kf7 18. Lh4! Se6 19. Lg3, z. B. 19. . . . Sxd4
20. De3 Db4 21. a3, oder 19. . . . Dd7
20. Le5, gefolgt von f4, f5) **18. Sa4 Kf7
19. b4 b6** (19. . . . Dxb4? 20. Sc5) **20. Dd2
Te8 21. Lf4 De7** (21. . . . Dd7 22. c4 dc
23. Lxc4) **22. b5 Da3** (22. . . . c5 23. dc bc
24. c4) **23. Sc3 c5 24. Sb1! Da4** (24. . . .
Db4 25. Dxb4 cb 26. Ld6; 24. . . . Dxa2??
25. Sc3) **25. dc bc 26. c4 S8d7** (26. . . . dc
27. Sc3 oder 26. . . . d4; Weiß will die
Lage der schwarzen Dame ausnutzen)
27. Sc3 Da5 28. Dc2 Dd8 (Falls 28. . . . e5
29. Ld2! d4 30. Se4 Db6 31. Sg5+)
29. Lg5 Sb6 30. a4 dc (30. . . . Dc7 31. cd
ed 32. a5 Sbd7 33. Sxd5 Sxd5 34. Lc4)
31. Le4 Te7 32. a5 (32. Lc6 nebst Td1)

**32. . . . Sbd7 33. Lc6 Sb8 34. Td1 Dxa5
35. Se4 Tf8! 36. Lf4 Sxc6 37. bc Se8?!**
(37. . . . Sxe4 38. Dxe4 Ld4)

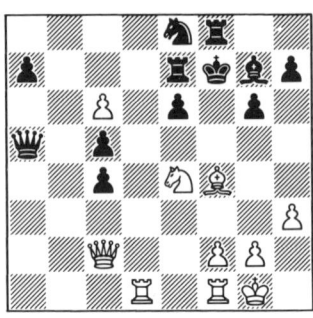

Diagramm 27

**38. Td7! Txd7 39. cd Sf6 40. Sd6+ Ke7
41. Sxc4** (oder 41. Sb7!?) **41. . . . Da6
42. Ld6+ Kxd7 43. Lxf8 Lxf8 44. Dd3+
Ke7** (44. . . . Kc7 45. Te1) **45. Td1 Sd5
46. De4 Kf7** (46. . . . Sc3? 47. Dh4+)
**47. Se5+ Kg8 48. Sd7 c4 49. Tb1 Dd6
50. Tb7** (50. Sxf8!? Sc3 51. Da8 Sxb1
52. Sxe6+ Kf7 53. Sg5+ Ke7 54. Db7+
und Dxb1 mit Gewinn) **50. . . . c3 51. Sxf8
Kxf8 52. Txh7 Df4 53. Dxf4 Sxf4 54. Kf1
a5 55. Ta7 Sd5 56. Txa5 Kf7** (stellt eine
Falle auf: 57. Ke2 Sf4+ 58. Kf3? c2 59. Tc5
Sd3 60. Txc2 Se1+) **57. g3**
        1:0

(Anmerkung nach Kasparow aus
»Shakmaty Riga«)

5

Super-Liga!

»Otborotschnii« in Daugavpils

Das Otborotschnii-(Qualifikations-)Turnier zur 46. UdSSR-Meisterschaft in der lettischen Stadt Daugavpils vereinigte 64 Großmeister und Meister, die in 13 Runden nach Schweizer System um den einzigen freien Platz im Spitzenliga-(Final-)Turnier und 8 weitere freie Plätze im (Halbfinal-)Turnier der 1. Liga kämpften.

Dem 15jährigen »Bakinsky« Schüler, Gary Kasparow, gelang der riesige Schritt in die Spitzenliga (»Super-Liga«) durch eine Erfolgssträhne von 5½ aus 6 Punkten von Runde 2–8 und eine überlegene Buchholzwertung. Und dies bedeutete den Aufstieg in die Superstaffel der Schachwelt.

Garys Mitsieger, Igor Iwanow, der mit 2 Verlusten begann und dann hintereinander 6 Gewinne abspulte, bis er von Gary in der 9. Runde in 40 Zügen gestoppt wurde, mußte sich mit einem Platz in der 1. Liga zufriedengeben. Er kam dort auf den geteilten 14. Platz und verfehlte so die Qualifikation für die Super-Liga. Wozu so geringe Unterschiede führen können!

Otborotschnii, Daugavpils 26. 6.–14. 7.1978

			1	2	3	4	5	6	7	8	9	Rest	
1	**G. Kasparow**		★	½	½	½	½	1	½	1		4½	9
2	**I. Iwanow**	2415	½	★	1	½	½					6½	9
3	**V. Kupreitschik**	2530	½	0	★	½	½	1		½		5½	8½
4	**A. Michaltschischin**	2460	½	½	½	★		1			½	5½	8½
5	**A. Kapengut**	2465	½	½	½		★		½			6½	8½
6	**A. Pantschenko**	2495	0	0				★		½		8	8½
7	**V. Tseschkowski**	2550	½		0	½			★	1		6½	8½
8	**L. Alburt**	2510	0	½				0		★	½	7	8
9	**S. Makaritschew**				½		½		½		★	6½	8

Außerdem schlug Kasparow R. Korsunsky (3. R.), S. Lputian (5. R.), M. Tseitlin (2480) (6. R.), S. Palatnik (2490) (7. R.), remisierte mit J. Nikolajewski (2475) (4. R.) und verlor gegen R. Holmow (2540) (2. R.).

Aus Runde 1:

G. Kasparow – A. Pantschenko
Sizilianisch (B 67)

1.	e4	c5
2.	Sf3	Sc6
3.	d4	cd
4.	Sxd4	Sf6
5.	Sc3	d6
6.	Lg5	e6
7.	Dd2	a6
8.	0–0–0	Ld7
9.	f4	b5

Ein populäres, aber zweifelhaftes System. 10. Lxf6 gf (10. ... Dxf6? 11. e5 de 12. Sdxb5) 11. Sxc6 Lxc6 12. Ld3 (oder 12. De3, oder 12. De1!) gibt Weiß nachhaltigen Vorteil. Der von mir gewählte Weg ist auch nicht schlecht.

10.	Sxc6	Lxc6
11.	Ld3	Le7
12.	e5	de
13.	fe	Sd7

Schwächer ist 13. ... Sd5 14. Lxe7 Dxe7 15. Se4 0–0 16. Thf1 mit der Drohung Sf6+!

14.	Lxe7	Dxe7
15.	Le4!	Lxe4

In einer Partie mit Jermolinski in Leningrad 1977 kam es zu für mich ungünstigen Verwicklungen: 15. ... Dc5 16. Thel Ta7 17. Lxc6 Dxc6 18. Df2 Dc5 19. Te3 0–0 20. Se4 Txe5 21. Tg3 Taa8!, und Weiß hat einen Bauern verloren. Aber die Ursache dafür liegt nicht in der Stärke von 15. ... Dc5, sondern eher in den folgenden Fehlern von Weiß. So folgt statt 18. Df2 besser 18. Dg5 oder 18. Dd6, und statt 16. Thel ist 16. Lxc6 Dxc6 17. Se4 0–0 18. Sf6+! vorzuziehen.

In dieser Partie nimmt Pantschenko das Bauernopfer an, obwohl Schwarz nun einen unangenehmen Angriff ertragen muß.

16.	Sxe4	Sxe5
17.	Dd4	f6
18.	Sd6+	Kf8
19.	Thf1	Kg8

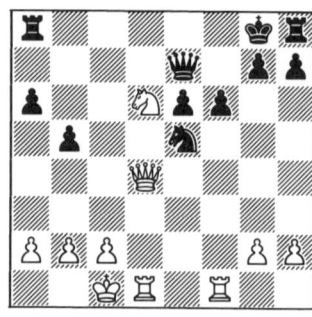

Diagramm 28

Ebenfalls nicht leicht ist es, sich nach 19. ... Sf7 zu verteidigen: 20. Db6 Sxd6 21. Txd6 Kf7 22. Tel e5 23. Dc6.

20.	g4!	h6
21.	h4	Sf7

Aufmerksamkeit verdiente das Qualitätsopfer: 21. ... Td8!? 22. Sf5 Txd4 23. Sxe7+ Kf7 24. Txd4 Kxe7, aber vielleicht leistete 21. ... Tf8 am meisten Widerstand.

22.	De4!	Tf8
23.	Sf5	De8
24.	Sd4	e5

Auf 24. ... Se5 folgt 25. g5, und jetzt ist 25. ... hg 26. hg Dg6 nicht gut wegen 27. Dxg6 Sxg6 28. Sxe6 Te8 29. gf!

25.	Sf5	h5

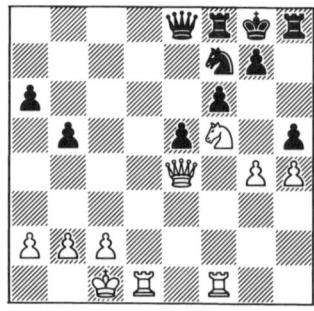

Diagramm 29

Schwarz ist eingeschnürt.

26.	Tg1	Th7

 40

Auf 26. ... Sh6 folgt bereits das entscheidende 27. Sxg7! Kxg7 28. gh+ etc.

27. Db7   Kh8
28. gh   De6
29. Sxg7!!   Dxa2

Man kann sich leicht überzeugen von der Stärke der weißen Drohungen nach 29. ... Txg7 30. Txg7 Kxg7 31. Dg2+ Kh8 32. Tg1. Auch 29. ... Dc4 ändert nichts wegen 30. Kb1!

30. De7   Tg8

Oder 30. ... Da1+ 31. Kd2 Td8+ 32. Dxd8+.

31. Dxf6   Da1+
32. Kd2   Da5 +
33. Ke2   Tgxg7
34. Txg7   Txg7
35. Tg1
1:0

Aus Runde 7:
G. Kasparow – S. Palatnik
Aljechin-Verteidigung (B 04)

1. e4   Sf6
2. e5   Sd5
3. d4   d6
4. Sf3   g6
5. Lc4   Sb6
6. Lb3   a5
7. a4   Lg7
8. Sg5   e6!?

Eine neue Idee, die ein schärferes Spiel verspricht als das herkömmliche 8. ... d5 9. f4, oder 9. 0–0 0–0 10. Te1 Sc6 11. c3 f6 12. ef ef 13. Se6 mit besseren Aussichten für Weiß.

9. f4   de
10. fe   c5
11. 0–0?!   0–0?!

Schwarz nutzte die Ungenauigkeit des Weißen nicht aus: 11. ... Dxd4+! 12. Dxd4 cd 13. Txf7 (13. Sxf7 0–0 14. Sd6 Txf1+ 15. Kxf1 Ld7 16. Sxb7 Sa6!) 13. ... Lxe5 14. Tf1 Sc6, und Schwarz hat alle Schwierigkeiten überwunden. Genauer wäre 11. c3 cd 12. 0–0! usw. gewesen.

12. c3   Sc6?

Nun wird die weiße Initiative bedrohlich. Es mußte zuerst auf d4 getauscht werden. Nach 12. ... cd 13. cd Sc6 hätte Weiß fortsetzen können mit 14. Sf3 f6 15. Sc3! fe 16. Lg5 De8 17. de Sxe5 18. Sxe5 Txf1+ 19. Dxf1 Lxe5 20. Te1 mit gutem Spiel für den Bauern.

13. Se4!   Sd7

13. ... cd 14. Lg5 Dd7 führt zu schnellem Untergang: 15. Sf6+ Lxf6 16. Lxf6 dc 17. Dc1

14. Le3   Se7
15. Lg5!

Schwarz hofft, mit seinem Springer den geschwächten Königsflügel zu schützen, aber die weiße Antwort erzwingt weitere Schwächen.

15. ...   cd
16. cd   h6
17. Lh4   g5
18. Lf2

Der sofortige Versuch, die schwarze Position zu zerstören, führte zu einem Gegenschlag: 18. Lxg5? hg 19. Dh5 Sxe5!

18. ...   Sg6
19. Sbc3   De7
20. Lc2   b6
21. Le3   La6
22. Tf2   Sh8

Diagramm 30

Die Vorbereitung dieses Zuges mit f7–f5

hätte die Verteidigung des Schwarzen erleichtert.

23. Lxg5!

Die Einleitung zum entscheidenden Angriff. Gut scheint auch 23. h4! zu sein: 23. ... gh 24. Dg4 f5 25. ef Sxf6 26. Sxf6+ Txf6 27. Txf6 Dxf6 28. De4! Td8 29. Dh7+ Kf8 30. Sb5 mit sehr starkem Angriff.

23. ...	hg
24. Dh5	f5
25. Sxg5	Tf7!

Die hartnäckigste Verteidigung; sofort zum Verlust führen sowohl 25. ... Tfd8 26. Txf5! als auch 25. ... Tfc8 26. Dh7+ Kf8 27. Sxe6+.

26. Lf5!!

Das Opfer eines zweiten Läufers zerstört endgültig den Verteidigungsring.

26. ...	Txf5

Nach 26. ... ef ist 27. Sd5 De8 28. e6 Tf6 29. Dh7+ Kf8 30. e7+ entscheidend.

27. Txf5	ef
28. Sd5	De8
29. Dh7+	Kf8

30. Dxf5+	Kg8

Oder 30. ... Sf7 31. Se6+ Kg8 32. Dg6.

31. Dh7+	Kf8
32. Ta3!	

32. Sc7 gewinnt ebenfalls, aber ich wollte eine solche Partie durch einen direkten Angriff beenden.

32. ...	Tc8

Auf 32. ... Dg6 hätte folgen können 33. Tf3+ Ke8 34. Dg8+ Sf8 35. Txf8+! Lxf8 36. Sf6+, oder 34. ... Lf8 35. Sc7+ Kd8 (35. ... Ke7 36. Tf7+!) 36. Sce6+ Ke7 (36. ... Kc8 37. Txf8+) 37. Dxg6 Sxg6 38. Tf7+ Ke8 39. Sc7+ Kd8 40. Sge6+ Kc8 41. Sxa8 usw.

33. Tf3+	Sf6

33. ... Sf7 34. Txf7+ Dxf7 35. Sxf7 Tc1+ 36. Kf2 Tf1+ 37. Kg3 Txf7 führt ebenfalls zu Materialverlust nach 38. Dh4!

34. h3!	Dg6
35. Txf6+	Lxf6
36. Se6+	Ke8
37. Sxf6+	
1:0	

Super-Liga

Ein 15jähriger Jugendlicher hätte eigentlich seinen Eintritt in die Spitzenliga (»Super-Liga«), dem Finalturnier in der Meisterschaft des stärksten Landes der Welt, als eine furchterregende Aufgabe ansehen müssen. Immerhin stand er 17 Trägern eines internationalen Titels gegenüber – darunter 16 Großmeister.

Es galt, eine Balance zwischen Furcht und Selbstvertrauen zu finden.

Es gab drei spezifische Ziele in der Spitzenliga. Eines war natürlich, Erster zu werden; ein weiteres war, daß die ersten 9 Spieler ihren Platz in der nächsten (47.) Spitzenliga haben würden. Wenn das nicht möglich war, mußte man vermeiden, auf den letzten 3 Plätzen zu landen (denn das würde einen in das nächste Otborotschnii zurückwerfen), um wenigstens in der 1. Liga bleiben zu können.

Gary startete mit soliden Unentschieden gegen Geller, Bagirow (hier vielleicht sogar eine versäumte Gewinnchance) und Makaritschew. Siege über Polugajewski und Kusmin in Runde 4 und 6 weckten Träume. Aber die nächsten drei Runden waren eine Pechsträhne – Verluste gegen Timoschtschenko und Rasuwajew. Der Zwang, zu kämpfen, um zu überleben, hatte für Gary zur Folge, daß sich sein Talent und seine Fähigkeiten frei entfalten konnten: ein Sieg über Beljawski (der ihm erst in einer wieder aufgenommenen Hängepartie im Anschluß an die 14. Runde zugestanden wurde), ein mühsames Remis mit Gulko und dann eine mißglückte Kombination gegen Michaltschischin, die zu einem aussichtslosen Kampf führte, mit dem Ende im 86. Zug.

Die Partie aus der 4. Runde:

G. Kasparow – L. Polugajewski
Sizilianisch, Paulsen-System (B 43)

1. e4	c5
2. Sf3	e6
3. d4	cd
4. Sxd4	a6
5. Sc3	Dc7
6. Le2	b5
7. Lf3	Lb7
8. 0–0	Sc6
9. Sxc6	dc

Polugajewski spielt das Paulsen-System selten, aber er hatte diese Variante speziell für seine Partie mit Kasparow vorbereitet.

Es ist eine wenig untersuchte Stellung entstanden. Garik läßt sich nicht beirren und spielt seine eigene Neuerung. Es ist wahr, daß sie sich als mangelhaft erweist, aber am Ende zahlt sich der Mut der Jugend doch aus.

10. e5?!

Solider ist 10. a4

10. ...	Dxe5
11. Tel	Dc7
12. Lh5	Le7!
13. Txe6	g6!
14. Tel	Td8?

Der erfahrene Großmeister begeht einen Fehler. Er sollte das Opfer annehmen, denn nach 14.... gh 15. Lg5 c5 wird es Weiß schwerhaben, seine Korrektheit zu beweisen.

15. Df3	c5
16. Lf4!	Db6
17. Dg3	gh
18. Lc7	

Schlechter ist 18. Dg7? wegen 18.... Dg6 19. Txe7+ Sxe7! 20. Dxh8+ Kd7 mit Vorteil für Schwarz.

18. ...	Dg6
19. Lxd8	Dxg3
20. hg	Kxd8
21. Tadl+	Kc7
22. Sd5+	Lxd5
23. Txd5	h6
24. Txh5	Th7

Es ist eine dynamisch gleichwertige Position entstanden. Die Partie sollte, mit größter Wahrscheinlichkeit, friedfertig in einem Remis enden, aber Polugajewski möchte gewinnen und begeht eine Ungenauigkeit.

25. The5	Kd7
26. T5e3	Tg7
27. Td3+	Kc7
28. Ta3	Tg6
29. Tf3	Lf6?!

Diagramm 31

30. c3!	Kd7
31. Td3+	Kc7
32. Te8	Se7

Schließlich kommt der Springer ins Spiel, aber zur unpassenden Gelegenheit. Besser war 32.... Le7.

33. Ted8	Sc6
34. T8d7+	Kb6
35. Txf7	Le7

36. Te3	Ld6
37. f4	c4
38. Kh2	Lc5
39. Te2	b4
40. Te4	bc
41. bc	Lf2
42. Txc4	Lxg3
43. Kh3	Le1
44. a4!	Sa5
45. Tb4+	Kc5?

Ein Fehler, aber auch nach 45.... Kc6 46. Tf5 Lxc3 47. Txa5 kann Schwarz den Verlust nicht mehr verhindern.

46. Tf5+
1:0

Dies war Kasparows erster Sieg über einen der stärksten Spieler der Welt.

4 Jahre später, in Bugojno, erinnerte er sich gerne an diese Begegnung, und selbst Polugajewski schmunzelte.

Aus Runde 6:
G. Kasparow – G. Kusmin
Spanische Partie (C 97)
1. e4 e5 2. Sf3 Sc6 3. Lb5 a6 4. La4 Sf6 5. 0–0 Le7 6. Te1 b5 7. Lb3 d6 8. c3 0–0 9. h3 Sa5 10. Lc2 c5 11. d4 Dc7 12. d5 Sc4? 13. a4! Ld7 14. b3 Sa5 15. ab ab 16. Sbd2 Sb7 17. Lb2 g6 18. c4 Sh5 19. cb Lxb5 20. Sc4 f6 21. Dd2 Tfb8 22. Lc3 Lf8 23. Sh2 Sf4 24. Sg4 Lg7 25. h4 Dc8 26. Sge3 Lxc4 27. bc Lh6
28. Txa8   Txa8

Mit den Trainern Nikitin (r) und Schacharow (l) während der 46. Meisterschaft der UdSSR.

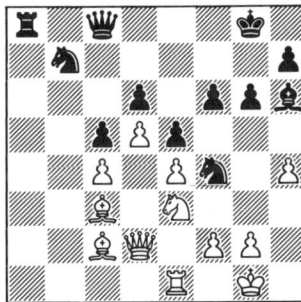

Diagramm 32

29. Ld1!
Endlich kommt der »spanische« Läufer
wieder ins Spiel. Der schwarze Springer auf f4 wird jetzt zum Angriffsobjekt.

29. ...	**Ta3**
30. g3	**Sh5**
31. Db2	**Da8**
32. Lxh5	**Lxe3**

Der weiße Springer darf nicht nach f5
kommen!

33. Txe3	**gh**
34. Kg2	**Sd8**

Der Versuch dieses Springers, wieder
ins Spiel zu kommen, scheitert kläglich.

35. De2	**Sf7**
36. Dxh5	**Da6?**
37. Tf3!	**Db7**

37. ... Dxc4? geht nicht wegen 38. Dg4+
Kh8 39. Txf6! oder 38. ... Kf8 39. Dc8+
Kg7 40. Df5! Ta7 41. Dxf6+ Kg8 42. Ld2
Dxe4 43. Lh6 Dg6 44. Dd8+ Sxd8 45. Tf8
matt.

38. Dg4+	**Kf8**
39. Df5	**De7**
40. Dxh7	**Ta4**
41. Ld2	
1:0	

Aus der 13. Runde:
G. Kasparow – I. Dorfman
Spanische Partie (C 92)
1. e4 e5 2. Sf3 Sc6 3. Lb5 a6 4. La4 Sf6
5. 0–0 Le7 6. Te1 b5 7. Lb3 d6 8. c3 0–0
9. h3 Lb7 10. d4 Te8 11. Sbd2 Lf8
12. a4?! (12. Lc2) 12. ... h6! (12. ... Sb8?
13. ab ab 14. Txa8 Lxa8 15. de de 16. Lxf7+
Kxf7 17. Db3+ Ke7 18. Da3+ ∓∓) **13. d5**
Sb8 14. c4 c6 15. ab ab 16. Txa8 Lxa8
17. dc b4 (17. ... bc 18. Sxc4 Lxc6 19. La4,
in etwa ausgeglichen) **18. La4 Sxc6**
19. Sf1 Db8 20. g4!? (20. Sg3 g6 mit der
Absicht ... Tc8 mit geringem Vorteil für
Schwarz) **20. ... Tc8 21. Sg3 Sd8 22. g5**
hg 23. Sxg5 Txc4? (23. ... Se6 24. Sxe6
fe 25. Sh7 Tc7! ∓) **24. Lb3 Td4?** (24. ...
Tc7 25. Sh5 Sh7! ∞) **25. Dc2** (25. Df3!?)
25. ... Sd7! 26. Le3 Sc5 27. Lxd4 ed
28. Ld5 Le7 29. h4 Sde6 (29. ... Lxg5
30. hg Sde6 31. g6 fg 32. Lxe6+ Sxe6
33. Dc4 De8 34. Dxb4±) **30. Lxe6 fe**
31. Dc4 d3? (31. ... d5)

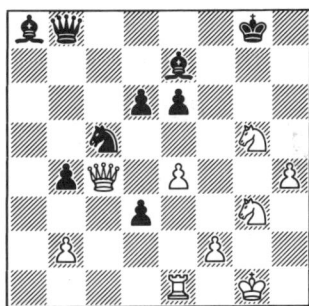

Diagramm 33

32. Sxe6 d2 33. Td1 d5 34. ed Sxe6
35. De4! Lc5 36. Dxe6+ Kh8 37. Kg2
Df4 38. Dc8+ Kh7 39. Dxc5
1:0

---

46. UdSSR-Meisterschaft (Spitzenliga), Tiflis 2.–27.12.1978

			1	2	3	4	5	6	7	8	9	0	1	2	3	4	5	6	7	8	
1	**M. Tal**	**2625**	★	½	½	½	½	½	**1**	½	½	½	**1**	½	½	½	**1**	½	**1**	**1**	**11**
2	**V. Tseschkowski**	**2550**	½	★	½	½	½	½	**1**	½	**1**	½	**1**	½	**0**	**1**	**1**	½	**1**	½	**11**
3	**L. Polugajewski**	**2620**	½	½	★	½	**1**	**1**	½	½	**0**	½	½	½	½	½	½	½	**1**	**1**	**10**
4	**T. Georgadze**	**2535**	½	½	½	★	½	½	½	½	½	½	½	½	**1**	**1**	½	½	½	½	**9½**
5	**O. Romanischin**	**2610**	½	½	**0**	½	★	**0**	**0**	**0**	½	**1**	½	**1**	**1**	½	**1**	**1**	**1**	**0**	**9**
6	**E. Geller**	**2590**	½	½	**0**	½	**1**	★	½	**0**	½	½	½	½	½	½	**1**	½	½	**1**	**9**
7	**A. Beljawski**	**2530**	**0**	**0**	½	½	**1**	½	★	½	**0**	½	½	**1**	**1**	½	**0**	**1**	½	**1**	**9**
8	**E. Sweschnikow**	**2565**	½	½	½	½	**1**	**1**	½	★	½	**1**	**0**	½	**0**	½	½	½	½	½	**9**
9	**G. Kasparow**	**—**	½	**0**	**1**	½	½	½	**1**	½	★	½	½	**0**	½	**0**	**0**	½	**1**	**1**	**8½**
10	**V. Bagirow**	**2505**	½	½	½	½	**0**	½	½	**0**	½	★	½	½	½	½	½	½	½	**1**	**8**
11	**S. Makarischew**	**2495**	**0**	**0**	½	½	½	½	½	**1**	½	½	★	½	½	½	½	½	½	½	**8**
12	**G. Timoschtschenko**	**2530**	½	½	½	½	**0**	½	**0**	½	**1**	½	½	★	½	½	**0**	**1**	½	½	**8**
13	**B. Gulko**	**2565**	½	**1**	½	**0**	**0**	½	**0**	**1**	½	½	½	½	★	½	½	½	½	½	**8**
14	**J. Rasuwajew**	**2465**	½	**0**	½	**0**	½	½	½	½	**1**	½	½	½	½	★	½	½	½	**0**	**7½**
15	**A. Michaltschischin**	**2460**	**0**	**0**	½	½	**0**	**0**	**1**	½	**1**	½	½	**1**	½	½	★	**0**	½	½	**7½**
16	**V. Tukmakow**	**2570**	½	½	½	½	**0**	½	**0**	½	½	½	½	**0**	½	½	**1**	★	½	½	**7½**
17	**I. Dorfman**	**2550**	**0**	**0**	**0**	½	**0**	½	½	½	**0**	½	½	½	½	½	½	½	★	**1**	**6½**
18	**G. Kusmin**	**2560**	**0**	½	**0**	½	**1**	**0**	**0**	½	**0**	**0**	½	½	½	**1**	½	½	**0**	★	**6**

Garys 9. Platz bedeutete, daß er für mindestens ein weiteres Jahr in dieser Spielklasse bleiben würde. Er hatte seinen Erfolg aus dem Jahre 1978 bestätigt.

»Er ist ein erstaunlich talentierter Junge. Das Ergebnis seines ersten Auftretens in der Spitzenliga ist eine hervorragende sportliche Leistung. Man kann begründet vermuten, daß Garik weiterhin riesige Fortschritte machen wird.«
Dies war Tals Resümee in einem Interview.

6	Alter: 16 Jahre

Banja Luka – 1. Etappe

Trotz einer fehlenden FIDE-Wertung erhielt Gary die Erlaubnis, in diesem jugoslawischen Turnier mit 16 Teilnehmern mitzuspielen, von denen 14 Spieler sehr gute Internationale Großmeister waren. Sein beachtenswerter Auftritt sollte dieses Turnier für immer in die Annalen des Schachs eingehen lassen.

Banja Luka, 13.4. – 2.5.1979

			1	2	3	4	5	6	7	8	9	0	1	2	3	4	5	6	
1	**G. Kasparow**	–	★	½	½	½	½	1	½	1	1	½	1	1	1	½	1	1	11½
2	**U. Andersson**	2560	½	★	½	½	½	½	½	½	1	½	½	1	1	1	½	½	9½
3	**J. Smejkal**	2550	½	½	★	½	½	½	½	½	0	1	1	½	1	½	1	1	9½
4	**T. Petrossian**	2610	½	½	½	★	½	½	½	½	1	½	½	½	½	1	1	½	9
5	**A. Adorjan**	2525	½	½	½	½	★	½	½	½	½	1	½	½	½	½	½	1	8½
6	**M. Knežević**	2500	0	½	½	½	½	★	½	½	½	1	½	½	½	½	½	1	8
7	**A. Matanović**	2495	½	½	½	½	½	½	★	½	½	½	½	½	½	½	½	½	7½
8	**W. Browne**	2540	0	½	½	½	½	½	½	★	½	0	1	½	½	1	½	½	7½
9	**E. Bukić**	2495	0	0	1	0	½	½	½	½	★	½	½	½	1	½	½	½	7
10	**Guil. Garcia**	2490	½	½	0	½	0	0	½	1	½	★	1	½	0	0	½	1	6½
11	**M. Vukić**	2485	0	½	0	½	½	½	½	0	½	0	★	½	1	½	½	1	6½
12	**D. Marović**	2470	0	0	½	½	½	½	½	½	½	½	½	★	½	½	½	½	6½
13	**S. Marjanović**	2505	0	0	0	½	½	½	½	½	0	1	0	½	★	1	½	1	6½
14	**B. Kurajica**	2515	½	0	½	0	½	½	½	0	½	1	½	½	0	★	½	½	6
15	**R. Hernandez**	2500	0	½	0	0	½	½	½	½	½	½	½	½	½	½	★	½	6
16	**M. Sibarević**	2355	0	½	0	½	0	0	½	½	½	0	0	½	0	½	½	★	4

Garys Vormarsch: Runde 1 – remis mit Petrossian; 2 – schlägt Sibarević (Lokalmeister); 3 – schlägt Browne; 4 – schlägt Hernandez; 5 – schlägt Marović; 6 – remis mit Smejkal; 7 – schlägt Marjanović; 8 – schlägt Knežević; 9 – schlägt Bukić; 10 – schlägt Vukić (9 Punkte – bereits eine Internationaler-Meister-Norm!); 11 – remis mit Andersson; 12 – remis mit Matanović (hat bereits den 1. Platz sicher); 13 – remis mit Garcia (eine Internationaler-Großmeister-Norm!!); 14 – remis mit Kurajica; 15 – remis mit Adorjan, um schließlich mit 2 Punkten vor dem nächsten abzuschließen.
Gibt es einen vergleichbaren Vorgänger in der Schachgeschichte? Robert J. Fischer in Zürich 1959 (3. hinter Tal)? Boris Spasski in Bukarest 1953? Beide waren 16.

Aus der 3. Runde:

G. Kasparow – W. Browne

Damen-Indisch (E12)

1.	**d4**	**Sf6**
2.	**c4**	**e6**
3.	**Sf3**	**b6**
4.	**a3**	**c5**
5.	**d5**	**La6!?**
6.	**Dc2**	**ed**

6. ... De7!?

7. cd		**d6**

Die genauere Zugfolge ist 7. ... g6 8. Sc3 Lg7 9. g3 0–0 10. Lg2 d6

8. Sc3	**Sbd7?!**
9. Lf4!	**Le7**
10. g3	**0–0**
11. Lg2	**Te8**
12. 0–0	**Sh5?!**

12. ... b5 wird beantwortet mit 13. b4!; 12. ... Lf8!?

13. Ld2	**Shf6**
14. Tfe1	**Lf8**
15. a4!	

Bereitet Sb5, Lc3, e4, f4 und evtl. e5 vor.

15. ...	**Sg4**
16. Sb5	**Lb7**
17. e4	**a6**
18. Sa3	**Tb8**
19. h3	**Sgf6**

Falls 19. ... Sge5 20. Sh2!

20. Lc3

Eine phantastische Folge ist 20. Sc4 b5 21. ab ab 22. Sa5 Db6 23. Sc6 Lxc6 24. La5 Db7 25. dc Dxc6 26. e5 de 27. Sxe5 Dc8 28. Sc6 Txe1+ 29. Txe1 Ta8 30. Db3 b4 (?) 31. Sd8!! Txa5 32. Dxf7+ Kh8 33. Te8!! Sxe8 (falls 33. ... h6 34. De6! Sxe8 35. Sf7+ Kh7 36. Le4+ und matt) 34. Ld5 Sdf6 35. Dg8+ mit ersticktem Matt. Die gesamte Variante ist aber inkorrekt wegen 30. ... Da6!

20. ...	**Dc7**
21. Sd2	**Lc8**
22. Lf1	

Verhindert ... b5 und ... c4. Üblicherweise kämpft Schwarz dagegen, daß Weiß zu e5 kommt. Browne sucht lieber Verwicklungen.

22. ...	**g5?!**

Falls 22. ... Se5 23. f4 Sed7 24. Dd3 mit dem strategischen Gewinnplan Df3, Te3, Tae1, e5.

23. Sf3	**h6**
24. Sc4	

Weiß ist in Vorteil wegen der Möglich-

keit zu e5 und wegen des geschwächten schwarzen Königsflügels.

24. ...	**b5**
25. ab	**ab**
26. e5!	**Sxd5!?**

Falls 26. ... bc 27. ef, oder 26. ... de 27. Scxe5 Sxd5 28. Sxf7!.

27. Sxd6	**Lxd6**
28. ed	**Dd8**
29. Se5!	**Sb4!**

Falls 29. ... Sxc3 30. Sc6.

30. Dd2	**Sxe5**
31. Txe5	**Txe5**
32. Lxe5	**Sc6**
33. De3	**Sxe5**

33. ... f6 34. Lxf6!

34. Dxe5	**c4**
35. Lg2	**Le6**

Obwohl das Material gleich ist und die Damenflügelbauern des Schwarzen gut stehen, wird der Ausgang der Partie entschieden durch die größere Aktivität der weißen Steine und die Schwäche des schwarzen Königsflügels.

36. Ta7	**b4**

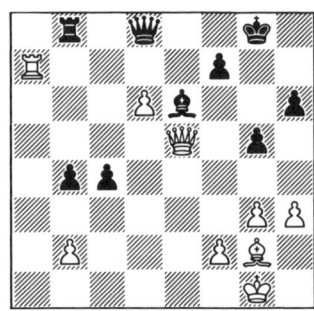

Diagramm 34

37. Le4!	**c3**

Falls 37. ... Db6 38. Te7

38. Lh7+!	**Kxh7**
39. Dxe6	
1:0	

G. Kasparow – D. Marović
Orthodoxe Verteidigung des
Damengambits (D 61)

1. c4	e6
2. Sf3	d5
3. d4	Sf6
4. Sc3	Le7
5. Lg5	0–0
6. e3	Sbd7
7. Dc2	c5

Dies wird als die beste Erwiderung angesehen. Auf 7. . . . c6 erweist sich 8. Td1 als unangenehm, da es Schwarz schwer haben wird, den Vorstoß e6–e5 durchzusetzen.

8. 0–0–0

Es ist seit dem Wettkampf Aljechin – Capablanca, 1927, wohlbekannt, daß 8. cd erfolglos ist wegen 8. . . . Sxd5 9. Lxe7 Dxe7 10. Ld3 g6 11. dc Sxc5 12. Tc1 Sxd3+.

8. . . .	Da5
9. Kb1	h6?!

Dieser Zug kann kaum empfohlen werden, schwächt er doch die Stellung seines Königs. Natürlich scheint 9. . . . cd 10. ed dc, z. B. 11. Lxc4 Sb6 12. Lb3 Ld7 mit kompliziertem Spiel

10. h4!?   dc

Es ist riskant, das Figurenopfer anzunehmen. Nach 10. . . . cd 11. ed hg 12. hg Se4 13. Sxe4 de 14. c5 hat Weiß eine gefährliche Initiative.

11. Lxc4   Sb6?!

Es ist bereits zu spät für 11. . . . cd. Nach 12. ed Sb6 13. Lb3 Ld7 14. Se5 Tac8 15. Th3! ist Weiß im Vorteil.

12. Lxf6!   gf

Nach 12. . . . Lxf6 ist 13. Se4 ziemlich unangenehm, z. B. 13. . . . cd 14. Sxf6+ gf 15. Txd4 Sxc4 16. Tg4+! Kh8 17. Txc4 e5 18. Sg5! fg 19. hg e4 20. Tc5 Db4 21. a3! mit entscheidendem Angriff.

13. Le2	cd
14. ed	Ld7

Die schwarze Stellung scheint in Gefahr,

aber wenn Weiß zu passiv spielt, wird Schwarz auf dem Damenflügel Gegenspiel bekommen.

15. Th3	Sa4
16. Tg3+	Kh8
17. Dd2	Sxc3+
18. bc	Kh7

Zuerst dachte ich, daß Marović versuchen würde, 18. . . . Df5+ zu spielen. In diesem Fall würde aber das einfache 19. Kb2 Tg8 20. Dxh6+ Dh7 21. Df4 den weißen Vorteil plus Materialbonus festhalten.

19. Ld3+	f5
20. Se5	Lb5

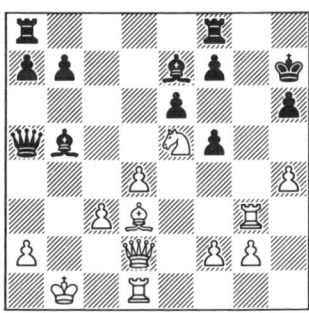

Diagramm 35

Dies ist die einzige Verteidigung gegen 21. Sg4. Es scheint, als hätte Schwarz alle bedeutungsvollen Drohungen abgewehrt, aber der folgende Zug macht die wahre Situation deutlich.

21. Tf3!

Mein stärkster Zug in der Partie und vielleicht von allen 15 Begegnungen des Turniers. Er schafft die schreckliche Drohung g2–g4.

21. . . .   f6

21. . . . Lf6 funktioniert nicht wegen 22. g4 Lxe5 23. gf! Lxd3+ 24. Dxd3 Tad8 25. f6+! Kh8 26. De3 mit unabwendbarem Matt. Der direkten Methode, g4 zu

verhindern, wird ebenfalls mit einer taktischen Widerlegung begegnet, z. B. 21. ... Lxd3+ 22. Dxd3 h5 23. g4! hg 24. Txf5! Db6+! 25. Kc2 ef 26. Dxf5+ Kh6 27. Tg1! mit keiner befriedigenden Verteidigung gegen 28. Sxg4+.

22. Sc4 Dc7

Die Probleme der Verteidigung werden nicht durch 22. ... Da6 gelöst, wegen 23. De2 und die gleichzeitigen Drohungen d5, Lxf5+, Te3 können nicht abgewehrt werden.

23. De2 Lxc4

Auf 23. ... Dd7 ist 24. d5! das Beste.

24. Lxc4 e5
25. Txf5

Marović verteidigte sich jedoch in Zeitnot glänzend und kam der Punkteteilung sehr nahe.

25. ... La3
26. De4 Kh8
27. Th5 Dh7
28. Dxh7+

Der einfachste Weg zum Ziel war 28. Ld3 Dxe4 29. Lxe4 Kg7 30. de fe 31. Td7+ Tf7 32. Txf7+ Kxf7 33. Txh6 mit leichtem Gewinn.

28. ... Kxh7
29. de Kg6
30. g4 fe
31. Td7?

Ein Fehler, der mich einen halben Punkt kosten sollte. Das einfache 31. Te5 hätte ohne irgendwelche Schwierigkeiten gewonnen, z. B.: 31. ... Txf2 32. Te6+ Kg7 (falls 32. ... Tf6, so 33. h5+) 33. Td7+ Kf8 34. Txh6. Der gespielte Zug, der die Drohung Ld3 aufstellt, sieht sehr vernünftig aus, aber Marović findet eine ausgezeichnete Erwiderung . . .

31. ... Tae8!

Wirft den letzten Stein in die Schlacht und verteidigt sich gegen die Drohung 32. Ld3+. Nach mehr als 20 Minuten Nachdenken entdeckte ich mit Staunen, daß ein direkter Gewinn nirgendwo zu sehen war, und ich beschloß, auf die Zeitnot meines Gegners zu spielen.

32. Txb7 Txf2
33. Txa7

Schwarz hat nun eine Serie von Schachs, aber das Remis kann nur durch einen ruhigen Zug erreicht werden – 33. ... Td8!. In diesem Fall kann Weiß entweder das Remis durch ein ewiges Schach erzwingen oder den Kampf fortsetzen. Nach 34. Lf7+ Txf7 35. Txa3 Tf2 36. Kc1 ist die Stellung objektiv remis. Aber Schwarz sähe sich immer noch vielen schwierigen Hindernissen gegenüber. Die folgende Variante demonstriert dies gut: 36. ... Tdd2 37. Txe5 Tc2+ 38. Kb1 Tb2+ 39. Ka1! Tbd2 40. Ta6+ Kg7 41. Ta7+ Kf6 42. Tf5+ Txf5 43. Ta6+ mit Gewinn.

Trotzdem – ich meine, daß Schwarz bei genauem Spiel Remis-Chancen hat, aber Marović machte jetzt einen Fehler, und im Endergebnis erweist sich das »psychologische« Pokerspiel als erfolgreich.

33. ... Lf8
34. Ta6+ Kh7
35. Tf5

Hier überschritt Schwarz die Zeit, aber es ist leicht zu sehen, daß seine Situation hoffnungslos ist. Die Partie war für mich eine gute Lektion. Ich lernte, wie folgenreich ein einziger übereilter Zug sein kann. Aber: Ende gut, alles gut!

<table>
<tr><td>

7

Alter:
16 Jahre

</td></tr>
</table>

47. Meisterschaft der UdSSR

G. Kasparow erscheint zum ersten Mal auf einer FIDE-Wertungsliste, der Ergänzungsliste vom 1.7.1979, mit einer ELO-Zahl von 2545.

Spartakiade Juli 1979

Gary Kasparow spielte am Brett 2 für Aserbaidschan, hinter Meister Bagirow und vor den Meistern Magerramow, Korsunski... in der Spartakiade (die »Olympischen Spiele« der UdSSR) von Moskau.

In der Vorrunde traf Gary auf:

Runde 1	A. Gipslis (S)	Lettland	2500	1/2	23 Züge
Runde 2	spielfrei				
Runde 3	A. Weingold (W)	Estland	2450	0	41 Züge
Runde 4	L. Polugajewski (S)	RSFSR	2635	1	37 Züge
Runde 5	O. Averkin (W)	Moldau	2435	1/2	44 Züge

Mit nur 14 aus 36 Punkten kam Aserbaidschan in die 3. Finalgruppe, in der um Platz 13–17 gekämpft wurde.

Garys Ergebnis in diesem Finale:

Runde 1	spielfrei				
Runde 2	A. Kudriaschow (W)	Turkmenien	(—)	1	58 Züge
Runde 3	E. Mnatsakanian (S)	Armenien	2425	1	33 Züge
Runde 4	M. Govbinder (W)	Tadschikistan	(—)	1/2	42 Züge
Runde 5	A. Butnoris (S)	Litauen	2410	1	41 Züge

Das Team der Ukrainischen Republik gewann die Spartakiade. Aserbaidschan schloß mit dem 13. Platz ab. Garys eigenes Ergebnis war: 4 Siege, 3 Remisen und 1 Verlust.

Eine Partie aus der Vorrunde:
G. Kasparow – L. Polugajewski
Sizilianisch (B 80)

1. e4	c5
2. Sf3	d6
3. d4	cd
4. Sxd4	Sf6
5. Sc3	e6
6. Le3	a6
7. g4	Sc6
8. g5	Sd7
9. Tg1	Le7
10. h4	0–0
11. h5	

Weiß hat klar demonstriert, daß er einen scharfen Kampf wünscht. Aber es

 51

ist für ihn nicht leicht, reale Drohungen gegen den schwarzen König aufzustellen, selbst wenn seine Armee sich unmittelbar den Toren der gegnerischen Festung nähert.

11. ...	**Sde5**
12. Sxc6	**Sxc6**
13. f4	**b5**
14. Df3	

Wahrscheinlich eine Ungenauigkeit. Interessanter ist 14. Ld3 und auf 14.... Lb7 15. Dg4! Falls jedoch 14.... b4, dann möglicherweise sogar 15. Sd5!? ed 16. ed Sa7 17. Df3 und der weiße Angriff kann sehr gefährlich werden.

14. ...	**Lb7**
15. Ld3	**Sb4!**

Auch hier ist auf 15.... b4, 16. Sd5! ed 17. ed Sa7 18. De4 g6 19. hg hg 20. 0–0–0 verführerisch.

16. f5	**ef**
17. Dxf5	**Sxd3+**
18. cd	**Dc8!**
19. h6!	**Te8!**

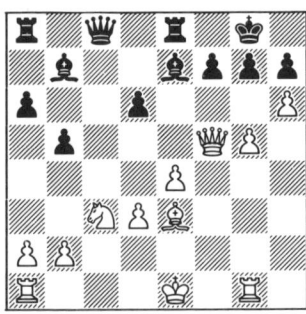

Diagramm 36

Auf 19.... g6 ist 20. Sd5! gut. Polugajewski spielt sehr überzeugend, und es ist nicht mehr korrekt, von einem weißen Vorteil zu sprechen. In der Tat muß Weiß genau spielen, um nicht die schlechtere Stellung zu bekommen.

20. hg	**Dxf5**
21. ef	**Lxg5**
22. Txg5	**Txe3+**
23. Kd2	**Tf3**
24. Se4	**Lxe4**
25. de	**Te8?!**

Nach 25.... f6 26. Th5 Ta7 27. Tc1 wäre die Partie Remis geworden. Polugajewski, in Zeitnot geraten, ruiniert mit diesem und dem folgenden Zug seine Stellung.

26. Tc1	**d5?!**
27. e5!	**h6**
28. Th5	

Das seltsame »Opfer« eines Turms mit 28. f6 führt direkt zum Remis: 28.... Tf2+ 29. Kd3 Tf3, da der weiße König weder auf die c-Linie noch auf die e-Linie gehen kann (wegen Txf6), noch nach d4 (30. Kd4? hg 31. Th1 Tf4+ und ... Th4).

28. ...	**Txe5?**

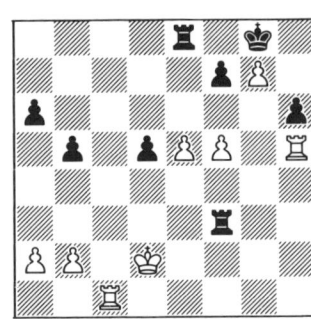

Diagramm 37

Geradezu ins offene Messer! Er mußte 28.... Kxg7 29. Tg1+ Kh7 30. f6 Tg8 spielen, nach 31. Txh6+ hätte Weiß das bessere Endspiel.

29. f6!

Der entscheidende Gewinnzug!

29. ...	**Tf2+**

30. Kd3 Tf3+ 31. Kd4 Te4+ 32. Kxd5 Te8 33. Txh6 Tf5+ 34. Kd4 Tf4+ 35. Kc5 Te5+ 36. Kb6 Te6+ 37. Tc6
1:0

Ein Spiel aus der 5. Runde des Finales:
G. Kasparow – A. Butnoris
Bogoljubow-Indisch (E 11)
1. d4 Sf6 2. c4 e6 3. Sf3 Lb4+ 4. Sbd2
0–0 5. e3 b6 6. Ld3 Lb7 7. 0–0 d5 8. a3
Lxd2 9. Lxd2 (9. Sxd2!?) **9. ... Sbd7**
10. cd Lxd5 (10. ... ed 11. b4±) **11. b4 c5**
12. Tc1! cd (12. ... Lxf3 13. Dxf3 cd
14. ed±/±) **13. Sxd4 Se5 14. La6**
(14. Le2?! Se4 15. Le1 Sd6!=) **14. ... Se4**
15. Le1 Dg5? (15. ... Sd6 16. De2±)
16. f4! Dg6 17. fe Sc5 18. Lg3 Sxa6
(Nicht 18. ... De4, da 19. De2 Sxa6 20. Tf4
Dxe5 21. Tg4 gewinnt.)
(Diagramm 38)
19. Sf5!± Tae8 20. Sd6 Te7 21. Tf4 h5
22. e4 La8 23. Lh4 Td7 24. Tc3 Dh6
(Falls 24. ... Sc7 25. Tg3 Dh7 26. Tg5 g6
27. Da4 mit Gewinn.)
25. Df1 Sc7 26. Tcf3!±± f5 27. ef Txd6
(oder 27. ... e5 28. Dc4+ Kh7 29. fg ef

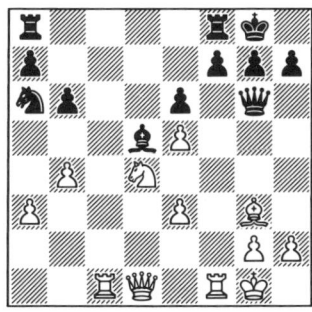

Diagramm 38

30. Sf5! Td1+ 31. Tf1 ±±) 28. f7+ Kh7
29. Le7 e5 30. Lxf8 ef 31. Lxd6 Dxd6
32. Dd3 De7 33. Dc4 Kh6 34. Txf4
(34. f8D! Dxf8 35. Dxc7 g5 36. Td3) **34. ...**
Se6 35. Dc8 Dd6 36. Dh8+ Kg6
37. f8S+ Sxf8 38. Dxf8 Dd1+ 39. Kf2
Dd2+ 40. Kg3 De1+ 41. Kh3
1:0

Spitzenliga 47. Meisterschaft

Man muß einfach beeindruckt sein von dem ungebrochenen Aufstieg, der Kasparows Laufbahn auszeichnet. Gary stößt diejenigen von uns vor den Kopf, die das Wachstum beim Jugendlichen als einen explosiven Aufstieg skizzieren, dem eine Phase der Konsolidierung folgt, dann wieder ein Vorstoß, darauf eine neue Konsolidierung usw. Gary schreitet kontinuierlich vorwärts. Für ihn bedeutet der Stillstand das Scheitern. In der Spitzenliga (Finalrunde) der 47. Einzelmeisterschaft der UdSSR, die vom 29. November – 27. Dezember 1979 in Minsk stattfand, erhielt Gary mit dem 3. Platz die Bronzemedaille. In der vorhergehenden Meisterschaft war er Neunter gewesen (Kapitel 5). Beim Start des Minsker Turniers war ein Ergebnis von 7, 6 Punkten zu erwarten (ermittelt lediglich auf der Basis seiner sowjet-internen Wertung von 2510–36 unter dem Turnierdurchschnitt). Kasparow erzielte also 2,4 Punkte mehr.
Gary schlug Tamas Georgadze in der 1. Runde. Der Berichterstatter Salo Flohr fand die Partie rätselhaft. Keine Opfer. Kasparow spielte wie Karpow, wie Petrossian. Aber sehr erfolgreich. In der 2. Runde ein weiterer, strategisch meisterhafter Gewinn mit Schwarz gegen den Spezialisten im 2.-c3-Sizilianer, Ergeni Sweschnikow. Eine überaus disziplinierte Version von Kasparow?

Und dann, in der 3. Runde, dies:

G. Kasparow – A. Jussupow
Spanische Partie (C 80)

1. e4	e5
2. Sf3	Sc6
3. Lb5	a6
4. La4	Sf6
5. 0–0	Sxe4
6. d4	b5
7. Lb3	d5
8. de	Le6
9. Le3	

Eine wenig untersuchte Fortsetzung, die auf keinen Fall schlecht ist. 9.... Sa5 ist bisher als eine befriedigende Antwort angesehen worden, aber in der Partie Kupreitschik – Slutsky, UdSSR 1979, kam Weiß nach 10. Sd4 Dd7 11. Del Sxb3 12. ab Le7 13. b4 in Vorteil.

9. ...	Le7
10. Sbd2	0–0
11. c3	

Harmlos ist 11. Sxe4 de 12. Lxe6 fe 13. Sd2 Dd5 14. Dg4 Sxe5 15. Dxe4 Tad8. Außerdem hat Schwarz in dieser Variante die interessante Möglichkeit 12.... ef, z. B. 13. Ld5 Sxe5 oder 13. Dd5 Sb4 14. Dxd8 Taxd8 15. Lb3 c5.

11. ...	Lg4

Nach meiner Meinung war 11.... Sxd2 12. Dxd2 Dd7 aussichtsreicher.

12. Sxe4	de
13. Dd5!	ef

In dem Endspiel, das sich nach 13.... Dxd5 14. Lxd5 ef 15. Lxc6 fg 16. Kxg2 Tad8 17. a4 ergibt, hat Weiß einen klaren Vorteil. Dies wurde bereits in einer Partie aus dem Wettkampf Aljechin – Teichmann, Berlin 1921, demonstriert.

14. Dxc6	fg
15. Dxg2	Dd7
16. Lh6!	

(Diagramm 39)

16. ...	gh
17. f3	h5?

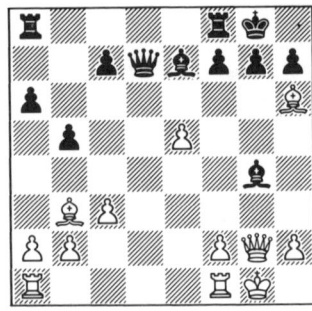

Diagramm 39

Schwarz verteidigt sich wenig erfolgreich. Untauglich war 17.... Kh8 18. fg Tg8 19. h3 h5 20. Txf7 hg 21. De4!, aber besser wäre gewesen 17.... Lc5+ 18. Kh1 Tae8.

18. Tad1	Df5
19. fg	Dxe5

19.... Dxg4 20. Td7 führt zu einem schwierigen Endspiel. Das Nehmen auf e5 läßt Schwarz die Hoffnung, bei der winzigsten Ungenauigkeit von Weiß das Spiel ausgleichen zu können. So führt 20. Txf7 Kh8! zu nichts, ebenso wie 20. Tf5 De3+ 21. Kh1 Tad8 22. Tdf1 Kh8.

20. Tde1!	Dc5+
21. Kh1	Tad8?

Dies verliert eine Figur, aber es ist sehr schwierig, für Schwarz eine sinnvolle Fortsetzung zu finden. Nach 21.... Tae8 22. Tf5 Dd6 23. Txf7 Txf7 24. gh+ Kf8 25. Tg1 Lh4! 26. Dg8+ Ke7 27. Dxf7+ Kd8 28. Td1 Te1+ hat Schwarz gute Remischancen. Stärker ist 23. gh+ Kh8 24. Txf7 Txf7 25. Lxf7 Tf8 26. Tg1 mit unwiderstehlichem Angriff. Entscheidenden Angriff hat Weiß auch nach 21.... Lh4 22. Tf5 Db6 23. Tef1.

22. Tf5	Dd6
23. Td5	Dg6
24. Txe7	Txd5
25. Lxd5	hg
26. De4	Dxe4
27. Lxe4	Td8

28. Txc7 **h5**
29. Lc2 **Td5**
30. Lb3 **Tf5**
31. Kg2 **a5**
32. Txf7

Die einfachste Methode, den engmaschigen Widerstand aufzubrechen.

32. ... **Txf7**
33. Kg3 **a4**
34. Lxf7+ **Kxf7**
35. Kh4 **Kg6**
36. b3 **a3**
37. c4 **bc**
38. bc **Kf5**
39. Kxh5 **Ke4**
40. Kxg4 **Kd4**
41. h4
1:0

Sechs aufeinanderfolgende Remisen waren die Ausbeute von Runde 4–9. Als nächstes verdarb sich Gary in der 10. Runde durch einen Schnitzer das, was ein entscheidender Vorteil sein sollte, und verlor gegen Konstantin Lerner; dann hielt er dem Ansturm stand und besiegte Rafael Waganian, einen der begabtesten Großmeister der Sowjetunion. Gary wurde dann ziemlich mitgenommen durch einen Verlust gegen Juri Anikajew aufgrund eines impulsiven Zuges, dem ein weiterer folgte gegen Alexander Beljawski, indem er eine gute Position verdarb. Er nahm sich zusammen, um mit Siegen über Wiktor Kupreitschik und den Jugendweltmeister von 1978, Sergei Dolmatow, und Remisen mit Juri Balaschow und Michail Tal abzuschließen.
Gary hatte in dem Turnier im Endergebnis 4 Gewinne, 6 Remisen und nur einen Verlust gegen die 11 Großmeister erzielt.

47. UdSSR-Meisterschaft (Spitzenliga), Minsk 29.11. – 27.12.1979

			1	*2*	*3*	*4*	*5*	*6*	*7*	*8*	*9*	*0*	*1*	*2*	*3*	*4*	*5*	*6*	*7*	*8*	
1	**E. Geller**	**2550**	★	½	½	½	½	½	½	½	**1**	**1**	**1**	½	**1**	½	½	½	**1**	**1**	**11½**
2	**A. Jussupow**	**2440**	½	★	½	**0**	**1**	**1**	½	**1**	½	½	½	½	**1**	½	**1**	**1**	½	**0**	**10½**
3	**J. Balaschow**	**2600**	½	½	★	½	½	½	½	½	½	½	½	½	**1**	½	½	½	**1**	**1**	**10**
4	**G. Kasparow**	**2545**	½	**1**	½	★	**1**	**1**	½	**1**	**0**	**0**	½	½	½	**1**	½	**1**	**0**	½	**10**
5	**T. Georgadze**	**2535**	½	**0**	½	**0**	★	**1**	½	**1**	½	**0**	**1**	½	**0**	**1**	**1**	½	½	**1**	**9½**
6	**V. Kupreitschik**	**2540**	½	**0**	½	**0**	**0**	★	**0**	**1**	**1**	½	**1**	**1**	**1**	½	½	**0**	**1**	**1**	**9½**
7	**S. Makaritschew**	**2500**	½	½	½	½	½	**1**	★	**0**	**1**	**0**	½	½	½	**1**	½	½	½	**1**	**9½**
8	**R. Waganian**	**2570**	½	**0**	½	**0**	**0**	**0**	**1**	★	**1**	½	**0**	½	**1**	½	**1**	**1**	**1**	½	**9**
9	**K. Lerner**	**2475**	**0**	½	½	**1**	½	**0**	**0**	**0**	★	**1**	½	½	½	**1**	½	**1**	½	½	**8½**
10	**A. Beljawski**	**2595**	**0**	½	½	**1**	**1**	½	**1**	½	**0**	★	½	**0**	**0**	**0**	**0**	**1**	**1**	½	**8**
11	**J. Rasuwajew**	**2470**	**0**	½	½	½	**0**	**0**	½	**1**	½	½	★	½	½	**1**	½	½	½	½	**8**
12	**N. Raschkowski**	**2500**	½	½	½	½	½	**0**	½	½	½	**1**	½	★	½	**0**	½	½	½	½	**8**
13	**O. Romanischin**	**2560**	**0**	**0**	**0**	½	**1**	**0**	½	**0**	½	**1**	½	½	★	**1**	**1**	½	**0**	**1**	**8**
14	**S. Dolmatow**	**2495**	½	½	½	**0**	**0**	½	**0**	½	**0**	**1**	**0**	**1**	**0**	★	½	**1**	**1**	½	**7½**
15	**M. Tal**	**2615**	½	**0**	½	½	**0**	½	½	**0**	½	**1**	½	½	**0**	½	★	**0**	**1**	**1**	**7½**
16	**E. Sveschnikow**	**2545**	½	**0**	½	**0**	½	**1**	½	**0**	**0**	**0**	½	½	½	**0**	**1**	★	**1**	½	**7**
17	**J. Anikajew**	**2455**	**0**	½	**0**	**1**	½	**0**	½	**0**	½	**0**	½	½	**1**	**0**	**0**	**0**	★	½	**5½**
18	**V. Tseschkowski**	**2560**	**0**	**1**	**0**	½	**0**	**0**	**0**	½	½	½	½	½	**0**	½	**0**	½	½	★	**5½**

Skara – Europäische Mannschaftsmeisterschaft

Wertung 1.1.1980: Kasparow 2595 (Karpow 2725)

Als Kasparow das erste Mal in einer UdSSR-Nationalmannschaft (aus 8 Spielern, 2 Ersatzleuten) als 2. Ersatzmann spielte – im Finale der Europäischen Mannschaftsmeisterschaft in Skara, Schweden, im Januar 1980 – verhalfen sein Ergebnis (91,6%) und die Qualität seines Spiels seiner Mannschaft zu einem glatten Sieg (UdSSR $36^1/_2$ – $19^1/_2$, Ungarn 29, England $28^1/_2$, Jugoslawien 28, Bulgarien $27^1/_2$, Tschechoslowakei 26, Israel 25 und Schweden $23^1/_2$), trotz einiger überraschend glanzloser Vorstellungen im Team (Karpow +0= 4–1, Petrossian +0= 5–0, Polugajewski +3= 3–0, Geller +2= 4–0, Balaschow +2= 4–0, Romanischin +3= 2–1, Waganian +3= 3–0, Jussupow +3= 1–0 und Kasparow +5= 1–0).

Garys Einzelheiten:

Runde 1	S. Webb (W)	GB	2425	1
Runde 2	J. Pinter (S)	H	2535	$^1/_2$
Runde 3	N. G. Renman (W)	S	2425	1
Runde 4	N. Spiridonow (W)	B	2470	1
Runde 5	J. Pribyl (S)	CZ	2395	1
Runde 6	kein Spiel			
Runde 7	M. Vukić (S)	YU	2460	1

N. Spiridonow – G. Kasparow
Königsindisch (A 48)

1. Sf3	g6
2. d4	Sf6
3. Lg5	Lg7
4. Sbd2	c5
5. Lxf6	Lxf6
6. Se4	Lxd4

6. ... Db6 7. Sxf6+ Dxf6 8. e3 b6 führt zu gleichem Spiel.

7. Sxd4	cd
8. Dxd4	0–0
9. c4!	

Falls 9. e3 Sc6 10. Dd2 d5 11. Sc3 e6! =/∓.

9. ...	Sc6
10. Dd2	d6
11. Sc3	Le6
12. e4?!	

Besser ist 12. e3, z. B. 12. ... a6 13. Le2 Da5 14. 0–0 Tab8±/=.

12. ...	Db6!
13. Td1?!	

Falls 13. Sd5 Lxd5 14. ed Sd4! 15. Tc1 e5 16. de Tfe8! 17. Dxd4 Txe6+ 18. Le2 Tae8 19. 0–0 Dxd4 20. Txd4 Txe2∓. Oder 13. Le2 Sd4 14. 0–0 Tac8, oder 14. ... Dd4!?.

13. ...	Se5
14. b3	f5!

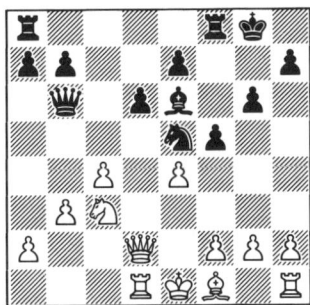

Diagramm 40

15. Le2

Falls 15. ef Txf5 16. Dd4! (16. f4? Taf8!∓)
16.... Dxd4 17. Txd4 Taf8∓, während das
sofortige 15. f4 beantwortet werden kann
mit 15.... Sg4, z. B. 16. h3?! De3+!
17. Dxe3 Sxe3 18. Td3 Sc2+ 19. Kd2 fe
20. Sxe4 Lf5!∓.

15. ...	**f4**

Nicht 15.... fe?! 16. Sxe4 Lf5 17. Sc3 Lc2!?
18. Dxc2 Dxf2+ 19. Kd2 Df4+, was nur zu
Remis führt.

16. Sd5	**Lxd5**
17. Dxd5	**Kg7**
18. 0–0	

Schwarz könnte nun klar in Vorteil
kommen, wenn er die Anstrengungen
des Weißen, seinen Läufer zu befreien
und mit seinen Türmen auf dem Damenflügel einzudringen, verhindern könnte.
Kasparow schlug jetzt 18.... Kf6! vor, um
19. b4 mit 19.... Dxb4 20. Tb1 Da3 21. Txb7
Tab8! zu beantworten – der Hrsg.

18. ...	**Tac8?**
19. b4!	**Dxb4**
20. Tb1	**Da3**
21. Txb7	**Kf6!**
22. h4!?	**h6!**

Nicht 22.... Dxa2? 23. Lg4!

23. Td1?	

Statt dessen hätte Schwarz nach 23. Dd2
g5 24. Tb3! Dc5 25. Tb5 Schwierigkeiten
gehabt, ein Remis zu vermeiden.

23. ...	**Tb8!**
24. Tc7	**Tfc8**
25. Txc8	**Txc8**
26. Db7	**Dc5**
27. Db2?	

Bereits Zeitschwierigkeiten. Besser
27. Tb1∓.

27. ...	**Db6!**
28. Dc1	**g5**
29. Td5	**e6!**
30. hg?!	**hg**
31. Td1	

Falls 31. Td2 Tb8!∓∓

31. ...	**Ke7**

Effektiver ist 31.... Th8 mit dem Plan
Dc7–h7.

32. Dc2?	

Etwas besser 32. Dc3, aber auch dann
32.... Th8.

32. ...	**Tb8**
33. Da4	**g4**
34. Da3	**Dc5**
35. Dc3	**g3**
36. Tf1	**gf+**
37. Txf2	**Tb1+**
38. Lf1	**De3!**
39. Dxe3	**fe**
40. Tc2	**Sxc4!**
0:1	

G. Kasparow – Pribyl
Grünfeld-Indisch (D 85)

1. d4	**Sf6**
2. c4	**g6**
3. Sc3	**d5**
4. cd	**Sxd5**
5. e4	**Sxc3**
6. bc	**Lg7**
7. Sf3	**b6?!**

Gewöhnlich wird 7.... c5 oder 7.... 0–0
8. Le2 c5 gespielt.

8. Lb5+	**c6**
9. Lc4	**0–0**
10. 0–0	**La6**
11. Lxa6	**Sxa6**
12. Da4	

 57

Einfacher ist wahrscheinlich 12. Lg5 Dd7
13. Dd2; das starke Zentrum und die unglückliche Postierung des Sa6 sichern
Weiß Vorteil.

12. ...	Dc8
13. Lg5	Db7
14. Tfel	e6
15. Tabl	c5

Ein natürlicher und praktisch erzwun-
gener Zug. Es drohte tatsächlich 16. c4,
und auf das vorbereitende 15.... h6 ist
16. Le3 ungemütlich.

16. d5!

Selbst bei nur einem Vorbereitungszug,
sagen wir z. B. 16. Tedl, reißt Schwarz mit
16.... f5 die Initiative an sich.

16. ...	Lxc3
17. Tedl	ed
18. ed	Lg7

Der starke Freibauer und die ungünstige Aufstellung der gegnerischen
Steine stellt für Weiß eine Kompensation für den Materialverlust dar.
Schwarz hat es nicht leicht, sich zu verteidigen: falls 18.... Sc7, dann 19. Le7
Tfe8 20. Dd7, und nach 18.... Sb8 hat
Weiß die Wahl zwischen 19. Dc4 Lg7
20. Dxc5 mit Rückgewinn des Bauern
und 19. Dh4 mit Angriff.

| 19. d6 | f6 |

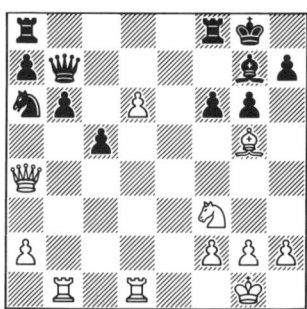

Diagramm 41

Weiß hätte nach 20. Lf4 eine ziemlich
gute Stellung, aber ich zog eine mehr

kraftvolle und interessante Fortsetzung
vor.

| **20. d7!!** | **fg** |

Andere Möglichkeiten: 20.... Tad8
21. Dc4+ Kh8 22. Se5!! fe (22.... fg
23. Sf7+) 23. Lxd8 Txd8 24. De6 Sc7
25. De7 Db8 26. Tb3;
20.... Sb4 21. Db3+ Kh8 22. Se5!! fe
(22.... fg 23. d8D) 23. d8D Taxd8
24. Txd8 Txd8 25. Lxd8 mit offensicht-
lichem Vorteil für Weiß in beiden
Fällen.

| **21. Dc4+** | **Kh8** |
| **22. Sxg5** | **Lf6** |

22.... Ld4 verliert unmittelbar wegen
23. Txd4 cd 24. Dxd4+ Kg8 25. Se6

| **23. Se6** | **Sc7** |

Wieder erzwungen. Schlecht ist 23....
Sb4 24. Df4 Sc6 25. Sxf8 Txf8 26. d8D
Sxd8 27. Txd8

| **24. Sxf8** | **Txf8** |
| **25. Td6** | |

Das Endspiel nach 25. Dxc5 Dxg2+
26. Kxg2 bc 27. Tb7 Se6 28. Td6 Sf4+
29. Kf1 Ld8 30. Txa7 ist klar besser für
Weiß, aber ich wollte mehr.

| **25. ...** | **Le7** |

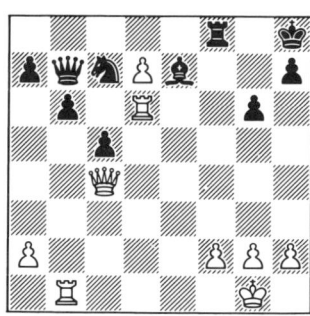

Diagramm 42

Die Schwierigkeiten von Schwarz illustrieren die Varianten 25.... Db8
26. Tbdl Dd8 27. Tc6 Lg7 28. h4 und
Schwarz ist fast in Zugzwang, oder 25....
Ld8 26. h4 Da6 27. Dc3+ Kg8 28. Dc2

Beim Turnier von Baku.

(um die Dame nicht ins Freie zu lassen) 28.... Lxh4 29. Txg6+!

26. d8D!!   Lxd8

26.... Txd8 verliert: 27. Txd8+ Lxd8 28. Df7 Dd5 29. Dxd5 Sxd5 30. Td1

    27. Dc3+   Kg8
    28. Td7   Lf6
    29. Dc4+   Kh8
    30. Df4

Die forcierte Abwicklung ist zu Ende, und Weiß hat seine Figur zurückgewonnen. In der entstandenen Stellung war die beste Chance von Schwarz 30.... Lg7 31. Dxc7 Dxc7 32. Txc7 Ld4, obwohl auch hier Weiß seinen Vorteil nach 33. Tf1 a6 (33.... a5 34. a4) 34. Tc6 Tf6 35. Txf6 Lxf6 36. Te1 realisieren

können sollte. Völlig unerwartet wird Schwarz matt gesetzt!

    30. ...   Da6?
    31. Dh6!
1:0

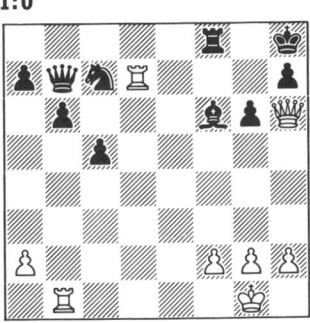

Diagramm 43

9

Alter:
17 Jahre

Baku – 2. Etappe

Pflichtgemäß konnte Gary seine zweite und damit endgültige Norm für den Titel eines Internationalen Großmeisters erfüllen, als sich ihm die Gelegenheit dazu in dem Turnier bot, das vom UdSSR-Zentral-Schachklub seiner Heimatstadt Baku vom 29. März bis 18. April 1980 ausgerichtet wurde (der Großmeistertitel der FIDE wird verliehen, wenn zusammen aus mindestens zwei Turnieren der Kategorie 7 oder höher eine bestimmte Punktzahl aus mindestens 24 Partien erzielt wird; diese Punktzahl richtet sich nach der Stärke der Gegner).

Die Durchschnittswertung von 2487 ließ Baku 1980 zu einem Turnier der Kategorie 10 werden; dies bedeutete, daß die nötige Punktzahl für die Großmeisternorm 10 Punkte betrug. Als Gary seine erste Norm in Banja Luka 1979 (Kapitel 6) erzielte, überfüllte er deutlich die Norm und ließ keinen Zweifel an der Titelberechtigung.

Baku, 29. 3. –18. 4. 1980

		1	2	3	4	5	6	7	8	9	0	1	2	3	4	5	6	
1	**G. Kasparow**	2595	★	½	1	½	½	1	1	1	½	½	½	1	1	½	1	1	11½
2	**A. Beljarski**	2590	½	★	1	½	½	½	½	½	1	1	1	½	½	1	1	1	11
3	**K. Grigorian**	2475	0	0	★	½	½	1	½	½	½	1	½	½	½	½	1	1	8½
4	**E. Gufeld**	2510	½	½	½	★	½	1	½	½	½	½	½	½	½	1	½	½	8½
5	**A. Michaltschischin**	2490	½	½	½	½	★	½	½	½	1	½	½	½	½	0	1	1	8½
6	**E. Torre**	2520	0	½	0	0	½	★	1	1	0	½	½	1	1	1	0	1	8
7	**M. Tschiburdanidze**	2400	0	½	½	½	½	0	★	0	1	½	½	1	½	½	1	1	8
8	**I. Csom**	2510	0	½	½	½	½	0	1	★	½	1	½	½	1	½	½	½	8
9	**J. Lechtinski**	2450	½	0	½	½	0	1	0	½	★	½	½	½	½	½	1	1	7½
10	**E. Magerramow**	2435	½	0	0	½	½	½	½	0	½	★	½	½	1	½	1	1	7½
11	**N. Padewski**	2415	½	0	½	½	½	½	½	½	½	½	★	0	½	1	½	½	7
12	**V. Antoschin**	2480	0	½	½	½	½	0	0	½	½	½	1	★	½	½	1	0	6½
13	**I. Zaitsew**	2490	0	½	½	½	½	0	½	0	½	0	½	½	★	½	1	½	6
14	**L. Vogt**	2510	½	0	½	0	1	0	½	½	½	½	0	½	½	★	½	½	6
15	**S. Martinović**	2475	0	0	0	½	0	1	0	½	0	0	½	0	0	½	★	1	4
16	**S. Garcia**	2450	0	0	0	½	0	0	0	½	0	0	½	1	½	½	0	★	3½

Die Partie aus der 1. Runde:
G. Kasparow – I. Csom
Nimzowitsch-Indisch (E 41)

1.	d4	Sf6	
2.	c4	e6	
3.	Sc3	Lb4	
4.	e3	c5	
5.	Se2	cd	
6.	ed	0–0	
7.	a3	Le7	
8.	d5	ed	
9.	cd	Te8	
10.	g3	Lc5	
11.	Lg2		

Ist es nicht eigenartig, daß dieser natürliche Läuferzug eine theoretische Neuerung darstellt? Früher begegnete man 11. Sa4 Lf8 12. Lg2, aber wie sollte es nach 11. ... b6! weitergehen? Die Variante 12. Sxc5 bc 13. Lg2 La6 14. Le3 Sg4 ist nicht sehr beeindruckend.

11. ...　　　　d6

Der Angriff auf das Feld f2 gibt Schwarz keinen Vorteil: 11. ... Sg4 12. 0–0 Df6 13. Sf4 Sxf2 14. Txf2 Lxf2+ 15. Kxf2 g5 16. Se4 usw., während Weiß nach 12. ... Db6 die Wahl hat zwischen dem verlockenden Bauernopfer 13. Se4 Txe4 14. Lxe4 Sxf2 15. Txf2 Lxf2+ 16. Kg2 und dem einfachen 13. De1.

12. h3!　　　　Lf5
13. 0–0　　　　Sbd7

Diagramm 44

Dieser einfache Zug ist die primäre Ursache der späteren Schwierigkeiten von Schwarz. 13. ... Se4 14. Sa4 Sd7 hätte ihm wahrscheinlich ein annehmbares Figurenspiel gegeben.

14. g4!

Der unerwartete Vorstoß der Rochadebauern ist vollauf berechtigt: Er schränkt die schwarzen Springer ernsthaft ein (die allerdings auch ohne diesen Zug schon in ihrer Bewegungsfreiheit eingeengt waren) und verspricht, sich zu einem ernsthaften Angriff auszuweiten. Darüber hinaus kann der Läufer auf c5 nicht am bevorstehenden Kampf teilnehmen.

14. ...　　　　Le4
15. Sg3　　　　Lxg2
16. Kxg2　　　　Sf8
17. g5　　　　S6d7
18. h4　　　　Se5

Die letzte Chance, zu einem Gegenspiel zu kommen, war mit den Zügen 18. ... Tc8, 19. ... Lb6 und 20. ... Sc5 gegeben.

19. h5!

Die weißen Drohungen sind nun klar vorgezeichnet: 20. Sce4 und später oder unmittelbar 21. h6 oder 21. b3 und 22. f4.

19. ...　　　　f6
20. Sce4!　　　fg
21. Lxg5　　　　Db6
22. h6　　　　Sf7
23. hg　　　　Sd7
24. Sf6+　　　　Sxf6
25. Lxf6

Es ist schwer, zu entscheiden, wann Schwarz hätte stärker spielen können. Weiß wirft einfach seine Streitkräfte auf den Königsflügel. Im Augenblick droht Weiß, den Läufer mit 26. b4 zu erobern.

25. ...　　　　Db5
26. Th1　　　　Lb6
27. Df3!　　　　Se5
28. Sf5!　　　　Sf7
29. Txh7
1:0

Es folgt ein komplizierter Kampf aus der 7. Runde:

G. Kasparow – J. Zaitsew
Tartakower-Verteidigung des
Damengambits (D 58)

1. d4　　　　d5
2. c4　　　　e6
3. Sc3　　　　Sf6
4. Lg5　　　　Le7
5. e3　　　　0–0
6. Sf3　　　　h6
7. Lh4　　　　b6

Dieses System wurde von Tartakower in die Turnierpraxis eingeführt und von J. Bondarewski und V. Makagonow weiterentwickelt. Nun wird 8. Db3 empfohlen, aber ich entschloß mich zu einem komplizierten Plan mit langer Rochade.

8. **Dc2**	**Lb7**
9. **Lxf6**	**Lxf6**
10. **cd**	**ed**
11. **0–0–0**	**c5**
12. **dc**	**Sd7!**

Die ältere Theorie hielt 12.... bc 13. Sxd5 Lxd5 14. Lc4 Sd7 15. Txd5 Tb8 16. b3 als zufriedenstellend für Schwarz; aber dieses Bild hat sich geändert seit den Partien Lapenis – A. Petrossian, Spartakiade 1979, und Gawrikow – Lputjan, UdSSR-Meisterschaft der Jungmeister 1980. In der ersten verteidigte Weiß nach 16.... De7 17. h4! Sb6 18. Te5! Dc7 19. Te4 seinen Mehrbauern und errichtete auf c4 ein »Bollwerk«. Die zweite Partie setzt mit 16.... Dc7 17. Kd1 Tfc8 fort, und nun hätte statt des gespielten 18. Ke2 (=) das offensichtliche 18. Sd2! (mit dem »Bollwerk« auf c4) Weiß einen sichtbaren Vorteil gebracht.

Normalerweise würde die Idee 12.... Sd7 zu einem entsprechenden Geistesblitz auf der Gegenseite führen. In der Partie Lapenis – Klowan 1979 allerdings glich die schwarze Initiative nach 13. cb Dxb6 den geringen Materialvorteil des Weißen aus.

Das Spiel gegen den isolierten Bauern nach 13. cb verspricht nicht viel, wie sich in der Partie Nikitin – Kirpitschnikow, 1980, herausstellte. Weiß behielt den Vorteil nach 13.... Lxc6 14. Sd4 Lb7 15. Le2 Tc8 16. Kb1 Sc5 17. Lg4 Ta8 18. Lf3, aber das schwarze Spiel kann verbessert werden (interessant z. B. ist 15.... a6 mit nachfolgendem ... b5).

In der Analyse von 12.... Sd7 kam ich zu der Schlußfolgerung, daß es mit 13. Sxd5 möglich sein könnte, einen Vorteil zu erringen.

13. **Sxd5**	**Sxc5**

Nach 13.... Tc8 sind die Züge 14. Sxf6+ Dxf6 15. Txd7 Lxf3 16. gf Txc5 17. Lc4 praktisch erzwungen, und falls Schwarz sich jetzt mit 17.... Dxf3 an dem Bauern vergreift, nehmen die weißen Drohungen zu: 18. Tg1 Dc6 19. Td4 b5 20. Dc3! g6 (falls 20.... bc 21. Tg7+, oder 20.... g5 21. h4) 21. Txg6+!! Dxg6 22. Lxf7+ Txf7 23. Td8+ usw. Aber stärker ist 17.... Tfc8. Weiß kann dann in ein Damenendspiel mit einem Mehrbauern einlenken nach 18. Thd1 Txc4 19. Td8+ Txd8 20. Txd8+ Dxd8 21. Dxc4, das aber nach 21.... Dg5! keinerlei Gewinnchancen verspricht. Nach 17.... Tfc8 machte mich die Schwierigkeit, 18. b3 b5 19. Thd1 bc 20. b4 abzuschätzen, nachdenklich.

14. Lc4

Falls 14. Df5 Dc8! 15. Sxf6+ gf 16. Dxc8 Taxc8 17. Kb1 Se4 mit besserem Spiel für Schwarz.

14. **...**	**b5**
15. **Sxf6+**	

15. Lxb5 Lxd5 16. Lc4 wird kraftvoll beantwortet mit 16.... Le4! 17. Txd8 Tfxd8 18. De2 Tac8, und der weiße König steckt in der Mangel.

15. **...**	**Dxf6**
16. **Ld5**	**Tac8**
17. **Kb1**	**Sa4**
18. **De2**	**Lxd5**
19. **Txd5**	(Diagramm 45)

Die drohende Stellung des Springers a4 gibt Schwarz Gegenspiel. Kann Weiß sich konsolidieren? In meiner Analyse hatte ich nun 19.... Dg6+ 20. e4 Dxg2 (20.... Tfe8 21. Te1 Dxg2 22. Txb5) 21. Tg1 Dh3 22. Tg3 De6 23. Sd4 Df6 24. Sf5 als ± abgeschätzt.

19. **...**	**Tc4!**

Ein ausgezeichneter Zug, der sowohl ... Dg6+ als auch ... Tb4 droht als auch ... Tfc8 vorbereitet.

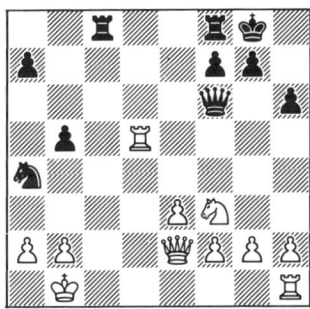

Diagramm 45

Nun erlaubt 20. Txb5 einen fürchterlichen Angriff, z. B. 20. ... Tfc8 21. Se5 Da6! 22. Sxc4 Dxb5 23. Tc1 Txc4! 24. Txc4 Sc3+ mit Gewinn meiner Dame.

Schwach ist 20. Sd4 wegen 20. ... Dg6+ und 21. ... Dxg2. Die weiße Antwort ist erzwungen.

20. Td4   Tfc8
21. Thd1

Falls 21. Dd3+ Sc5 und nun:

a) 22. De2 Dg6+ 23. Ka1 Sb3+!! 24. ab Tc1+ 25. Txc1 Txc1+ 26. Ka2 Db1+ 27. Ka3 a5! mit Gewinn, da Weiß nach 28. Td8+ Kh7 29. Sg5+ Kg6 30. Td6+ f6 die Schachgebote ausgehen.

b) 22. Txc4 Sxd3 23. Txc8 Kh7 24. Tc2 Dg6∓. Nach 21. Txc4 bc gestaltet sich die Verteidigung schwierig.

21. ...   Dg6+?

Im ersten Moment sieht die Stellung nach 21. ... Tc2 22. Dxc2 Txc2 23. Kxc2 für Schwarz günstig aus; nach 23. ... Dg6+ 24. e4 Dxg2 25. Se5 Dxf2+ 26. Tld2 Dxe3 verschwindet der weiße Königsflügel. Aber der vorhergehende Plan des Weißen war gar nicht so schlecht; nach 24. Kd2! Sxb2 25. Tc1 Dxg2 26. Ke2 ist das Geschehen unter Kontrolle.

Mit 21. ... Dg6+ stellt Schwarz das Materialgleichgewicht wieder her, aber ...

22. Dd3   Dxg2
23. Df5!

Plötzlich dreht Weiß auf und entwickelt einen beachtenswerten Kampfgeist.

Schwarz sollte jetzt um das Remis kämpfen mit 23. ... Dg6 (obwohl 24. Td8+ Kh7 25. Dxg6+ fg 26. Se5 Tc1+ 27. Txc1 Txd8 28. b3 Sb6 29. Tc7 zu ± führt).

23. ...   Tf8?
24. Td8!

Falls 24. Tg1 Tc5! (24. ... Dxf2 25. Td2 Dxe3 26. Txg7+ mit Matt) 25. De4 Tfc8!

24. ...   Tc7
25. Txf8+   Kxf8
26. Sd4!   Te7
27. Sxb5

27. Dxb5? Sc3+!

27. ...   Txe3
28. Sd6   Tf3

(28. ... Kg8 29. Dc8+ Kh7 30. Dc2+ mit Gewinn des Turms.)

29. Dc8+   Ke7
30. De8+   Kf6

und **1:0** (31. Dxf7+ Ke5 32. Td5 matt).

Die Frauenweltmeisterin, Maja Tschiburdanidze, war den beiden Führenden dicht auf den Fersen, als sie mit Gary in der 11. Runde zusammentraf:

G. Kasparow – M. Tschiburdanidze
Königsindisch (E 92)

1. d4 Sf6 2. c4 g6 3. Sc3 Lg7 4. e4 d6 5. Sf3 0–0 6. Le2 e5 7. Le3 De7 8. d5 Sg4 9. Lg5 f6 10. Lh4 h5 11. h3 Sh6 12. Sd2 c5!

Die Frauenweltmeisterin hat die Eröffnungsphase der Partie ziemlich erfolgreich behandelt; Schwarz kann jetzt auf dem Damenflügel operieren, ohne sich um den Königsflügel kümmern zu müssen (13. g4 hg 14. hg Sf7 mit späterem ... Lh6 ist für Schwarz ziemlich angenehm).

13. Sf1   Sf7

Ohne Sinn! Richtig war 13.... Sa6, dann
... Sc7, ... Ld7, um b7–b5 vorzubereiten.

14. g4!   **hg**

Schwarz kann mit 14.... g5 15. Lg3 h4 den
Königsflügel »verriegeln«, aber nach
16. Lh2 Sh8 17. Se3 Sg6 18. f3 Sf4 19. Lf1
hätte Weiß mit der Fortsetzung Lg1, Th2,
a3, b4 usw. die Initiative am Damenflügel ergriffen.

15. Lxg4!!   **g5**
16. Lxc8!   **Txc8**

Diagramm 46

17. Se3!!

Falls 17. Lg3, so 17.... f5 18. ef 4 mit akzep-
tablem Gegenspiel. Das positionelle
Opfer einer Figur räumt Weiß einen
starken Angriff auf der g-Linie ein, der
Schwarz zwingt, sich ohne Gegenchancen auf die Verteidigung zu beschrän-
ken.

17. ...   **gh**
18. Sf5   **Dd8**

Eine Idee besser ist 18.... Df8, obwohl
dies kaum von wesentlicher Bedeutung
ist, da Weiß im gleichen Geist wie in der
Partie fortfahren wird: 19. Dg4 Sg5
20. Sxh4 Sa6 21. Sf5 Sc7 22. h4 Sh7 23. Tg1
Se8 24. Ke2.

19. Dg4   **Sg5**
20. Sxh4   **Tc7**

21. Sf5	**a6**
22. h4	**Sh7**
23. Tg1	**Df8**
24. Ke2	**Ta7**
25. a4	**b6**
26. Dh5	**Kh8**
27. Tg6	**Td7**
28. Tag1	**Tab7**
29. Dg4	**Tbc7**
30. Tg2	**Tb7**
31. Kf1	**Ta7**
32. Kg1	**Tf7**
33. Se2	**Dc8**
34. f4	

34. Seg3 Sf8 35. Dh5+ hätte ebenfalls
gewonnen: 35.... Sh7 36. Sxd6 Df8
37. Sxf7+ Txf7 38. Sf5 usw.

34. ...	**b5**
35. ab	**ab**
36. cb	**Tab7**
37. h5	**Sf8**

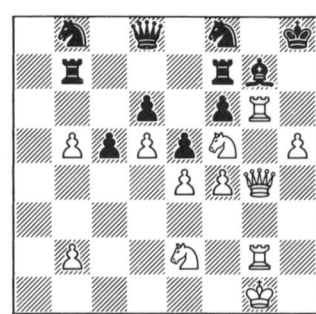

Diagramm 47

38. Dh3!	**Sxg6**
39. hg+	**Kg8**
40. gf+	**Kf8**
1:0	

Schwarz gab auf, ohne die Antwort des
Weißen abzuwarten.

10

Alter:

17 Jahre

Jugendweltmeister

Junge Spieler, die sich an das Zusammentreffen mit älteren Großmeistern gewöhnt haben, haben es schwer, sich wieder zurechtzufinden, wenn sie zum Spiel in ein Jugendturnier zurückkehren. Siehe das Beispiel Nigel Short.
Äußerst überzeugend gewann dagegen Gary die 19. Jugendweltmeisterschaft (unter 20 Jahren, Stichtag 1.9.1980), die in Dortmund vom 17.–31. August 1980 ausgerichtet wurde.

Jugendweltmeisterschaft Dortmund 17.–31.8.1980

			1	2	3	4	5	6	7	8	9	0	Rest	
1	G. Kasparow (SU)	2595	★	½	½	½		1	1	1	½	1	3½	10½
2	N. Short (GB)	2360	½	★	½	½		1	0		1	½	5	9
3	I. Morović (CHI)	2380	½	½	★	½	1	0	½				5½	8½
4	A. Negulescu (ROM)	2410	½	½	½	★		0	½	½	1	½	4½	8½
5	K. Bischoff (D)				0		★		1	½			7	8½
6	R. Akesson (S)	2230	0	0	1	1		★	1	1			4	8
7	M. J. Tempone (ARG)	2235	0	1	½	½	0	0	★				6	8
8	S. Danailow (BLG)	2295	0			½	½	0		★	½	1	5½	8
9	T. Karolyi (H)	2300	½	0		0				½	★	½	6½	8
10	G. Hjorth (A)		0	½		½				0	½	★	6½	8

(13 Runden nach Schweizer System)

Weiterhin kamen auf 8 Punkte: B. Züger (CH), C. Hansen (DK), J. Arnason (ISD) und D. Barua (IND).
Kasparow schlug F. Cuypers (NL) 6, P. Gerbert (D) 7½ und C. McNab (SCO) 6 und remisierte mit B. Toro (CHI) (2265) 7.

Aus der 6. Runde:
G. Kasparow – R. Akesson
   (Diagramm 48)
27. Lxf6! Txf6 28. e5 Th6 29. f6 Tc7 30. e6 Dd8 31. e7 Txe7 32. fe Dxe7 33. Tbc1 Dd8 34. Df5 Db8 35. Df7+ Kh8 36. Tc7
   1:0

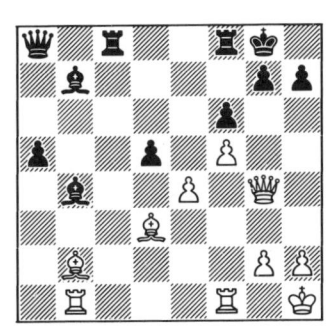

Diagramm 48

Aus der 10. Runde:

G. Kasparow – G. Hjorth
Tarrasch-Verteidigung des
Damengambits (D 34)

1. d4	d5
2. c4	e6
3. Sf3	c5
4. cd	ed
5. g3	Sc6
6. Lg2	Sf6
7. Sc3	Le7
8. 0–0	0–0
9. Lg5	

Kasparow zieht jetzt 9. dc vor, siehe Kasparow – Gawrikow, Kapitel 16. Dies ist seltsam, läuft diese Partie doch im Prinzip auf eine Widerlegung des nächsten schwarzen Zuges hinaus.

9. ...	c4?!

Vielleicht gar nicht so zweifelhaft, schließlich galt dieser Zug seinerzeit als voll spielbar. Heute ist man der Meinung, daß Schwarz 9. ... cd 10. Sxd4 h6 11. Le3 Te8 oder 11. ... Lg4 spielen muß, was ihm gute Chancen für den Ausgleich einräumt.

10. Se5	Le6
11. f4!	Sxe5
12. fe!	

Kasparows Neuerung. Der kämpferische Charakter des Tarrasch-Systems wird durch die Partie Azmaiparaschwili – Lputian, UdSSR 1980, gut illustriert: 12. de d4! 13. ef gf 14. Lh6 dc 15. bc (Falls 15. Lxf6 cb 16. Lxe7 Dxe7 und Schwarz hat ausgezeichnete Kompensation.) 15. ... Db6+ 16. e3! (16. Kh1 wurde in der Partie Rubinstein – Perlis, San Sebastian 1912!, gespielt.) 16. ... Dxe3+ 17. Kh1 Tfd8 mit einem titanenhaften Kampf im Anschluß, der von Schwarz schließlich gewonnen wurde.

12. ...	Se4

Falls 12. ... Sg4, 13. Lxe7 Dxe7 14. Dd2 Tad8 15. h3 Sh6 16. g4!, und Weiß hat großen Vorteil.

13. Lxe7	Sxc3
14. bc	Dxe7
15. e4!	

Nach 15. a4 könnte Schwarz den Schaden durch 15. ... f5! begrenzen, obwohl Weiß auch dann besser steht.

15. ...	Dd7
16. a4!	

Der übereilte Ausfall 16. Dh5 gibt Schwarz die Chance zu Gegenspiel mit 16. ... b5!

16. ...	Tfd8
17. Dh5	

Ein interessanter Plan ist 17. Tb1!?, z. B. 17. ... Tac8 18. Tb5 de 19. Lxe4, und erneut hat Weiß eine klar überlegene Stellung.

17. ...	Tac8
18. Tf4	Tc7
19. Taf1	

Weiß ist nun gerüstet, loszuschlagen.

19. ...	Dxa4?

Schwarz macht einen Fehler in schwieriger Stellung. Relativ am besten ist 19. ... De8!? 20. Th4 h6 21. ed Lxd5 22. Lxd5 Txd5 23. Tg4 Kh8 24. Tf6 Df8, obwohl auch hier Weiß besser steht. Vielleicht könnte Weiß 20. g4!? probieren.

20. ed	Txd5

Der einzige Zug, denn 20. ... Lxd5 21. Lxd5 Txd5 22. Txf7 ist offensichtlich unannehmbar.

21. Lxd5	Lxd5

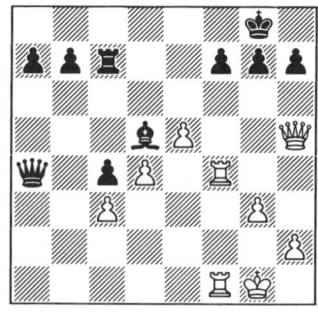

Diagramm 49

Jugendweltmeister.

Schwarz braucht genau ein Tempo, um seine Dame zur Verteidigung zurückzuholen; dann stünde er nicht schlechter.

22. e6!
Dieses Opfer öffnet Weiß die Linien, die er braucht, um seinen Gegner in die Knie zu zwingen.

22. ...   Lxe6
23. d5!   Db5

Was sonst? Falls 23.... Tc5, gewinnt 24. Txf7!, während 23.... g6 nach 24. Dh4! nur zusätzliche Probleme schafft.

24. Th4!
Die präziseste Vernichtungswaffe. Auf 24. De5 könnte Schwarz reinfallen mit 24.... Tc5 25. Dxe6!. Wahrscheinlich hätte 24.... Tc8 den Kampf verlängert. 24. Dh4 Dxd5 25. Td4 sieht gut aus, aber Schwarz kann sich dann für eine Weile halten nach 25.... g5! 26. Dh6 Dc5+.

24. ...   Dc5+
25. Tf2   Lxd5

25.... Dxd5 26. Dxh7+ Kf8 27. Td4 ist auch nicht besser.

26. Td4!
Nur ein bißchen wirksamer als 26. Dxh7+ Kf8 27. Dh8+ Ke7 28. Dxg7

26. ...   Td7
27. Tf5!
1:0
(Anmerkungen von G. Kasparow und E. Schiller)

Das Positionsspiel stand in Runde 11 im Vordergrund:
S. Danailow – G. Kasparow
Königsindisch (E 92)
1. c4 g6 2. Sf3 Lg7 3. Sc3 d6 4. d4 Sf6
5. e4 0–0 6. Le2 e5 7. de de 8. Dxd8
Txd8 9. Lg5 Sbd7 10. Sd5 c6 11. Le7+
Kf8 12. Sxc8 Tdxc8 13. 0–0–0 Sc5
14. Lxf6 Lxf6 15. Ld3 a5 16. Thel Te8
17. Lf1 Ld8 18. g3 a4 19. Kc2 La5
20. Te3 Tad8 21. Txd8 Txd8 22. Lh3 f6
23. Te2 Ke7 24. Lg2 Sd3 25. a3 Sc5
26. h4 h5 27. Te3 g5

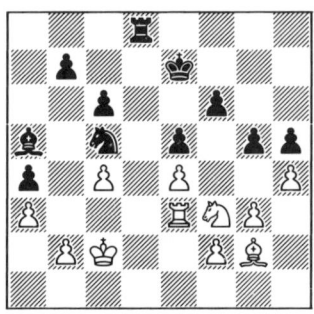

Diagramm 50

28. hg hg 29. Te2 Sb3 30. Kb1 Kf6
0:1
Weiß ist in Zugzwang.

11

Olympiade von Malta

Wie es von jedem selbstbewußten Spieler der 2. Reserve eines der stärksten Teams in einer Olympiade – der Welt-Mannschaftsmeisterschaft – zu erwarten war, erzielte Gary ein hohes Punktekonto in der Olympiade, die in Malta vom 20. November – 8. Dezember 1980 großartig über die Bühne ging. Er gewann 8 Partien und remisierte 3; sein einziger Verlust passierte, weil Georgiew (Bulgarien) in Garys gewöhnlich gut vorbereitetem Eröffnungsrepertoire ein Loch fand.

Runde 1	—		VEN	—	—
Runde 2	T. Natsis	s	GR	2240	1.32
Runde 3	P. Roth	s	A	2300	1.41
Runde 4	S. Marjanović	s	YU	2490	1.23
Runde 5	K. Georgiew	w	BLG	2455	0.63
Runde 6	G. Ligterink	s	NL	2455	1.24
Runde 7	I. Csom	w	H	2510	$^{1}/_{2}$.23
Runde 8	J. Speelman	w	GB	2490	1.37
Runde 9	—		CS	—	—
Runde 10	M. Petursson	s	IS	2425	1.34
Runde 11	Shamkovich	w	USA	2515	1.54
Runde 12	S. Giardelli	w	RA	2300	1.32
Runde 13	T. Ghitescu	s	RO	2460	$^{1}/_{2}$.18
Runde 14	C. Hansen	w	DK	—	$^{1}/_{2}$.33

2. Reserve: Nikolić (YU) $6^{1}/_{2}/8$ – 81.25%, Kasparow $9^{1}/_{2}/12$ – 79.16%

Ergebnis: UdSSR 39, Ungarn 39, Jugoslawien 35, USA 34, Tschechoslowakei 33, England $32^{1}/_{2}$, Polen $32^{1}/_{2}$ ... 82 Länder.

Die Olympiade von Valetta wird im Gedächtnis haften bleiben wegen des grimmigen Kampfes um den 1. Platz zwischen Ungarn (Gewinner 1978) und der Sowjetunion. Die untenstehende Tabelle veranschaulicht den Kampf von Runde zu Runde. Das Team der UdSSR gewann nach der Sonneborn-Berger-Wertung, die wegen des Gleichstandes angewendet werden mußte.

UdSSR		Venezuela	Griechenland	Österreich	Jugoslawien	Bulgarien	Holland	Ungarn	England	Tschechoslowakei	Island	USA	Argentinien	Rumänien	Dänemark	
		1	*2*	*3*	*4*	*5*	*6*	*7*	*8*	*9*	*10*	*11*	*12*	*13*	*14*	
1	A. Karpow	2725	1			½	½	½	½	½	1	1	1	1	½	1	9
2	L. Polugajewski	2635	½	½	½		½		½	½	0						3
3	M. Tal	2705	½		1	1		½		½		0					3½
4	E. Geller	2565	½	1		½		½		½	1		½	1	1		6½
5	Y. Balaschow	2600	1	1	½		1		½		½	½	1	½	1		7½
6	G. Kasparow	2595	1	1	1	0	1	½	1		1	1	1	½	½		9½

Ungarn		Schottland	Norwegen	Schweden	Israel	USA	England	UdSSR	Jugoslawien	Finnland	Holland	Tschechoslowakei	Rumänien	Bulgarien	Island	
		1	*2*	*3*	*4*	*5*	*6*	*7*	*8*	*9*	*10*	*11*	*12*	*13*	*14*	
1	L. Portisch	2655	1	1	½		½	1	½	½	1	½	½	½	1	1	9½
2	Z. Ribli	2610	½	1	½	1	1	½	½	½	½	½	½	½		1	8½
3	G. Sax	2570	1	½	0		½	½	½	1	1	½	1		½	½	7½
4	I. Csom	2510	1	1	1		1		½	½	1		½		½		7
5	I. Farago	2505	1			1		0				0					2
6	J. Pinter	2535	1			1	½							1	1		4½

G. Kasparow – S. Marjanović
Damenindisch (E 17)

1. d4	Sf6
2. c4	e6
3. Sf3	b6
4. g3	Lb7
5. Lg2	Le7
6. 0–0	0–0
7. d5!?	ed
8. Sh4	c6
9. cd	Sxd5
10. Sf5	

Diese Variante wurde nach der 12. Partie des Wettkampfes Polugajewski – Kortschnoi populär. Als Ersatz für den geopferten Bauern erhält Weiß eine aktive Stellung mit guten Angriffschancen. Nach 10.... Lc5 11. e4 Se7 12. Sxg7! Kxg7 13. b4 Lxb4 14. Dd4+ f6 15. Dxb4 erzielte Polugajewski einen brillanten Erfolg, indem er die hoffnungslose Stellung des schwarzen Königs ausnutzte.

10. ...	Sc7
11. Sc3	d5
12. e4	Lf6
13. ed	cd
14. Lf4	Sba6
15. Tel	Dd7?

Schwarz hat wahrscheinlich eine voll akzeptable Aufstellung seiner Steine gewählt, aber sein letzter Zug war ungünstig. Besser war 15.... Sc5, z. B. 16. Ld6 Te8 17. Dg4 g6 18. Lxc7 Dxc7

 70

19. Sxd5 Lxd5 20. Lxd5 Txe1+ 21. Txe1
Td8
  16. Lh3!   **Kh8**
  17. Se4!   **Lxb2**

Diagramm 51

  18. Sg5!!

Nun wird deutlich, daß Schwarz durch seinen 15. Zug bei sich selbst das heftige Feuer gelegt hat (zugegebenermaßen war es nicht leicht, den 17. und 18. Zug des Weißen vorherzusehen). Es gibt bereits keine Verteidigung mehr gegen die mehrfachen Drohungen gegen den schwarzen König.
  18. . . .   **Dc6**
  19. Se7!   **Df6**
  20. Sxh7!   **Dd4**
  21. Dh5   **g6**
  22. Dh4   **Lxa1**
  23. Sf6+
  1:0

Das Matt ist unabwendbar.

Gespielt in der 6. Runde beim Kampf UdSSR – Holland:
G. Kasparow – G. Ligterink
Damenindisch (E 18)
  1. d4   **Sf6**
  2. c4   **e6**
  3. Sf3   **b6**
  4. g3   **Lb7**
  5. Lg2   **Le7**
  6. Sc3   **Se4**

  7. Ld2   **Lf6**
  8. 0–0   **0–0**
  9. Tc1   **c5**
  10. d5   **ed**
  11. cd   **Sxd2**
  12. Sxd2   **d6**
  13. Sde4!   **Te8**

Falls 13. . . . Le7 14. f4 Sd7 15. g4 mit Initiative auf dem Königsflügel.
  14. Dd2   **a6?!**

14. . . . Le7 – Kasparow; 14. . . . De7 – Ligterink!
  15. b4±   **Le7**

Falls 15. . . . Lxc3 16. Txc3 cb 17. Te3! a5 18. Sxd6! Txe3 19. Sxb7 mit Gewinn.
  16. bc   **bc**
  17. Df4

Schwarz wird eingeschnürt; der Springer kann nicht nach d7.
  17. . . .   **Dc7**

Nicht 17. . . . Lc8 18. g4! Schwarz konnte 17. . . . Lf8 versuchen.
  18. Sa4

Droht 19. Sxc5
  18. . . .   **La5?!**

Wenn statt dessen 18. . . . Dd8, kann Weiß mit 19. Tfd1 fortsetzen, mit der Idee Sb2–c4.
  19. Tb1   **Lxd5**

Nach 19. . . . Ta7 gewinnt Weiß mit 20. Sxd6 Lxd6 21. Dxd6 Dxa4 22. Dxc5
  20. Sb6   **Lxe4**
  21. Lxe4   **Ta7**

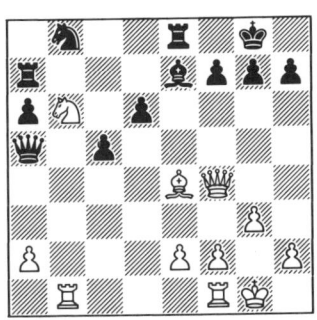

Diagramm 52

 71

22. Sc8!!   **Sc6**

Falls 22.... Txc8 23. Df5 oder 22.... Tc7
23. Txb8 Lf8 24. Sxd6! Txb8 25. Sc4± ±.

23. Sxa7   **Sxa7**

24. Ld5
1:0

Nach 24.... Lf6 gewinnt 25. Tb7 Material. Ein Juwel von Partie!

<table>
<tr><td>

12

Alter:

17 Jahre

</td><td>

Begegnungen mit Karpow

</td></tr>
</table>

Wertung 1.1.1981: Kasparow 2625 (Karpow 2690)

4er-Mannschafts-Turnier

Als besonderes Ereignis zu Ehren des Parteitages der KPdSU veranstaltete die Schachföderation der UdSSR ein Einladungs-4er-Mannschaftsturnier vom 23.–28. Februar 1981 in Moskau. Das Turnier war doppelrundig.

Ergebnis: Senioren 1: 28¹/₂ aus 48; Junioren: 23¹/₂; Veteranen: 23, Senioren 2: 21.

Die Teilnehmer waren:
Senioren 1:   Karpow, Spasski, Polugajewski, Petrossian, Tal, Beljawski, Balaschow, Geller
Junioren: Kasparow, Jussupow, Psachis, Dolmatow, Kotschiev, Michaltschischin, Lputjan, Tschiburdanidze
Senioren 2:   Romanischin, Tseschkowski, Waganian, Kusmin, Kupreitschik, Raschkowski, Georgadze, Makaritschew
Veteranen: Smyslow, Bronstein, Taimanow, Wasjukow, Auerbach, Bagirow, Gufeld, Suetin

Kasparow spielte:

Runde 1	O. Romanischin (S)	2590	1	43 Züge
Runde 2	V. Smyslow (W)	2580	1	27 Züge
Runde 3	A. Karpow (S)	2700	¹/₂	41 Züge
Runde 4	O. Romanischin (W)	2590	0	34 Züge
Runde 5	V. Smyslow (S)	2580	1	39 Züge
Runde 6	A. Karpow (W)	2700	¹/₂	41 Züge

Dieses Turnier wird besonders in Erinnerung bleiben wegen der beiden leidenschaftlich geführten Kampfpartien zwischen dem Weltmeister, Anatoli Karpow, und Gary Kasparow.

Aus Runde 1:
G. Kasparow – O. Romanischin
Grünfeld-Indisch (D 85)

1. d4	Sf6		5. e4	Sxc3
2. c4	g6		6. bc	Lg7
3. Sc3	d5		7. Sf3	c5
4. cd	Sxd5		8. Le3	
			8. Tb1!? – Hrsg.	
			8. ...	Da5
			9. Dd2	Sc6

 73

Nach 9. ... 0–0 10. Tc1 cd 11. cd Dxd2+ ist 12. Sxd2 gut – als ausgezeichnete Illustration der weißen Möglichkeiten in dieser Stellung siehe Karpow – Hübner, Tilburg 1980.

10. Tc1   cd
11. cd   Dxd2+
12. Kxd2   0–0

Weiß hat das klassische Bauernpaar und seinen König in der Mitte – sowohl Vorteile als auch Nachteile.

Weiß spielte hier üblicherweise das schablonenhafte 13. Lb5, aber Schwarz erhält nach 13. ... f5! Figurenspiel, z. B. Platanow – Tukmakow, Taschkent 1980, mit Verbesserungen in der Partie Tschechow – Romanischin, 48. UdSSR-Meisterschaft 1980: 14. ef Lxf5 15. Thd1 Le6 16. Lc4 Lxc4 17. Txc4 Tf5 18. Kd3 e5! Ich versuchte, das weiße Spiel zu verstärken.

13. d5   Td8
14. Ke1

Zum geeigneten Zeitpunkt wird der weiße Plan, der im »Variantenkoffer« beinahe ein Jahr versteckt gehalten worden war, offengelegt. Das für einige Zeit fehlende Zusammenspiel der weißen Figuren wird durch den Tempoverlust des schwarzen Springers aufgewogen.

14. ...   Sa5!

Auf a5 ist der Springer schlecht postiert, abgesehen von der Kontrolle von c4 und der Einschränkung des weißen Läufers f1. Wenn statt dessen 14. ... Se5, so hat Weiß nach 15. Sxe5 Lxe5 16. f4 (16. Lc4±) 16. ... Lg7 17. Kf2 klaren Vorteil.

Falls 14. ... Sb4 15. a3! (15. Ld2!?) 15. ... Sa2 16. Tc4! e6 17. Lg5 Td6 18. e5 Tb6 19. Tc2 Tb1+ 20. Kd2 Ta1 21. d6 Ld7 22. Lb5! 1:0 Lovass – Gy. Honfi, Ungarn 1981.

15. Lg5!   Lf6

Falls 15. ... Kf8 16. Ld2 b6 17. Lb4; 15. ...

Ld7!? in der Partie Tatai – Ftacnik, Dortmund 1981.

16. Ld2   b6

Weiß hat eine Atempause gewonnen. Der schwarze Läufer auf f6 blockiert den Vorstoß des f-Bauern und erschwert die Unterminierung ... e6; wenn sich Schwarz allerdings mit ... Lb7 oder Lg4 entwickelt, wird ... e6 zu einer Drohung. Weiß opfert ein Tempo, um den reibungslosen Ablauf des schwarzen Spiels aufzuhalten.

17. Tc7!   Lg4

Falls 17. ... Td7!? 18. Tc2 Lb7 19. Lb5 Tdd8 ∞ oder 18. Txd7!? Lxd7 19. La6 ∞.

18. La6   e6!

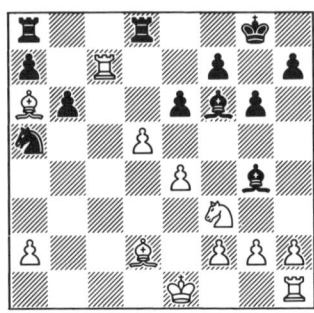

Diagramm 53

Öffnet das Spiel in dem Zeitpunkt, zu dem die weißen Steine (z. B. Th1) wenig wirksam stehen.

19. Sg5!

Falls 19. Lg5? Lxg5 20. Sxg5 ed 21. Sxf7 Td7 ∓.

19. ...   Le5

19. ... ed verliert Material nach 20. Sxf7 Td7 21. Sh6+ Kg7 22. Tc8 Txc8 23. Lxc8, z. B. 23. ... Tc7 24. Lxg4 Lc3 25. Le6!, aber 23. ... Le6! hält die Remischancen fest.

20. Txf7!   ed

Falls 20. ... h6 21. Sf3 Lxf3 22. Txf3 ed 23. ed Txd5 24. Lxh6 und der Mehr-

74

bauer und das Läuferpaar geben Weiß Vorteil, z. B. 24. ... Te8 25. Te3 Lc3+ 26. Ke2 Td2+ 27. Kf3 Txe3+ 28. Lxe3 Txa2 29. Tdl usw.

21. f4!
Zur Unterstützung werden neue Reserven an die Front geschickt.

21. ...   Lg7!
Schwach ist 21. ... Ld4 wegen 22. Txh7!, das Weiß in die Lage versetzt, 22. ... Sc4 23. e5 Te8 (droht 24. ... Lxe5) mit 24. h3! zu begegnen und die letzte Reserve (Turm hl) nach: 24. ... Lxe5 25. fe Txe5+ 26. Kf2 Tf8+ 27. Kg3 Sxd2 heranzuholen durch 28. hg! Txg5 29. Th8+ Kf7 30. Tlh7+ Ke8 31. Lb5 matt. Diese Variante veranschaulicht sehr wohl die geballte Kraft der weißen Steine.

22. f5!
Nicht 22. h3 Lc8 23. Lxc8 Tdxc8! $\overline{\mp}$

22. ...   de?
Auch nach dem besseren 22. ... gf! behält Weiß eine starke Initiative: 23. h3! Lh5 24. Txg7+ Kxg7 25. Se6+ Kf6 26. ef! (Schwächer 26. Sxd8 Txd8 27. ef Sc4!) 26. ... Te8 27. g4 Lf7 28. Lc3+ Ke7 29. Sc7 oder 26. ... Tdc8 27. Lxc8 Txc8 28. g4 Lf7 29. Lg5+ Ke5 30. Kf2! usw.
Die Partie, die immer noch voll interessanter Aspekte steckt, wird jetzt durch die Zeitnot beeinträchtigt.

23. Lxa5   ba
23. ... e3? 24. Txg7+ Kxg7 25. Lc3+.

24. Lc4   Lc3+!
Schlecht ist 24. ... Tac8 25. Tc7+ und 24. ... Td4 25. Txa7+ Txc4 26. Txa8+ Lf8 27. Se6

25. Kf2   e3+!
26. Kg3
26. Kxe3? Ld2+

26. ...   Le5+
27. Kxg4!
27. Kh4 Td4 führt zum Remis nach 28. Txa7+ Txc4 29. Txa8+ Kg7 30. Ta7+ Kg8!

27. ...   Td4+

28. Kh3   Txc4
29. f6
Schwarz hat es nicht leicht, die Mattgefahren abzuwenden; z. B. läßt 29. ... Tc7 30. Txc7 Lxc7 31. f7+ Kh8 32. Se6 Ld6 33. Tel Schwarz ohne Aussichten.

29. ...   Lxf6
30. Txf6   Te8
31. Tel   e2
32. Kg3
32. Te6!

32. ...   Ta4
33. Kf2   Txa2
34. Se6   a4

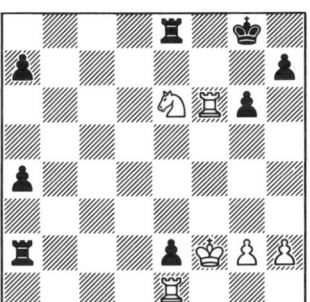

Diagramm 54

35. Tbl?!
Auf der Suche nach einem glanzvollen Mattfinale, was sich aber als illusorisch erweist. Weiß kann auf vernünftige Weise durch 35. Sd4 gewinnen, indem er den e-Bauern entfernt, z. B. 35. ... a3 36. Txe2 Texe2+ 37. Sxe2 a2 38. Ta6 oder 35. ... Kg7 38. Tf3

35. ...   a3
36. Tb7   elD+
Genauer ist 36. ... Tb2 da 37. Tg7+ Kh8 38. Te7 Tbb8 39. Txa7 Ta8 40. Txa8 Txa8 41. Sd4 a2 42. Sb3 Tb8 43. Ta6 zum Remis führt.

37. Kxel   Txg2
38. Tg7+   Kh8
39. Tgf7   h5?
39. ... h6! hält leicht remis.

40. Kf1   Txh2?

Der letzte Zug vor der Zeitkontrolle – ein entscheidender Fehler. Romanischin hätte 40.... a2 spielen sollen und nach 41. Txa7 nicht 41.... Tb2? 42. Sg5!! (das Feld, das durch 39.... h5 geschwächt worden ist) 42.... Te7 (falls 42.... Tb1+ 43. Kf2 aID 44. Th7+ Kg8 45. Txg6+ Kf8 46. Tf7 matt) 43. Tf8+ Kg7 44. Se6+ Kh6 45. Th8 matt, sondern 41.... Txh2 (entfernt den letzten weißen Bauern) 42. Txg6 aID+ 43. Txal Th1+ 41. Tg1 mit Remis.

41. Txg6   Txe6
42. Txe6   Kg8
43. Txa7
1:0

Botwinnik schrieb in der Komsomolskaja Prawda 1982:

»... einige Worte über den Weltmeister. Karpow rechnet Varianten sehr gut durch. Aber seine Hauptstärke liegt nicht darin. Er übertrifft Kasparow bei weitem im Positionsverständnis. Schon mit sehr jungen Jahren zeigte der jetzige Weltmeister eine tiefe Einsicht in die strategischen Grundlagen des Schachspiels. Niemand ist Karpow ebenbürtig in dem Geschick, die Figuren auf ihre günstigsten Felder zu postieren. Seine Figuren scheinen in der Regel unangreifbar, während die Steine seines Gegners unter fortwährendem Druck stehen. In dieser Hinsicht ist Karpows Stil dem von Petrossian überlegen, der, nachdem er die absolute Sicherheit seiner Stellung erreicht hat, geduldig auf einen Fehler seines Gegners wartet. Karpow wartet nicht: er spielt aktiv.«

Garys erstes Zusammentreffen, von Angesicht zu Angesicht, mit dem Weltmeister geschah in der 3. Runde.

G. Kasparow – A. Karpow
Russische Verteidigung (C 42)
1. e4

Dies spiele ich selten, aber ich wollte A. Karpow eine kleine Überraschung bieten.

1. ...   e5
2. Sf3   Sf6

Etwas unerwartet ...

3. Sxe5   d6
4. Sf3   Sxe4
5. d4   Le7
6. Ld3   d5
7. 0–0   Sc6
8. Te1   Lf5
9. Sbd2

9. c4 Sb4 10. cd? Sxf2!; 9. Sc3; 9. a3

9. ...   Sxd2
10. Dxd2   Lxd3
11. Dxd3   0–0
12. c3   Dd7
13. Lf4 ±   a6

13.... Tfe8 14. Db5

14. Te3   Tae8
15. Tae1   Ld8!
16. h3   Txe3
17. Txe3

17. Dxe3 führt zu nichts wegen 17.... Df5!

17. ...   f6

17.... Te8 hätte nicht sofort alle schwarzen Probleme gelöst angesichts 18. Df5! Te6 19. h4 g6 20. Dh3 De8 21. Txe6 Dxe6 22. Dxe6 fe 23. Sg5!±.

18. Te2   Tf7

Vielleicht ist 18.... Se7 genauer; in diesem Fall hätte ich mutig mit 19. b3 c6 (19.... Df5!? 20. Dxf5 Sxf5 21. g4!) 20. c4 Df5 21. De3! fortgesetzt, und Weiß hält den Druck aufrecht.

19. Sd2!   Le7

Falls 19.... Te7 20. Sb3 Txe2 21. Dxe2 Le7 22. Dg4! Dxg4 23. hg Ld6 24. Lxd6 cd mit besserem Endspiel, obwohl Schwarz Remischancen hat.

20. Sf1   Lf8
21. Df3   Te7?

♙ 76 ♙

Jetzt kommt Weiß fühlbar in Vorteil. Korrekt war 21. ... Sd8 22. Se3 c6, obwohl Weiß auch dann aktive Möglichkeiten hat, z. B. 23. Lg3 Se6 24. h4 Te7 25. Td2 *oder* 23. ... Te7 24. Td2 Te4?! 25. c4! Sf7 (25. ... Se6 26. cd cd 27. Df5) 26. cd cd 27. Dh5!

22. Se3	**Sd8**

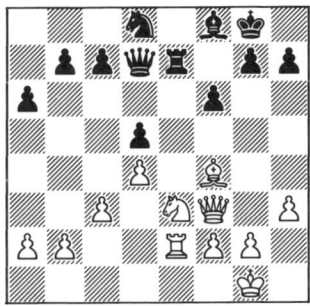

Diagramm 55

23. Lxc7!	**Dxc7**
24. Sxd5	**Dd6**

Nicht leicht für Schwarz ist 24. ... Txe2 25. Sxc7 Te1+ 26. Kh2 Ld6+ 27. g3 Lxc7 28. Df5 Te7 29. Kg2. Karpows Zug gibt sehr reale Verteidigungsmöglichkeiten.

25. Sxe7+	**Lxe7**
26. De4	**Lf8**
27. De8?!	

Eine kritische Stellung. 27. c4 ist energischer, schafft aber Probleme. Eine der Varianten ist: 27. ... b6 28. g3 Sf7 29. Kg2 g6 30. Tc2! f5 31. Df4! Dc6+ 32. Df3 usw.

27. ...	**g6**
28. a4	**Kg7**
29. b4?!	**Dc7**
30. Te3	**Sf7**
31. De6	**Dd8!**
32. a5	**h5**
33. De4	**Dd7**
34. De6	**Dd8**
35. Kf1?	

Der korrekte Weg wäre 35. Te1! gewesen, wonach Schwarz wenig Auswahl an Zügen hat, z. B. 35. ... Sh6 36. Db6 Dd5 37. c4! Dxc4 38. Dxb7+ Sf7 39. b5!, und der a-Bauer ist nicht aufzuhalten; allerdings kann sich Schwarz nach 35. ... Ld6 36. c4! Lxb4 37. Tb1 Dxa5 38. c5 halten: 38. ... Db5 39. Tb3 a5 40. Tf3 Dc6 41. Txf6 Dxe6 42. Txe6 a4 43. Tb6 Lc3 44. Txb7 a3 45. Ta7 Lxd4 46. Txa3 Lxc5

35. ...	**Sh6!**
36. g4	

Falls 36. De4 Dc8! 37. Dd5 Sf5 38. Td3 h4.

36. ...	**hg**
37. hg	**Sf7**
38. Ke2	**Sg5**
39. Db6	**Dd7**
40. Kd3	**Ld6**
41. Kc2	
1/2:1/2	

Falls 41. ... Lf4 42. Te2 Kf7!=.
(Gekürzt von R. G. Wade)

Aus Runde 6:
A. Karpow – G. Kasparow
Englisch (A 30)

1. c4	**Sf6**
2. Sc3	**c5**
3. Sf3	**e6**
4. g3	**b6**
5. Lg2	**Lb7**
6. 0–0	**Le7**
7. d4	**cd**
8. Dxd4	

Vermeidet die nach 8. Sxd4 möglichen Vereinfachungen. Der Weltmeister war offensichtlich in Kampfstimmung. (Hrsg.)

8. ...	**d6**

Schwarz sucht Schutz hinter einer »Igel«-Stellung, dem »kleinen Zentrum« von Nimzowitsch, ähnlich dem Scheveninger System. Er will Weiß zu einem schwächenden Vorstoß verleiten, bereitet aber gleichzeitig mehrere Ge-

genaktionen vor (. . . b5, . . . d5, . . . e5), die kombiniert werden können mit Druck gegen die weißen Bastionen c4 und e4 und Spiel auf der c-Linie. (Hrsg.)

9. Lg5   a6

Falls 9. . . . h6 10. Lxf6 Lxf6 11. Dd3 mit der Drohung Tfd1 und/oder Sb5 mit weißer Initiative. (Hrsg.)

10. Lxf6   Lxf6
11. Df4

11. Dd3 Le7 geschah in der Partie Grigorian – Karpow, Spartakiade UdSSR 1975. (Hrsg.)

11. . . .   0–0

11. . . . Lxc3 läßt d6 zu einer dauerhaften Schwäche werden.

12. Tfd1   Le7
13. Se4   Lxe4

13. . . . e5 (14. De3) schwächt d5. (Hrsg.)

14. Dxe4   Ta7

Nun hat Schwarz bereits Probleme mit dem Feld c6. Kann ein solcher winziger Vorteil in etwas Greifbares umgewandelt werden? Wenn dies möglich sein sollte, dann ist Karpow mit seiner großartigen Beherrschung des Figurenspiels der Spieler, der dies demonstrieren kann. Aber Kasparow ist den Schwierigkeiten gewachsen. (Salo Flohr)

15. Sd4   Dc8!
16. b3

Falls 16. Tac1?! Tc7 17. b3 b5

16. . . .   Te8
17. a4!?

Der weiße Plan besteht in einem generellen Vormarsch der Damenflügelbauern, um die Schwäche c6 zu fixieren. Der Nachteil ist, daß dem Schwarzen das Feld c5 überlassen wird. (Hrsg.)

Mit Karpow, März 1981.

17. ...	Dc5
18. Ta2	Lf6

18.... Lf8!? 19. a5 ba 20. Tda1 Db6 21. Txa5 Tc7 nebst Tc5

19. Tad2	Tc7
20. Db1!	Le7!
21. b4	Dh5
22. Tc2?!	

22. b5! a5 (falls 22.... Txc4 23. ba Txa4 24. Sc6! Lf8 25. a7 oder 23.... Sxa6 24. Dxb6) 23. Sc6 Lf8 gibt Weiß minimalen Vorteil.

22. ...	Tec8
23. b5?!	

Karpow opfert lieber einen Bauern als Schwarz die Initiative zu überlassen. Schwarz hätte aber auch nach 23. Db3 die Wahl gehabt zwischen 23.... e5 24. Sf3 Sc6 mit – in bezug auf das Feld c6 – nicht unüberwindlichen Schwierigkeiten und 23.... Dg6!? mit der Idee ... d5.

23. ...	ab
24. ab	

Falls 24. Sxb5 Td7 $\mp$.

24. ...	Txc4
25. Txc4	

Falls mit 25. Sc6 die Verbindung der Türme unterbrochen wird, folgt 25.... Txc2 26. Sxe7+ Kh8! (nicht 26.... Kf8 27. Sxc8 Dxe2 28. Tf1 Txc8 und die weiße Dame dringt ein: 29. Dxh7) 27. Lf3! De5! 28. Sxc8 Txc8, und Schwarz hat einen Bauern gewonnen.

25. ...	Txc4
26. Da2	Dc5
27. Da8	

Oder 27. Da7 Dc7 28. Dxc7 Txc7 29. Ta1 Sd7! 30. Ta8+ Lf8 31. Lc6 Se5 32. Tb8 Sc4 $\mp$.

27. ...	Txd4
28. Dxb8+	

Der Springer segnet auf seinem Ausgangsfeld das Zeitliche, ohne sich bewegt zu haben.

28. ...	Lf8
29. Ta1	d5?

Der Zug 29.... h6, der die Grundreihe schützt, ist besser, z. B. 30. Lf1 Tb4! 31. Ta8 d5 32. Ta7 Tb1 mit dem Plan ...Dc1, oder 30. De8 Tc4 31. Lc6 (falls 31. Ta8 Tc1+ 32. Lf1 Dd5!! mit Gewinn) 31.... Tc1+ mit überlegenem Endspiel.

30. Lf1!

Nach 30. Ta8? Td1+ 31. Lf1 h6 32. De8 d4 33. Tc8 (nicht 33. Ta7 Df5 mit der Absicht ...Dh3) 33.... Db4 34. Kg2 Tb1! 35. Tc7 De1 36. Dxf7+ Kh7 37. Dxf8 Dxf1+ 38. Kf3 Tb3+ 39. Kg4 Dxe2+ erweist sich der schwarze Angriff als der stärkere.

30. ...	Tc4
31. Ta8	Tc1

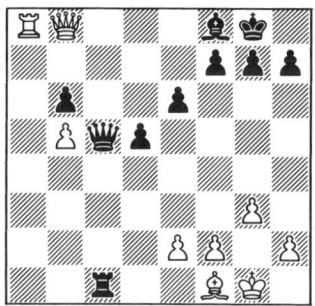

Diagramm 56

Die Zuschauer folgten diesem Auf und Ab des Kampfes mit stummen Spekulationen über den Ausgang.

32. De8   d4

Kasparow lehnte hier das Remisangebot des Weltmeisters ab. (Hrsg.)

33. Ta7	Df5
34. Ta8	Dc5

Nun war Kasparow gewillt, einem Remis zuzustimmen ...

35. g4?

...das Karpow annehmen sollte. (Hrsg.)

35. ...   Dd6?

Um auf 36. Ta7 mit ... Tc7 zu antworten. Die Zeitnot wirkt sich auf die Partie aus. Später fand Kasparow heraus, daß das stärkere 35.... Db4! 36. Ta7? d3!

37. Dxf7+ Kh8 38. Df3 d2 39. Ta8 Kg8!
gewinnen würde, während nach 36. h3
h6 37. Kg2 Tc7! Schwarz überlebt hätte
und im Vorteil wäre. (Hrsg.)

36. Td8   Db4

Um ... d3 folgen zu lassen.

Das ist Schach für den Zuschauer von
seiner besten Seite. Beide Großmeister
wollen für sich das Maximum herausho-
len. Angriff, Gegenangriff, Verteidigung
– jeder König darin verwickelt – wech-
seln sich auf dem Brett ab unter dem
unbarmherzigen Ticken der Uhren.
(Hrsg.)

37. Td7   h6

Nach dem Spiel stellte Gary diesen Zug
in Zweifel und meinte, er hätte 37. ... d3
38. Dxf7+ Kh8 spielen sollen, z. B.
29. Txd3 Dxg4+ 40. Tg3 Df5 mit Ausgleich, wobei nach 39. e4 h6 erzwungen
ist, während nach 39. Df3 Weiß sicher
nicht schlechter steht. (Hrsg.)

38. Dxf7+

Nicht 38. Txf7 d3! 39. Dxe6 d2, gleich-
gültig das Abzugsschach zulassend.
(Hrsg.)

38. ...   Kh7
39. g5!   Db1!
40. g6+

Erzwingt das Remis sofort. Weiß hätte
40. Kg2 versuchen können. (Hrsg.)

40. ...   Dxg6
41. Dxg6+   Kxg6+
1/2:1/2

Welch einen Leckerbissen könnten wir
erwarten, wenn die beiden in einem
Weltmeisterschaftskampf aufeinander-
treffen würden! (Hrsg.)

13

Moskau 1981

Meisterschaft der Sowjetrepubliken 1981

Garys Aufnahme in den Kreis der Super-Großmeister mit seinen Turnieren hoher Kategorie (wie Tilburg, Bugojno, Turin ...) geschah in dem Kategorie-15-Turnier (Durchschnittswertung 2605) im Moskauer Handelszentrum mit einem hochkarätigen Feld, angeführt von Weltmeister Anatoli Karpow.

Internationales Turnier von Moskau, 4.–24. 4.1981

			1	2	3	4	5	6	7	8	9	0	1	2	3	4	
1	A. Karpow	2690	★	½	½	1	½	½	1	1	½	½	½	1	½	1	9
2	G. Kasparow	2625	½	★	½	½	½	½	½	1	½	0	½	½	1	1	7½
3	L. Polugajewski	2620	½	½	★	½	½	½	½	½	½	1	½	½	1	½	7½
4	V. Smyslow	2545	0	½	½	★	½	½	½	1	½	½	½	1	1	½	7½
5	F. Gheorghiu	2545	½	½	½	½	★	½	½	½	½	½	½	1	½	½	7
6	L. Portisch	2650	½	½	½	½	½	★	½	0	1	½	1	0	1	½	7
7	Y. Balaschow	2600	0	½	½	½	½	½	★	½	½	½	1	0	½	1	6½
8	A. Beljawski	2620	0	0	½	0	½	1	½	★	1	1	½	½	½	½	6½
9	U. Andersson	2610	½	½	½	½	½	0	½	0	★	½	½	½	½	1	6
10	T. Petrossian	2585	½	1	0	½	½	½	½	0	½	★	½	½	½	½	6
11	J. Smejkal	2535	½	½	½	½	½	0	0	½	½	½	★	1	0	½	5½
12	J. Timman	2620	0	½	½	0	0	1	1	½	½	½	0	★	0	1	5½
13	E. Torre	2550	½	0	0	0	½	0	½	½	½	½	1	1	★	½	5½
14	E. Geller	2615	0	0	½	½	½	½	0	½	0	½	½	0	½	★	4

Tatsächlich beherrschte Karpow das Turnier vom Beginn bis zum Ende. Aber Kasparow bestärkte durch seinen geteilten 2. Platz die wachsende Meinung, daß er zum Hauptrivalen Karpows in den 80er Jahren bestimmt war.

In der 1. Runde befreite sich Gary in einer erfindungsreichen, fast schon märchenhaft anmutenden Weise aus einer schwierigen Eröffnung:

A. Beljawski – G. Kasparow
Königsindisch, Sämisch-Aufbau
(E 83)

1. d4	Sf6
2. c4	g6

In der Finalliga der 47. Meisterschaft der UdSSR spielte ich gegen Beljawski 2.... c5 und bekam eine ausgezeichnete Stellung. Da ich vermutete, daß sich mein Gegner auf diese Fortsetzung vorbereitet hatte, entschloß ich mich, die königsindische Verteidigung zu spielen.

3. Sc3	Lg7
4. e4	d6
5. f3	0–0
6. Le3	Sc6

Diese Züge erfolgten in raschem Tempo. Beljawski wählte gegen den Königsinder immer den Sämisch-Aufbau, und ich hatte damals für 6.... Sc6 eine Vorliebe. Beljawski verbrauchte jedoch für die nächsten beiden Züge 40 Minuten.

7. Dd2	a6
8. Sge2	Te8?!

Vergleicht man diesen Zug mit dem üblichen 8.... Tb8, so kann er kaum als vorteilhaft angesehen werden, aber ich wollte die Partie von ausgetretenen Pfaden wegbringen.

9. Sc1

9. h4 führt zu schärferem Spiel.

9. ...	e5
10. d5	Sd4
11. S1e2	

Weiß will um jeden Preis den Sd4 abtauschen, aber dies verschafft seinem Gegner zusätzliche Möglichkeiten. Ich hätte 11. Sb3 vorgezogen, wonach Schwarz die Wahl hat zwischen dem zweifelhaften Bauernopfer 11.... c5 12. dc bc 13. Sxd4 ed 14. Lxd4 d5 und einer etwas schlechteren Stellung nach 11.... Sxb3 12. ab c5 13. g4!

11. ...	c5
12. dc	Sxc6!

Diese Fortsetzung wäre mit dem Springer auf b3 undenkbar gewesen. Hier ist sie logisch, da es Weiß wegen seiner fehlenden Entwicklung schwerfällt, die Schwäche der schwarzen Stellung auszunutzen. Das naheliegende 13. Td1 gestattet Schwarz die Mobilisierung seiner Kräfte mit 13.... Le6 14. Sc1 Tc8.

13. Sd5!

Die kraftvollste Fortsetzung, die Schwarz vor eine schwierige Wahl stellt – sich entweder gegen die Drohung Le3–b6 zu schützen, um Materialverlust zu vermeiden, oder zu versuchen, die rückständige Entwicklung von Weiß ohne Rücksicht auf materielle Verluste auszunutzen.

Ich hatte einen beträchtlichen Zeitverbrauch: 1 Stunde und 8 Minuten, ein persönlicher Rekord. Nach so langem Nachdenken konnte ich mich nicht auf eine passive Verteidigung festlegen wie nach 13.... Sxd5 14. ed Se7 15. Sc3 oder 13.... Sd7 14. b4!, so daß ich mich entschloß, die Qualität aufzugeben.

13. ...	b5!
14. Lb6	

Es wäre wahrscheinlich besser gewesen, das trojanische Pferd abzulehnen und statt dessen mit einer mehr positionellen Antwort fortzusetzen, die insbesondere auf die Zeitnot des Schwarzen abgestellt hätte, z. B. 14. Sec3 Sd4 15. Ld3 (15. Sxf6+ Lxf6 16. cb ab 17. Sxb5? Sb3 ist viel zu gefährlich). In diesem Fall hätte jedoch Schwarz gleiche Chancen behalten.

Beljawski greift statt dessen nach der Qualität in der Annahme, daß das schwarze Gegenspiel nur von kurzer Dauer sein würde.

14. ...	Dd7
15. Sc7	Tb8
16. Sxe8	Dxe8

(Diagramm 57)

Hier versank Beljawski in Nachdenken. Ein flüchtiger Blick auf die Stellung genügte, um zu erkennen, daß alles nicht so einfach ist. Weiß hat eine reiche Auswahl von Fortsetzungen, die im 1. Moment gut zu sein scheinen. Ein ausführliches Eindringen in das Wesen der Stellung bringt die schwarzen Ressourcen ans Licht.

Einige Varianten zur Ansicht:

Diagramm 57

a) **17. c5.** Schwarz kann die Qualität mit 17.... Sd7 18. Lc7 dc 19. Lxb8 Sdxb8 opfern, er hat aber auch die unangenehme Fortsetzung 17.... Tb7! (mit der Absicht ... Lf8). Nach 18. Dxd6 Lf8! 19. Dd2 (19. Dxf6? Le7 fängt die Dame) 19.... Le6 20. Sc3 Td7 21. Df2 b4 sind die aktiven schwarzen Figuren eine mehr als ausreichende Kompensation für die Qualität.

b) **17. Lc7** Tb7 18. Lxd6 bc 19. La3 (19. Sc3? Td7 20. Lxc4 Dd8 21. Td1 Se8 gewinnt eine Figur) 19.... Le6 20. Sc3 Td7 21. Df2 Lh6 22. Td1 Sd4 mit starkem Angriff gegen den in der Mitte steckengebliebenen König.

c) **17. cb.** Ich glaube, daß dies die stärkste Fortsetzung gewesen wäre, auch wenn Schwarz nach 17.... Txb6 18. bc d5! Gegenspiel hätte. Hinzu käme, daß Schwarz eine interessante Möglichkeit hätte angesichts der Gegenüberstellung von seiner Dame mit dem weißen König: 17.... ab 18. Le3 d5 19. ed Sd4 20. Sc3 (oder 20. Lxd4 ed 21. Dxd4 Lf5 und der schwarzfeldrige Läufer ist viel stärker als der Turm und die zwei Bauern) 20.... b4 21. Se4 Sxd5 mit lebhaftem Spiel.

Um alle Fallstricke zu vermeiden, beschließt Weiß, seinen König so schnell wie möglich aus dem Zentrum zu ent-

fernen. Dies gibt Schwarz die Zeit, einen Bauern zu gewinnen und so seine Figuren zu aktivieren.

17. Le3?!   **bc**
18. Sc3   **Le6**
19. Le2

Das verlockende 19. Sd5 hätte Schwarz eine reiche Auswahl beschert, z. B. 19.... Lxd5 20. ed Sd4 21. Lxc4 Sf5 22. 0–0 e4, oder 20.... c3?! 21. bc Sd4! 22. Lc4 Dc8 und schließlich 19.... Sxd5? 20. ed e4 21. de Dxe6. Schwarz würde gerade zwei Bauern für den Turm haben, aber die Bauernlawine im Zentrum und der Entwicklungsrückstand des Weißen machen die Situation unklar.

19. ...   **Sd4**
20. 0–0   **d5**
21. ed   **Sxd5**
22. Sxd5   **Lxd5**

Die Verwicklungen begünstigen deutlich Schwarz, der einen Bauern für die Qualität hat und die aktiveren Figuren. Der Springer auf d4 ist ein Stachel im Fleisch des Weißen: Es ist nicht leicht, ihn aus seiner machtvollen Zentralstellung zu vertreiben, z. B. 23. f4? Sxe2+ 24. Dxe2 ef 25. Txf4 Txb2.

23. Tf2   **h5**

23 Züge sind geschehen, und der Zeitverbrauch hat sich nivelliert; jeder von uns hatte noch um die 10 Minuten. Dies erklärt das wechselhafte Spiel und die schrecklichen Fehler in den folgenden Zügen.

24. Tc1   **De6**
25. Lf1   **h4**
26. Te1   **Dc6**

Hier hätte Schwarz 26.... Sf5 spielen sollen.

(Diagramm 58)

27. Lh6?

Hier läßt Weiß die großartige Gelegenheit aus, den Springer loszuwerden und das Spiel auszugleichen, nämlich 27. f4! Sf5 28. fe Sxe3 (28.... Lxe5 29. Txf5 gf

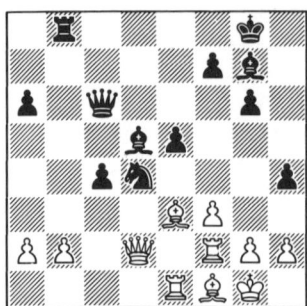

Diagramm 58

30. Ld4 Lxd4+ 31. Dxd4 Db6 32. Te8+!
Kh7 33. Th8+ Kg6 34. Tg8+ mit ewigem
Schach.) 29. Txe3 (klaren Vorteil behält
Schwarz nach 29. Dxe3 Lf8! 30. Khl Lc5
31. Dd2 Lxf2 32. Dxf2 h3!) 29. ...Lh6
30. e6! Dc5 (30. ... Lxe6 31. Txe6!) 31. ef+
Lxf7 32. Te8+ Txe8 (Auf keinen Fall
30. ... Lxe8 31. Dxh6 Txb2 wegen
34. Lxc4.) 33. Dxh6 Te4 34. Dd2 mit
Remis.
Gut, es ist nicht einfach, diese Varianten
herauszuarbeiten, wenn man nur 4 Minuten für 14 Züge hat, aber trotzdem
hätte Weiß sich für 27. f4 entscheiden
müssen.
27. ...   Lh8
28. f4?
Aber jetzt führt dieser aktive Zug nur ins
Unglück. 28. h3 wäre besser gewesen,
um sich gegen die Drohung h4–h3 zu
wappnen, obwohl auch dann die
Schärfe der schwarzen Stellung offensichtlich ist.
28. ...   e4
29. Tdl   Le6
30. f5
Falls 30. Lg5 Sf5, und der schwarze
Bauer kann nicht mehr daran gehindert
werden, nach e3 zu gehen, worauf der
weitere Widerstand des Weißen ver-
gebens wäre. Beljawski opfert einen
Bauern, um ein gewisses Maß an Zu-

sammenspiel seiner Figuren aufrechtzuerhalten, aber er kann den Gang der
Ereignisse nicht mehr ändern.
30. ...   Sxf5
31. Df4   Te8
Umgeht die Falle 31. ... Txb2? 32. Td8+
Kh7 33. Txh8+!
32. Tfd2
Nun ist der verirrte Läufer zum Untergang verurteilt, aber 32. Lg5 Dc5+!
hätte Weiß auch nicht gerettet.
32. ...   Dc5+
33. Khl   Le5
34. Dg5   Kh7
Hier wäre die Partie zu Ende gewesen,
wenn nicht jeder Spieler nur noch 1 Minute gehabt hätte!
35. Td8   Txd8
36. Txd8   Df2
36. ... Sxh6 wäre wesentlich einfacher
gewesen.
37. Tdl   Sxh6
37. ... e3 wäre etwas stärker gewesen,
aber der Zug in der Partie verdirbt
nichts.
38. Dxe5   e3
39. Dc3
Alles ist egal, es gibt keine Verteidigung mehr gegen all diese Drohungen,
z. B. 39. h3 Sf5 40. Kh2 Sg3.
39. ...   h3
40. Del   Sg4
40. ... e2! hätte der Partie ein effektvol-
les Ende bereitet. Das Zeitnotduell war
nun vorbei, und Weiß gab auf. Die Variante 41. Tcl Ld5 42. Dxf2 ef! mit der
Idee ... Se3 und ... h3xg2+ ist voll
überzeugend.
Nach der 4. Runde hatte Kasparow
3 Punkte; Portisch hatte er in der
3. Runde mit einem Remis entkommen
lassen, nachdem er sich einem stürmischen Gegenangriff ausgesetzt hatte.
»Entkommen« kennzeichnete Garys
Partien in den nächsten 4 Runden. Als
Schwarzer in einem weiteren Sä-

misch-Königsinder, zog er mit Houdini (berühmter Entfesselungskünstler – Übersetzer) gleich, um mit einer Figur weniger noch mit einem Remis davonzukommen.

J. Timman – G. Kasparow

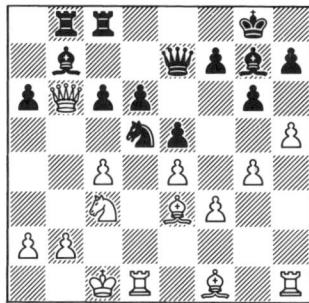

Diagramm 59

Dies ist ein schönes Beispiel für ein Opfer zur Linienöffnung, dessen Folgen sich am wirkungsvollsten in der Partie Kasparow – Jussupow aus der UdSSR-Meisterschaft 1981 zeigen. Wie wir in mehreren Partien Kasparows mit der königsindischen Verteidigung beobachten können, ist das Material nicht immer der relevante Faktor, der den Ausgang der Partie bestimmt (vgl. besonders Timman – Kasparow und Kavalek – Kasparow, Bugojno 1982 – Kapitel 17).

18. ed   cd
19. Txd5

Ein Fehler. Beide Spieler hatten sich offenbar in der Hitze des Gefechts verrechnet, da die offene Linie nach 19. cd nicht wirklich gefährlich ist. Hätte Timman so fortgesetzt, hätte Kasparow 19. . . .

La8 20. Da5 e4 versucht; aber es ist zweifelhaft, ob Schwarz über genügend Kompensation verfügt.

19. . . .   Lxd5
20. Sxd5   De6
21. Da7   Ta8

Beide Spieler hatten dies weit vorausberechnet. Gary hoffte auf 22. Sc7, worauf er sich mit einer sehr vorteilhaften Fortsetzung befreit hätte: 22. . . . Dxc4+! 23. Lxc4 Txa7 24. Lxa7 Txc7 25. b3 d5!. Timman sah dies und bemerkte auch noch, daß Schwarz nach 22. Se7+ Kf8 23. Sxc8 Txa7 24. Sxa7 Df6 25. Le2 e4! tatsächlich sehr gut stehen würde. Er beschloß daher, die Stellung zu wiederholen und einem Remisschluß zuzustimmen.

22. Db7   Tab8
23. Da7   Ta8
24. Db7   Tab8
1/2:1/2

In der 6. Runde brachte der normalerweise sehr rationale Ulf Andersson im 14. Zug ein romantisches Qualitätsopfer, um wieder einmal durch ein Remis im 83. Zug seine große Zähigkeit unter Beweis zu stellen.
Gary überdrehte in der 8. Runde seinen aussichtsreichen Angriff gegen den listigen früheren Weltmeister Tigran Petrossian und verlor.
Eine der großartigen Tugenden des Scheveninger Systems im Sizilianer wurde von Schwarz beschworen, als Efim Geller seine Partie gegen Gary in der 10. Runde überreizte und in einem taktischen Handgemenge niedergerungen wurde.
Unter Garys drei Kurzremisen war auch die folgende Partie gegen Karpow aus der letzten Runde, die hier aufgeführt sein soll, um den Bericht über ihre Begegnungen zu vervollständigen.

G. Kasparow – A. Karpow
Orthodoxe Verteidigung des
Damengambits (D 55)

1. d4 Sf6 2. c4 e6 3. Sf3 d5 4. Sc3 Le7

5. Lg5 h6 6. Lxf6 Lxf6 7. e3 0–0 8. Dd2
Sc6 9. cd ed 10. Le2 Lf5 11. 0–0 Se7
12. b4 c6 13. Tfc1 a6 14. a4 Dd6 15. Db2
Tfe8 16. Db3 Sg6 17. Ta2 Le7 18. b5
1/2:1/2

Mannschaftsmeisterschaft der Sowjetrepubliken 1981

Diese Meisterschaft der Mannschaften aus allen Republiken der UdSSR, vergrößert um die Städte Moskau und Leningrad, fand vom 16.–30. Mai 1981 in Moskau statt. Die Mannschaften, bestehend aus 8 Brettern (plus Ersatz), wurden auf 2 Gruppen, nach Maßgabe der Ergebnisse von 1979, verteilt.
Die Ergebnisse der Spitzengruppe: Ukraine (Beljawski . . .) 43–29, Moskau (Petrossian . . .) 42 1/2, Georgien (Georgadze . . .) 40 1/2, RSFSR (Spasski . . .) 40, Leningrad (Taimanow . . .) 37 1/2, Lettland (Tal . . .) 37, Weißrußland (Kupreitschik . . .) 34, Moldau (Lutikow . . .) 31 1/2, Estland (Nei . . .) 30 und Usbekistan (G. Agzamow . . .) 24.
Aserbaidschan spielte in der niedrigeren Gruppe, zusammen mit – eine Neuerung – den 2. Mannschaften des Giganten RSFSR sowie aus Moskau und der Ukraine.
Gary, Brett 1 von Aserbaidschan, hatte das beste Ergebnis an diesem Brett – 6 1/2–2 1/2.
Die Einzelheiten sind (durch ein Versehen leider nicht vollständig – Hrsg.):

K. Grigorian (W)	Kasachstan	2445	1/2	21 Züge
L. Jurtajew (S)	Kirgisien	2380	1	30 Züge
A. Kakageldijew (S)	Turkmenien	2370	1/2	24 Züge
S. Palatnik (S)	Ukraine 2	2480	1	41 Züge
A. Waiser (W)	Tadschikistan	2385	1	41 Züge
A. Iwanow (S)	Litauen	2450	1	41 Züge
R. Waganian (?)	Armenien	2565	?	
Y. Rasuwajew (?)	Moskau 2	2525	?	
N. Raschkowski (?)	RSFSR 2	2535	?	

Ergebnisse der Gruppe 2: RSFSR 2 49–23, Moskau 2 47 1/2, Ukraine 2 42, Litauen 40 1/2, Armenien 39, Kasachstan 38 1/2, Aserbaidschan 34, Kirgisien 25, Tadschikistan 23 1/2 und Turkmenien 21.

G. Kasparow – L. Jurtajew
Nimzowitsch-Indisch (E 48)

1. d4 Sf6 2. c4 e6 3. Sc3 Lb4 4. e3 0–0
5. Ld3 d5 6. cd ed 7. Sge2 Sbd7 8. 0–0
c6 (8. . . . Te8!) 9. f3 c5 10. a3 cd 11. ed
Le7 12. Sf4 Sb8
(Diagramm 60)
13. g4! Ld6 14. Kh1 Te8 15. g5 Lxf4
16. Lxf4 Sh5 17. Lxb8 Txb8 18. f4 g6
19. Df3 b6 20. f5 Tb7 21. f6 Le6 22. Tae1
Dd6 23. Te5 Td8 24. De3 b5 25. Le2 b4

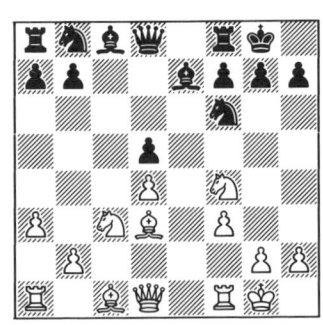

Diagramm 60

 86

**26. ab Txb4 27. Lxh5 gh 28. g6! hg
29. Txe6 fe 30. Dh6 Tb7** und **1:0,** ohne
die weiße Antwort abzuwarten.

Ein Dialog

In der folgenden Partie geben Kasparow (K) und Waiser (W) gesondert ihre
Anmerkungen zu ihrem eröffnungstheo-
retischen Kampf in einer der schärfsten
Varianten der königsindischen Verteidigung ab.

A. Waiser – G. Kasparow
Königsindisch (E 77)

W: Ein Zusammentreffen mit einem so
scharfsinnigen Schachspieler wie Kasparow ist ein hohes Ereignis im Leben
eines Meisters, und so bereitete ich
mich auf diese Partie besonders sorgfältig vor.
Es stellte sicher die Verlockung dar, einen Spieler mit einer der höchsten
Wertungen in der Welt zu schlagen,
aber über allem stand der Wunsch, in-
teressantes und kampfbetontes Schach
zu spielen. In welchem Ausmaß mir dies
gelang, muß der Leser entscheiden.

1.	d4	Sf6
2.	c4	g6
3.	Sc3	Lg7
4.	e4	d6
5.	f4	0–0
6.	Sf3	c5
7.	d5	e6

W: Diese Variante hat mir 14 Jahre lang
gute Dienste geleistet. Es ist eine
scharfe und wenig untersuchte Stellung
entstanden, die einen spannenden
Kampf verspricht. Ich hatte hier von
Kasparow eher 7.... b5 erwartet, was er
bisher gespielt hatte.

8. Le2   ed

K: Diese gutbekannten Züge, die von
beiden Gegnern schnell ausgeführt
worden waren, erfordern wenig Kom-
mentar. Tatsache ist, daß Waiser und ich

vor 3 Jahren beim Qualifikationsturnier
zur UdSSR-Meisterschaft (Daugavpils)
einen Blitzschach-Wettkampf gespielt
hatten. Jedesmal, wenn ich Schwarz hatte, erreichten wir diese Stellung, und
Waiser setzte mit 9. cd fort. Das einzige,
an das ich mich bei diesen Partien noch
erinnere, ist das bejammernswerte Ergebnis der Eröffnung. Drei Jahre waren
vergangen, und ich war gut gewappnet,
mich seines stürmischen Angriffs zu er-
wehren, aber eine unangenehme Überraschung wartete auf mich ...

9. e5!

K: Das Ausrufezeichen erfolgt aus psychologischen Gründen. Mein Gegner
wußte, daß von den drei grundsätzli-
chen Fortsetzungen 9. ed, 9. cd und 9. e5
die dritte am meisten Überraschung bereiten würde. Nun mußte ich improvi-
sieren.

W: Der Textzug hat eine große Schat-
tenseite, weil Schwarz praktisch ein
Remis erzwingen kann, wenn er so wei-
terspielt wie in der Partie Waiser – Pe-
truschin, Dnjepropetrowsk 1968: 9....de
10. fe Sg4 11. Lg5 f6 12. ef Lxf6 13. Dxd5+
Dxd5 14. Sxd5 Lxg5 15. Sxg5 Sc6! 16. Sc7
Tb8 17. Sge6 Lxe6 18. Sxe6 Tfe8 19. Lxg4
Sd4 20. 0–0–0 =.
In der Begegnung mit Kasparow hatte
ich jedoch nicht die Befürchtung, daß
Schwarz zu einem Remis-Endspiel abwickeln möchte. 9. e5 hatte noch einen
Vorteil: In vergangenen Jahren hatte ich
ausschließlich 9. cd gespielt, und damit
würde, zu einem gewissen Maße, die
theoretische   Vorbereitung   meines
Gegners umsonst gewesen sein.

9. ...   Sg4?!

K: Dieser Zug wird von der Theorie
empfohlen und als beste Antwort auf
den frechen 9. Zug des Weißen angesehen. Eines der Argumente für dieses
Urteil ist die Variante 10. h3? d4 11. Se4
Sxe5! 12. fe de, und die schwarze Bau-

ernlawine im Zentrum gibt ihm die besseren Aussichten, Bellon-Barczay, 17. Olympiade. Weiß hat jedoch eine sehr starke Fortsetzung zur Verfügung, die die Einschätzung von 9. . . . Sg4 als zu optimistisch erscheinen läßt.

W: Schwarz treibt auf dem Meer, vielen Gefahren ausgesetzt. Falls nicht 9. . . . de, dann besser 9. . . . Sfd7 10. cd de 11. 0–0 ef 12. Lxf4 Sf6 13. Dd2 Lg4 mit kompliziertem Kampf, Nei – Polugajewski, 1966.

10. cd de
11. h3 e4
12. hg

K: Ist es nicht seltsam, daß dieses natürliche Schlagen von der ESE ignoriert wird, die nur 12. Sxe4 Sf6 angibt mit gutem Spiel für Schwarz?

W: Auf 12. Sxe4 kann Schwarz 12. . . . Te8 versuchen, als Alternative zu dem einfachen 12. . . . Sf6.

12. . . . ef
13. gf

Diagramm 61

W: Zu Verwicklungen führte in der Partie Waiser – A. Schaschin, Odessa 1977: 13. Lxf3 Sd7 14. Kf2 Sf6 15. Le3 b6 16. Th2 Dd7 17. Th4 Lb7 18. Dh1 Tfe8 19. g5 Txe3. Obwohl Weiß gewann, war ich mit dem Ergebnis der Eröffnung nicht zufrieden. Die Analyse zeigte mir, daß entschie-

denere Aktivitäten erforderlich waren. Es war notwendig, direkt gegen den schwarzen König vorzugehen, ohne Rücksicht auf Material.

K: Hier überlegte ich lange. Selbst noch vor dem Zug 9. . . . Sg4 schien es mir, als ob Weiß keine wesentlichen Drohungen auf der h-Linie hätte und daß die hoffnungslose Stellung des weißen Königs Schwarz gute Konterchancen geben würde. Aber mit der vorliegenden Stellung wurde es deutlich, daß die Dinge nicht so einfach sind: Ein Problem nach dem anderen entsteht, bis zu Mount-Everest-ähnlichen Dimensionen anwachsend, und eine Lösung in der verbleibenden Zeit ist nicht möglich.

Das größte Kümmernis des Schwarzen ist der Mangel an sinnvollen Feldern für die Entwicklung der Figuren des Damenflügels. Es ist möglich, daß meine Erfahrung am Brett meine pessimistische Einschätzung beeinflußt, aber jetzt würde ich in dieser Stellung lieber mit den weißen Steinen spielen.

13. . . . Te8

K: Wenn ich versucht hätte, mit 13. . . . f5 den Vorstoß f4-f5 zu verhindern, dann würde die Diagonale a2–g8 geschwächt werden, und das könnte sich in naher Zukunft als der entscheidende Schritt zur Vernichtung des Schwarzen erweisen.

14. f5!

K: Nun wird der Läufer nach h6 entwickelt werden, wo er die Schutzfigur des schwarzen Königs, die zugleich die einzige aktive Figur des Schwarzen ist, behelligen möchte. Die Zugfolgen 14. . . . gf 15. Lh6 Lxh6 16. Txh6 Dg5 17. Dd2! Dxd2+ 18. Kxd2 fg 19. Se4 Sd7 20. Tah1 und 14. . . . Sd7 15. Lh6 Ld4 16. Dd2 nebst 0–0–0 geben keinen Anlaß zu Optimismus, so daß ich beschloß, den Bauern b2 ins Visier zu nehmen, um meinen Kampfeswillen irgendwie anzutreiben.

14. ...   Db6?
K: Dieser Zug löst nicht die Entwicklungsprobleme. Ich hätte versuchen sollen, mit 14. ... b6!? die Fesselung auf der e-Linie auszunutzen. Dann hätte das unmittelbare 15. Lh6? zu 15. ... Lxc3+ 16. bc La6 geführt, während nach 15. Se4 gf 16. gf Lxf5 17. Lg5 Dd7! 18. Sf6+ Lxf6 19. Lxf6 Dd6 Schwarz die Initiative übernimmt, ungeachtet der Tatsache, daß der »königsindische« Läufer verschwunden ist und durch den weißfeldrigen Läufer »ersetzt« worden ist! Weiß müßte daher Zeit verlieren für einen prophylaktischen Zug, wie z. B. 15. Kf1, obwohl auch dann 15. ... La6 Schwarz annehmbare Gegenchancen einräumen würde.
W: Die Falle 14. ... Ld7 (mit der Idee 15. Lh6? Lxc3+! 16. bc Lb5 17. Th2 Lxe2 18. Txe2 Dh4+ 19. Kf1 Txe2 20. Dxe2 Dxh6) ist mit 15. Dc2 leicht zu entkräften, aber Sinn hat 14. ... b6, mit ähnlichen Ideen.
15. Lh6!
K: Weiß kümmert sich nicht um die »Moskitostiche« seines Gegners und führt seinen Generalplan weiter.
W: 15. Dc2 wäre ruhiger gewesen, obwohl es dem Angriff ein Tempo entzogen hätte. Sein Hauptvorteil besteht darin, daß Weiß nicht die Brücken hinter sich abbricht, z. B.: 15. ... c4, das 16. Lh6 ein Hindernis in den Weg legt, könnte zu 16. Lg5 Sa6 17. 0-0-0 Sb4 18. Dd2 führen, wonach Schwarz zwar etwas Spiel hat, die weißen Drohungen aber gefährlicher sind.
15. ...   Dxb2
K: Ich sah die Gefahren, die der schwarzen Stellung drohten, aber ich beschloß, konsequent zu bleiben und den Bauern zu nehmen. Vielleicht erweist es sich als richtig.
W: Vielleicht war es gar nicht so gefährlich, 15. ... Lxh6 16. Txh6 zu spielen und

dann entweder mit 16. ... Dxb2 oder mit 16. ... c4 fortzusetzen.
16. Lxg7   Kxg7

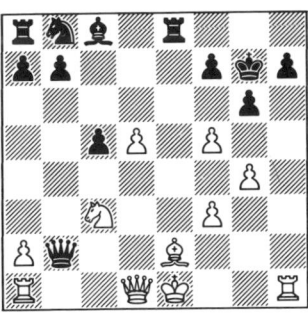

Diagramm 62

K: Die Fülle der weißen Angriffsmöglichkeiten ist auf den ersten Blick hin sichtbar, aber ich beruhigte mich mit dem Gedanken, daß jetzt nicht irgendein Zug gewinnen würde. Um diesen kritischen Moment zu erkennen und diesen einzigen Zug zu finden, würde es für meinen Gegner notwendig sein – nicht den Kopf zu verlieren.
W: Der Höhepunkt der Partie. Weiß hat die Wahl zwischen 17. Se4, 17. Tc1 und 17. f6+. Die Fortsetzung 17. Se4 wird unmittelbar widerlegt durch 17. ... gf 18. gf Lxf5, und der Läufer schaltet sich in die Verteidigung des entblößten Königs ein.
Es schien mir, daß 17. Tc1 nicht zwingend genug ist. Eine detaillierte Analyse enthüllt jedoch, daß mit diesem Zug Schwarz vor schwierige Probleme gestellt werden würde:
I. 17. ... Kg8 18. Tc2 Db6 19. Dd2 Sd7 (oder 19. ... Df6 20. Se4 De5 21. Dh6 Dg7 22. Dxh7+!) 20. Dh6 Sf8 21. Se4 f6 22. fg hg 23. g5! fg 24. Dh8+ Kf7 25. d6! mit Gewinn, und nicht besser ist 18. ... Db4 19. Dc1 Dd4 20. Sb5! De5 21. Dh6 Sa6

22. Dxh7+ Kf8 23. Dh8+ Dxh8 24. Txh8+
Ke7 25. f6+ Kd8 26. Txe8+ Kxe8
27. Sd6+ Kd7 28. Sxf7 Ke8 29. Sd6+ Kd7
30. f7 Ke7 31. Lxa6;
II. 17. ... Sd7 18. Tc2 Db6 19. Dd2 gf (oder
19. ... Th8 20. Dh6+ Kg8 21. g5!) 20. d6!
Te6 21. gf Txd6 22. Dg5+ Kf8 23. Txh7,
und das Matt ist nicht mehr weit;
III. 17. ... gf 18. Tc2 Db6 (Nach 18. ... Db4
19. Dc1 f4 20. Kf1 sind die weißen Drohungen sehr stark) 19. d6!.
Es ist wichtig, die schwarze Dame von
den Ruinen des Königsflügels abzu-
schneiden.
Mögliche Fortsetzungen sind:
a) 19. ... Te6 20. Sd5! Dxd6 (20. ... Da5+
21. Kf1 fg geht nicht wegen 22. Da1+ f6
23. Dc1) 21. gf Th6 (21. ... Te8 22. f6+!
Kh8 23. Dd3 Dg3+ 24. Kd1 Lh3 verliert wegen 25. f4. Genauso schlecht
ist 21. ... Te5 22. f6+ Kh8 23. Se7!
Dxd1+ 24. Kxd1 Sd7 25. Txh7+! Kxh7
26. Ld3+ Kh6 27. f4 Th5 28. Sg8 matt)
22. Da1+ f6 23. Tg1+ Kf8 24. Dc1! mit
gefährlichen Drohungen;
b) 19. ... fg?! 20. Dd2 Lf5 21. Dh6+ Kg8
22. Sd5 Da5+ (oder 22. ... Db1+
23. Kf2 Dxc2 24. Sf6+ Kh8 25. Sxe8)
23. Kf1 Sd7 24. Tc4! Sf8 25. Txg4+ Lg6
26. Sf6+ Kh8 27. Dxf8+ Txf8 28. Txg6
mit einem herrlichen Matt;
c) 19. ... Dd8 20. Dd2 Te6 21. gf! Txd6
22. Df4!, und der Angriff muß durchdringen.
So ließ sich Weiß von der 3. Möglichkeit
einnehmen ...

17. f6+?
K: Jetzt wird's wieder spannend ...
... Weiß konnte sich nicht zurückhalten,
die Mauern der schwarzen Königs-
festung zu stürmen, und schickt eine
einzelne Kampfeinheit los. Die freche
Infanterie darf nicht geschlagen werden: 17. ... Kxf6 18. Se4+ Kg7 19. Tb1 De5
20. Dd2 h5 21. gh, und die Strafe für die
Eskapaden der Dame folgt auf dem

Fuße. Den Bauern auf f6 stehen zu lassen, scheint sogar noch schlimmer zu
sein, aber Schwarz hat keine Wahl!
Man kommt nicht leicht darauf, so be-
scheidene Züge wie 17. Tc1! in Erwä-
gung zu ziehen, aber es ist gerade dieser ruhige Zug, der Weiß einen sichtlich
unwiderstehlichen Angriff gibt. Die
Hauptdrohungen sind 18. Tc2 und Dd2
oder auch unter Umständen 18. Da1. So
würde Weiß mit »ruhiger Hast« das Ziel
am schnellsten erreichen, aber Waiser
hastete ...
W: Ich meinte, daß Schwarz den Bauern
schlagen muß und Weiß danach in Vorteil kommen wird (siehe die obige Analyse). Nach 21. ... Th8 ist 22. h6 gut.

17. ...   Kg8!
K: Die weiße Armee befindet sich auf
den letzten Metern zum Ziel; aber in
diesem Moment fühlte ich intuitiv, daß
es falsch wäre, zurückzublicken, und ich
begann, den weißen König, der im Zentrum steckengeblieben war, in Augenschein zu nehmen.
W: Der Rückzug des Königs kam mir
schlecht vor wegen des nächsten Zuges, der nach meiner Meinung Schwarz
zu einem für Weiß günstigen Endspiel
zwingen würde.

18. Dc1!
K: Es ist nicht möglich, das Spiel durch
einen frontalen Angriff zu entscheiden,
z. B. 18. Se4 Sd7 (18. ... Lxg4? 19. Tb1 De5
20. Dd2 Sd7 21. Dh6 Sxf6 22. Sxf6+ Dxf6
23. Dxh7+ Kf8 24. Dh8+ mit Figurengewinn) 19. Tb1 De5 20. Dd2 (20. g5 Sf8 und
die weißen Bauern blockieren erfolgreich den Weg zum schwarzen König!)
20. ... Sxf6 21. Dh6 b6! 22. g5 (22. Sxf6+
Dxf6 23. Dxh7+ Kf8 24. Dh8+ Dxh8
25. Txh8+ Ke7 26. d6+ Kd8) 22. ... Sxe4
23. Dxh7+ Kf8 24. fe Ld7 und dem weißen Angriff ist die Luft ausgegangen.
Waiser bietet ein Endspiel an, in dem
der starke Bauer f6 und der Entwick-

lungsrückstand seines Gegners Faktoren zugunsten des Weißen wären. Aber welch eine Überraschung erwartet ihn!

18. ... Db4!

K: Dies scheint selbstmörderisch, denn die Ankunft der Dame auf h6 schafft zwei tödliche Drohungen. Schwarz würde sie jedoch mit Hilfe seiner eigenen Dame abwenden: 19. Dh6? Dxc3+ 20. Kf2 Dd4+ 21. Kg3 De5+ 22. f4 Dxf6. Wenig Sinn hätte das Qualitätsopfer 18. ... Txe2+? 19. Sxe2 Dxf6, denn Weiß hätte nach 20. Dc3! deutlich die besseren Aussichten.

W: Diesen Rückzug der Dame hatte ich gar nicht gewürdigt. Der Bauer f6, die halboffene h-Linie, die Dame, die bereit ist, über h6 einzudringen, das fehlende Zusammenspiel der schwarzen Steine, die Tatsache, daß Weiß am Zuge ist – wie ist es möglich, ein Matt zu finden?!

19. Kf1?

K: Weiß sollte umgruppieren und, unter Verzicht auf seine ehrgeizigen Wünsche, sich damit arrangieren, daß sich die Chancen ausgeglichen haben. In diesem Sinne hätte er spielen sollen: 19. Dd2! Sd7 20. Tb1 Dd4 21. Dxd4 cd 22. Se4 d3! 23. Lxd3 Sxf6 24. Kf2 wahrscheinlich mit Remis (24. ... Sxd5? 25. Tb5!).
Indem er die Suche nach dem »Feuervogel« fortsetzt, spielt Weiß dem Schwarzen in die Hände.

W: Natürlich wollte ich nicht in ein Endspiel mit einem Bauern weniger abwickeln, aber es bestanden gewisse Rettungschancen nach 19. Tb1 Dd4 20. Se4 Sd7 21. Dh6 Sxf6 22. Td1 De5 23. g5 Sxe4 24. Dxh7+ Kf8 25. Dh8+ Dxh8 26. Txh8+ Ke7 27. Txe8+ Kxe7 28. fe. Es ist schwer, die Stellung, die sich nach 19. Dd2 Dd4 20. Dxd4 cd 21. Sb5 ergibt, einzuschätzen.
Nach dem Wegzug des Königs war

Weiß voll strahlender Hoffnung, um so mehr, als Schwarz auf seiner Uhr nur noch 11 Minuten für die nächsten 15 Züge hatte. Wenn er nur die brillante Antwort auf seinen 20. Zug vorhergesehen hätte!

19. ... Sd7
20. Lb5

K: Dies sieht wirklich überzeugend aus – es scheint keinen Weg zu geben, die Dame vom Erreichen des ersehnten Feldes abzuhalten. Tatsächlich unternimmt Schwarz nichts, um seinen König zu schützen, aber mit seinem nächsten Zug stellt er die schreckliche Drohung ... Te3 auf und geht damit zum Gegenangriff über.

W: Angesichts der zerstörten Illusionen, die durch die schwarze Antwort erschüttert worden sind, war 20. g5 erforderlich, mit Verteidigungschancen.

20. ... Dd4!
21. Kg2

K: Das direkte 21. Dh6 scheitert an der vernichtenden Widerlegung 21. ... Sxf6 22. Lxe8 Dxc3 23. Kg2 Lxg4! 24. Lxf7+ Kxf7 25. fg Te8, und Weiß hat keine Chancen gegen die vereinten Streitkräfte des Schwarzen.

21. ... Te3!

K: Stärker als das »habgierige« 21. ... Dxf6, das Weiß nach 22. Dh6 Dg7 23. Se4! trotz der zwei Minusbauern beträchtliches Gegenspiel geben würde.

22. Se2 De5
23. Kf2 Txe2+
24. Lxe2 Sxf6

(Diagramm 63)

K: Nun kann die Bilanz des weißen »Blitzkrieges« gezogen werden. Sein Angriff ist erschöpft, und der Mehrbesitz der Qualität hat kaum Bedeutung. Schwarz hat zwei Bauern dafür, und die offene Stellung des weißen Königs gibt zu vielen taktischen Operationen Anlaß. So, zum Beispiel, führt nach 25. Tb1 das Läuferopfer zu unabwendbarem An-

Diagramm 63

griff: 25.... Lxg4! 26. fg Se4+ 27. Ke1
Dg3+ 28. Kd1 Te8! (29. Lb5 Df3+!
30. Kc2 Dc3+ oder 29. Tb3 Sf2+ 30. Ke1
Dg2!).
Um das Schlimmste zu vermeiden,
strebt Weiß das Endspiel an, aber
Schwarz gelingt es, noch einen Bauern
zu gewinnen, wonach sein Vorteil außer
Zweifel steht. Es sollte angemerkt wer-
den, daß wir beide in diesem Moment in
Zeitnot waren.

25.	Dxc5	Lxg4
26.	De3	

(Nicht 26. fg?? Se4+ – Hrsg.)

26.	...	Dxe3+
27.	Dxe3	Sxd5+
28.	Kf2	Le6
29.	Tab1	

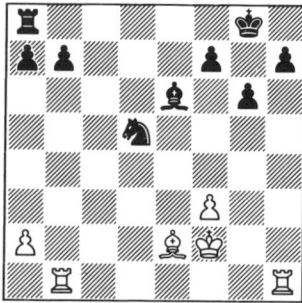

Diagramm 64

K: Nun gelingt es Schwarz, den Springer mit dem Läufer zu tauschen, so daß
die Remischancen des Weißen nur
noch gering sind.
29. Lc4! wäre chancenreicher gewesen:
29.... Tc8 30. Lb3! (30. Tac1? Sf4!). In
diesem Fall wollte ich mit 30.... Kg7
31. Tac1 (nichts ergibt 31. Thd1 Tc5!) 31....
Txc1 32. Txc1 Kf6 fortsetzen, und die Zen-
tralisierung des Königs hält die guten
Chancen für einen Erfolg fest.

29.	...	b6
30.	Tbc1	Sf4
31.	a3	Sxe2
32.	Kxe2	b5
33.	Tc7	a5
34.	Tb1	Lc4+
35.	Kf2	a4!

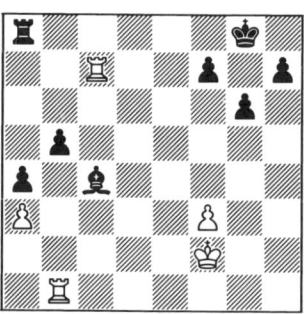

Diagramm 65

K: Die antipositionelle Bauernstruktur
ist gerechtfertigt, denn der vom Bauern
unterstützte Läufer ist nicht weniger
stark als der Turm.

36.	Te1	Td8
37.	Te3	Td2+
38.	Kg3	Kg7
39.	f4	Tb2
40.	Tc5	h5

K: 40.... Tb3 wäre präziser gewesen.
Hier wurde die Partie abgebrochen,
aber von Weiß, der 41. Kh1 abgegeben

hatte, ohne Wiederaufnahme aufgegeben. Man könnte darüber streiten, aber Schwarz hat einen klaren Weg zum Sieg. Sein Läufer wird nach e6 zurückgehen, danach wird er den b-Bauern vorstoßen und evtl. ein Bauernpaar auf dem Königsflügel abtauschen. Die drei Freibauern würden dann den Kampf entscheiden.

Eine andere mehr technische, Methode besteht in der Ausnutzung der weißen Bauernschwächen: 41.... Tb3 42. Tg3 Tb1! 43. Te3 Tg1 44. Tg5 (44. Tg3 Th1+ 45. Th3 Tf1) 44.... Th1+ 45. Kg3 f5!, und der Turm wird vom Damenflügel abgeschnitten. Die Entscheidung zwischen diesen beiden Plänen ist eine reine Geschmacksfrage!

<table>
<tr><td>

14

Alter:

18 Jahre

</td><td>

Mannschafts-Junioren-Weltmeisterschaft Graz 1981

</td></tr>
</table>

Wertung 1.7.1981: Kasparow 2630 (Karpow 2700)

Unter 26 Mannschaften kam die starke UdSSR, geführt von Kasparow, Psachis, Jussupow und Dolmatow, zu einem mühelosen Sieg in der 3. Mannschafts-Junioren-Weltmeisterschaft. Gary erzielte das absolut beste Einzelergebnis mit $+8=2-0$ (90%); Psachis $6^1/_2-2^1/_2$; Jussupow $6-3$; Dolmatow $4^1/_2-2^1/_2$; Kotschiew $1^1/_2-1^1/_2$ und Wladimirow $5-1$.

Endergebnis: UdSSR $32^1/_2/44$; England $30^1/_2$, Ungarn $28^1/_2$, USA $26^1/_2$, Frankreich $24^1/_2$, Israel $24^1/_2$, Schweiz 24, Jugoslawien 24, Österreich I 24, Deutschland 24, Polen 24 ... 34 Länder. Die Meisterschaft wurde mit 4er-Mannschaften plus 2 Ersatzleuten in 11 Runden nach Schweizer System in der österreichischen Stadt Graz vom 17.–29.8.1981 ausgetragen.

Runde 1	A. Dür	s	DDR	2355	1
Runde 2	Z. Klarić	w	YU	2440	1
Runde 3	R. Morrison	s	CAN	2380	1
Runde 4	B. Kouatly	s	F	2435	$^1/_2$
Runde 5	J. Speelman	w	GB	2550	1
Runde 6	J. Fedorowicz	s	USA	2455	1
Runde 7	A. Groszpeter	s	H	2475	$^1/_2$
Runde 8	H. Schüssler	w	S	2485	1
Runde 9	J. van der Wiel	s	NL	2470	1
Runde 10	J. Sunye-Neto	w	BR	2475	1
Runde 11	—	—	—	—	—

Eric Schiller schreibt: *Bei diesem Turnier kam ich einem Aberglauben von Garik auf die Spur. Wie Samson fürchtet er, daß Rasieren zu schlechten Ergebnissen führen kann; es geschah daher nach seinem Remis mit Konatly (für das er sich sauber rasiert hatte), daß er ein mehr bohemienhaftes Aussehen annahm. Dann begann er wieder zu gewinnen und beendete das Turnier mit einem erstaunlichen 90-%-Ergebnis gegen ein Feld, das von gutem internationalem Format war. Die zwei eindrucksvollsten Partien waren die gegen Speelman und Fedorowicz. In der Partie mit Fedorowicz enthüllte er ein wesentliches Element seines Stils. Als John immer stärker unter Zeitdruck geriet und seine Figuren anfingen, auf den Damenflügel hinüberzuwechseln, beschloß Gary, ihn mit der Uhr zu ärgern. Die Taktik ging vortrefflich auf.*

G. Kasparow – J. Fedorowicz
Damenindisch (E 12)

1. d4	Sf6
2. c4	e6
3. Sf3	b6
4. a3	c5
5. d5	La6
6. Dc2	ed

Die Weite, Tiefe und Großartigkeit der Eröffnungsideen von Gary wurden gut demonstriert in seiner Partie gegen John von der Wiel (Schwarz) in der 9. Runde, die wie folgt verlief: 6. . . . De7?! 7. Lg5 ed 8. Sc3! Lxc4 9. e4!! h6! (falls 9. . . . Lxf1 10. Sxd5!) 10. Lxf6 Dxf6 11. ed Lxf1 12. Kxf1 mit weißem Entwicklungsvorsprung und einem schwarzen König, der durch die fehlende Rochade gefährdet ist, z. B. 12. . . . Le7 13. Sb5 oder 12. . . . d6 13. Da4+.

7. cd	g6

Als Antwort auf das Petrossian-System wendet Schwarz eine der schärfsten Fortsetzungen an.

8. Sc3	Lg7
9. g3	0–0
10. Lg2	d6
11. 0–0	Te8
12. Te1	Dc7

Eine neue Idee. Später stellte sich heraus, daß Fedorowicz diesen Zug bereits in der US-Meisterschaft 1981 gespielt hatte, ich dies aber nicht wußte. Ein wichtiger Punkt ist, daß Schwarz, nach einem eventuellen . . . Sbd7, nicht den Abtausch via Sd7–e5xf3 sucht, sondern diesen Stein für Operationen auf dem Damenflügel verwendet. Üblicherweise wird die Dame nach e7 entwickelt, dies aber nur, wenn sich Weiß mit e2–e4, h2–h3, Lf4 aufbaut.

13. Lf4
Vielleicht wäre es sinnvoll gewesen, hier dem Standardplan zu folgen und e2–e4 und h2–h3 zu spielen, aber ich wollte die Stellung der schwarzen Dame ausnutzen. Nun erweist sich die normale Entwicklung als schwieriger, da 13. . . . Sbd7 mit dem unangenehmen 14. Da4 beantwortet wird.

13. . . .	**Sh5**

An den Rand des Brettes zu springen, sieht nicht sehr gut aus, aber es ist jetzt für Weiß ziemlich schwierig, im Zentrum mit e2–e4–e5 vorzustoßen, da Schwarz am Damenflügel mit c5–c4, Sb8–d7–c5 oder mit Lb7, a7–a6 und b6–b5 konkretes Gegenspiel hat.

14. Ld2	**Sd7**

Diagramm 66

Nun muß Weiß einen Plan für sein weiteres Vorgehen im gegenwärtigen Kampf formulieren. Das für solche Stellungen typische Manöver ist 15. a4, das den Angriff des Gegners einigermaßen aufhält; aber nach 15. . . . c4 wird nicht deutlich, wie sich die weiße Initiative entfalten könnte.

15. Da4!?
Nach einem kurzen In-sich-Gehen beschließt Weiß, einen originellen Plan auszuführen, von dem nicht gesagt werden kann, daß er sich logisch aus dem nachfolgenden Spiel ergibt.

15. . . .	**Lb7**
16. Dh4	

Eine solche Überführung der Dame ist normalerweise mit einem Angriff auf den König verbunden; aber hier ist ein solcher Angriff nicht zu erwarten, da dieser angesichts der auf dem Brett verstreuten Steine nicht so recht vorankäme, zumindest scheint es so. Die grundlegende Idee des Manövers ist, den Angriff auf dem Damenflügel zu verstärken. Schwarz wird mehrere Figuren dorthin beordern müssen, so daß sich dann eine Gelegenheit zum Angriff auf den schwarzen König ergeben könnte.

16. ...   a6
17. Tac1   b5
18. b4
Die Pointe des weißen Plans – er blokkiert auf diese Weise die Operationen des Gegners.

18. ...   Dd8
Offensichtlich nicht 18.... cb 19. Sxb5!±. Falls 18.... Sb6 19. g4 Sf6 20. e4 Sc4 21. Lg5 oder 21. Lh6, und ich würde das bekommen, was ich möchte: Schwarz hat einen Riesenvorteil am Damenflügel, aber Weiß spielt gegen den König. Die Situation ist scharf und völlig unklar. es scheint, daß es Fedorowicz nicht gefiel, daß sich die Dame auf h4 niedergelassen hatte, und er versucht daher, sie unmittelbar von dort zu vertreiben. Es entsteht jetzt ein forciertes Spiel, das auf keinen Fall für Schwarz schlecht ist, das aber von ihm größte Präzision verlangt.

19. Lg5
Auf 19. Se4 hatte er nicht 19.... Dxh4? 20. Sxh4 vorbereitet, sondern 19.... Txe4! 20. Dxe4 Shf6 nebst ... Lxd5 mit mehr als ausreichender Kompensation für die Qualität.

19. ...   f6
19. ... Lf6 funktioniert nicht wegen 20. Lxf6, und falls 20.... Dxf6, dann ist 21. Se4! ziemlich stark, während nach 20.... Shxf6 der Plan des Weißen voll gerechtfertigt ist: Nach 21. e4 wird es für Schwarz schwer sein, seinen König zu verteidigen.

20. Ld2   f5
Auf diese Weise wird das Feld e4 unter Kontrolle gebracht, und der Sh5 kann für Aktivitäten im Zentrum eingesetzt werden.

21. Lg5   Db6?
Korrekt war 21.... Lf6!, was das Gleichgewicht annähernd aufrechterhält, z. B. 22. e4 cb 23. ab Tc8 oder 22. Lxf6 Dxf6. Die Schwäche des Feldes e6 kann von Weiß nicht ausgenutzt werden.

22. e4   cb
Selbst nach 22.... h6 23. Ld2 (23. ef!?) 23.... Lf6 24. Dh3 beginnen sich in der schwarzen Verteidigung Risse zu zeigen.

23. ab   Tac8

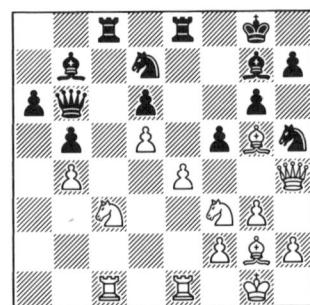

Diagramm 67

Die kritische Stellung. Beide Seiten haben erreicht, wonach sie strebten und auf ihren »eigenen« Flächen des Brettes maximale Aktivität entfaltet. Zu diesem Zeitpunkt beunruhigte mich die exponierte Stellung des Sc3 und die Schwäche des Zentrums, so daß ich beschloß, die Züge zu wiederholen:

24. Le3   Dd8
25. Lg5   Db6?
Dieser Zug erfolgte sehr schnell, und es war klar, daß mein Gegner nichts gegen

ein Remis einzuwenden hatte. Der korrekte Zug war, wie vorher auch, 25. . . . Lxf6, aber es muß gesagt werden, daß es ziemlich schwer war, die kommenden, aufregenden Ereignisse vorherzusehen. In der Stellung versunken, spürte ich einige versteckte Kombinationsmöglichkeiten.

26. ef!

Ein paradoxer Zug: Weiß wird aus dem Figurenopfer keinen unmittelbaren Profit ziehen. Aber es gibt in der schwarzen Position allerlei kleine Unannehmlichkeiten – die Stellung seiner Dame, der Lb7 und der Sh5, die den schwarzen Verteidigungsgürtel schwächen. Der Ansturm der überlegenen Kräfte des Gegners wird sich als unaufhaltbar erweisen (es sollte angemerkt werden, daß Fedorowicz dabei war, in ernsthafte Zeitschwierigkeiten zu geraten, und daß dieser Faktor eine Rolle in der Entscheidung zu einem Opfer spielte – engl. Übers.).

26. ...	**Txe1+**
27. Txe3	**Lxc3**

Es ist verständlich, daß er nicht zu 27. . . . Txc3 gegriffen hatte, denn Weiß wäre nach 28. Ld8 Lf6 29. Te8+ Kf7 30. Te7+ Kg8 31. Txd7 in entscheidendem Vorteil.

28. Te7   Tc4

Es ist schwierig, hier eine Verteidigung zu finden. Auf den natürlichen Rückzug des Springers nach f8 oder f6 z. B., folgt 29. Le3!, und die schwarze Dame sitzt in der Falle – von 29. . . . Dd8 30. Txb7 soll nicht gesprochen werden. Der Versuch eines Gegenangriffs mit 28. . . . Lf6 29. Txd7 Tc2 wird pariert durch 30. g4! (verteidigt den Punkt f2), und auf 29. . . . Tc1+ besteht die leichteste Lösung in 30. Lxc1 Lxh4 31. Le3 mit Rückgewinn der Dame.

29. Dh3!

Eine einfache und starke Antwort: Die Dame geht in den Hinterhalt. Ihre Über-

führung vom Damenflügel hat sich als höchst erfolgreich herausgestellt!

29. ...   Lc8

Erneut wäre nach dem Wegzug des Springers von d7, Le3 entscheidend.

30. fg   Sdf6

30. . . . hg 31. De6+ ist direkter.

31. Lxf6	**Sxf6**
32. gh+	**Kf8**

Auf 32. . . . Kh8 wäre 33. Dh6 möglich gewesen, so wie nach 33. . . . Dxf2+ 34. Kh1. Heute würde ich dazu neigen, 33. Sh4 zu erwidern, ebenfalls mit einem unentrinnbaren, aber effektiveren Matt: 33. . . . Txh4 34. Dxc8+ oder 33. . . . Lxh3 34. Sg6 matt.

33. h8D+   Kxe7
34. Dg7+
1:0

Schwarz gab auf, da es zwei Damen leicht haben werden, sich um seinen König zu kümmern.

J. Speelman – G. Kasparow
Englisch (A 30)

1.	**Sf3**	**Sf6**
2.	**c4**	**c5**
3.	**Sc3**	**e6**
4.	**g3**	**b6**
5.	**Lg2**	**Lb7**
6.	**0–0**	**Le7**

Eine populäre Idee. Schwarz wartet auf d2–d4, um die Bauern zu tauschen und seine anderen Bauern auf die 3. Reihe vorzurücken (. . . d6 und . . . e6), der Damenspringer geht dann nach d7. Weiß wählt ein weniger gebräuchliches System.

7.	**b3**	**0–0**
8.	**Lb2**	**d6**

Elastischer als 8. . . . d5, das Weiß nach 9. e3 eine bequeme Aufstellung seiner Steine gestattet.

9.	**e3**	**Sbd7**

10. d4   a6
11. Tc1
Smyslow, beim Turnier ausgewählter Mannschaften in Moskau 1981, und Smejkal, beim Internationalen Turnier von Moskau 1981, spielten beide 11. De2 gegen mich, und nach 11.... Se4 ergab sich etwa Ausgleich. Der vom englischen Spieler gewählte Zug ist weniger effektiv, da er Schwarz einen interessanten Ausbruch erlaubt.
11. ...   b5!

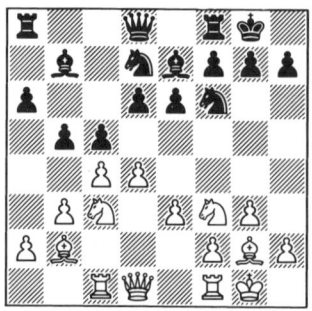

Diagramm 68

Auf den ersten Blick kann Weiß einen Bauern gewinnen mit 12. dc Sxc5 13. cb ab 14. Sxb5 mit der Idee 14.... Txa2 15. Lxf6, wonach 15.... gf erzwungen zu sein scheint. Aber das kühne 15.... Lxf6 wendet die Einschätzung der Stellung zugunsten von Schwarz nach 16. Dxd6 Sxb3 17. Tcd1 Dxd6 18. Sxd6 Lxf3 19. Lxf3 Sd2 oder 16. Sxd6 La6 17. Txc5 Le2! 18. Db1 Tb2 mit einer Qualität mehr.
Eine belustigende Kombination: Obwohl die Stellung fast symmetrisch ist, findet Weiß einen Weg, den Kampf zu verschärfen. Unternimmt Weiß nichts, so wird nach b5xc4 und c5xd4 die leichte Schwäche der weißen Zentrumsbauern dem Schwarzen ein gutes Spiel bieten.
12. d5   ed

13. Sxd5   Sxd5
14. cd   Lf6!
Der Tausch der Läufer wird das Spiel am Damenflügel erleichtern und es Weiß schwerer machen, den Vorstoß e4–e5 durchzusetzen.
15. Lxf6   Sxf6
Die Vorteile dieses Zuges springen ins Auge – der Springer übt Druck auf das Zentrum aus. Der Rückzug ist aber ebenfalls verständlich – Weiß bereitet das Vorgehen e4–e5 vor, und in diesem Fall wäre der Springer besser zurück auf d7, von wo er zum Damenflügel überwechseln könnte. 15.... Dxf6 war daher vorzuziehen. Die Dame würde schön auf der langen Diagonale sitzen, wo sie die Möglichkeit hätte, die Bauernvorstöße a6–a5, b5–b4 und a5–a4 zu unterstützen.
16. Sh4   a5
17. e4   Te8
18. Te1   g6
Das direkte 18.... a4 scheitert an 19. e5! Txe5 20. Txe5 de 21. Txc5 mit Vorteil. So folgt z. B. auf 21.... e4 die wichtige Ressource 22. Sf5!, und der Bauer auf d5 ist unantastbar. Schwarz nimmt seinem Gegner die Chance, seinen Springer über f5 ins Spiel zu bringen.
19. Dd2   b4
19.... a4 ist schlecht wegen 20. b4.
20. a3
Für einen normalen Gang der Ereignisse hätte 20. f4 Sd7 21. Tcd1 a4 22. Sf3 ab 23. ab Db6 oder 23.... Ta3 gesorgt, mit zweischneidigem Spiel. Mein Gegner entscheidet sich für den Kampf: Um die Aktivität des Schwarzen einzuengen, schickt er seine Bauern in die Gegend des Brettes, in der sein Gegner stärker ist.
20. ...   ba
21. Ta1   De7!
Auf 22. Txa3 folgt nun 22.... Sxd5. Der Bauer auf a3 mag schwach sein, aber es

ist nichtsdestotrotz ein Freibauer. Wenn man natürlich über seine Umwandlung in eine Dame ernsthaft sprechen möchte, so ist zu bemerken, daß dies keine wirkliche Drohung ist. Wenn er am Leben bleibt, kann er jedoch in einigen Varianten ziemlich gefährlich werden. Z. B. 22. e5 wird widerlegt durch 22.... a4! 23. ef Dxe1+ nebst ab und a2.

22. h3

Bereitet 23. Te3 mit der Absicht Txa3 vor. Weiß verhindert ... Sg4 und macht dem König auf h2 ein Luftloch.

22. ...   De5

Es droht 23. ... Db2, die Hauptidee ist aber im nächsten Zug des Schwarzen enthalten. Weiß muß den Bauern nehmen, und er macht dies auch mit Vergnügen, denn mit der Dame auf e5 ist 23. ... Sxd5 schwach wegen des Zwischenzuges 24. Sf3 und dem folgenden 25. ed mit Figurengewinn.

23. Txa3   Dd4!
24. Dxd4   cd

Noch ein »freier«, jetzt auf der d-Linie! Zugegeben, er ist ein bißchen schwach, trotzdem stiftet er in den weißen Reihen Verwirrung. Wichtig ist auch, daß Weiß seinen Läufer und Springer nur schwer ins Spiel bringen kann, da sie durch den schwarzen Druck auf das Zentrum gelähmt sind.

25. Ta4

Mit einer einfachen Pointe: 26. ... Lxd5 27. Txd4 Tab8 28. Tal. Mehr Hoffnung versprach 25. Td1 Sxe4 26. Txd4 Sc5 27. b4 ab 28. Txa8 Txa8 29. Txb4. Schwarz hätte nach 29. ... Kf8 Vorteil wegen der Schwäche des Bauern auf d5, aber es bestünden gute Remisaussichten.

25. ...   d3
26. Td1

Es sieht so aus, als würde 26. Td4 Lxd5 27. Txd3 zu einer Stellung wie in der vorhergehenden Anmerkung führen, aber der Turm steht nicht auf d4. Nach 27. ... Tab8 28. Tal Lxb3 29. Txa5 Sxe4 30. Lxe4 Txe4 birgt der Rückgewinn des Bauern einige Risiken: 31. Txd6 Le6! 32. Kg2 Te2 33. Ta3 Tbb2 34. Tf3 h5, und das Remis ist trotz der Materialgleichheit nicht zu halten. Es kann sein, daß Weiß ohne den Zug 30. Lxe4 gewisse Remischancen hat.

26. ...   Sd7!

Der d-Bauer bleibt am Leben! 27. Txd3 Sc5!, die Antwort des Weißen ist erzwungen.

27. b4   ab
28. Txb4   Sc5
29. Sf3   Ta2
30. e5!   de
31. Tc1   Tc2

Die Idee ist, in ein Endspiel überzulenken mit einer 4:3-Bauernmajorität auf einem Flügel.

32. Txc2   dc
33. Tc4   Sb3
34. Txc2   Lxd5
35. Tc7   e4
36. Se1   Sd4
37. Td7

Vorsichtig, aber ungenügend. Mit dem Turm auf c7 war es notwendig, 37. Sc2 zu spielen, ohne 37. ... Sf3+ zu fürchten; denn Weiß würde nach 38. Lxf3 ef 39. Se3 mit der Idee 40. g4 und dann Kh2–g3 leicht ein Remis erreichen.

37. ...   Te5
38. Sd3?

Selbst jetzt ist es noch nicht zu spät, mit 38. Tc7 zurückzukehren.

38. ...   ed
39. Lxd5

(Diagramm 69)

39. ...   Kf8!

Weiß hatte nach 39. ... d2 40. Lxf7+ und 41. Txd4 beabsichtigt. Jetzt folgt auf 40. Lxf7 jedoch 40. ... Te4!, und der d-Bauer kann nur noch um den Preis einer Figur aufgehalten werden.

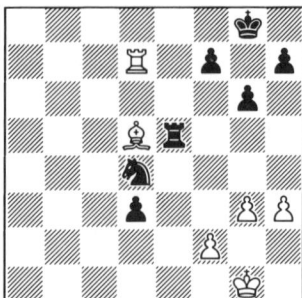

Diagramm 69

40.	Lc4	d2
41.	Txd4	Te1+
42.	Kg2	d1D
43.	Txd1	Txd1

Die Realisierung des Mehrbesitzes der Qualität bietet keinerlei ernsthafte Schwierigkeiten.

44.	h4	Tc1
45.	Ld5	Dc5
46.	Lb3	Ke7
47.	La2	h6

48.	Lb3	Tc7
49.	La2	Kd6
50.	Kh3	Ke5
51.	Kg4	Ta7
52.	Lb3	Tb7
53.	Ld1	Tb2
54.	Kf3	Kd4
55.	Le2	Tb3+
56.	Kg2	Kc3
57.	Lf3	Tb5
58.	Lc6	Tc5
59.	Le8	Tc7
60.	Kf1	Kd2
61.	La4	Tc1+
62.	Kg2	Ke1
63.	Lb3	Tc7
64.	f4	Ke2
65.	Ld5	Ke3
66.	La8	f6
67.	Kg1	Tg7!
68.	Kg2	g5
69.	hg	hg
70.	fg	Txg5
0:1		

Eric Schiller schreibt weiter: *Es ist oft der Fall, daß Garys Post-mortems (Betrachtungen nach einer Partie – Übers.) nicht mit konkreten Varianten angefüllt sind (wie es Fischer und Karpow oft zugeschrieben wurde), sondern weit mehr mit allgemeinen Grundsätzen. Er scheint weniger alle möglichen Fortsetzungen auszuarbeiten, als vielmehr die bedeutsamen strategischen Aspekte zu erfassen, die sich in Anbetracht der jeweils unterschiedlichen Pläne der Gegner ergeben. Erst danach wird die konkrete Taktik herausgearbeitet.*

Garys Vorbereitung unmittelbar vor dem Beginn der Partie ist intensiv. Früh am Brett erschienen, versinkt er in tiefe Konzentration und beginnt, seine Energien zu mobilisieren. Das Gesicht, das eben noch ruhig und friedfertig wirkte, legt sich durch die Spannung in Falten. Sitzt man ihm gegenüber, kann man den Druck buchstäblich spüren. Er lehrt einen ganz einfach das Fürchten, gegen ihn zu spielen.

Abseits vom Brett gibt er sich allerdings ganz anders. Er liebt das Blitzen, obwohl er sich schnell langweilt, wenn die Gegnerschaft zu »schwach« ist. Eines Abends spielte er eine Anzahl Partien gegen die IM unseres (USA-) Teams, und er gewann alle bis auf einen Verlust gegen Gurewich, gegen den er einfach eine Figur in guter Position einstellte. Einige der besten Blitzspieler Amerikas (Fedorowicz, Gurewich, Benjamin, Kudrin) waren der gleichen Meinung, daß man über ihn einfach nur staunen kann. Gary erzählte mir, daß es für ihn nur einen wirklich interessanten Blitzgegner gibt – Karpow. Ich fragte ihn nach seiner Meinung über Tal, und Gary deutete mir an, daß er

das Gefühl habe, daß Tal keine Aussichten mehr habe, ihn zu schlagen. Sein Selbstvertrauen ist beträchtlich, grenzt aber nie an Arroganz. Und in Ehren hält er immer noch den Heiligenschein von Bobby Fischer, zu dem es nach Meinung der Sowjets immer noch nichts Vergleichbares gibt.

Allgemeines über Gary

Eric Schiller fragt, warum Gary nicht nach Moskau umziehe? Er ist gerne in Baku und mit seiner Heimat Aserbaidschan stark verwurzelt. Das Wetter ist angenehm und die »Luft« sauberer. Er liebt das Spazierengehen, und das »Training« in der frischen Luft ist ein wichtiger Aspekt seiner Lebensweise. Ein »Gesundheits«-Spaziergang vor und nach jeder Partie ist *de rigueur* (unerläßlich – der Übers.). Und Mädchen? Gary lächelt ...

Wir teilen eine »Krankheit«; beide sind wir etwas klaustrophobisch. Große Ansammlungen von Menschen sind Gary unangenehm. Dies macht die Vorliebe für Baku deutlich genug. Aber Gary »pendelt« oft nach Moskau (die Fahrt kostet etwa 30 Rubel) wo sein Trainer, Alexander Nikitin, lebt.

Gary ist ein ausgezeichneter Lehrer. Er hielt in Graz einen Vortrag, in dem er Angehörigen der 3. Welt ihre Partien analysierte. Seine Darstellung der Trainingsmethode von Botwinnik war ausgezeichnet, und die praktischen Ratschläge erwiesen sich am nützlichsten. In der Tat verbesserte sich auch mein Spiel in den nächsten Monaten beachtlich, und alles, was ich getan hatte, war Dolmetscher zu sein.

Kasparow ist dabei, einen weiteren Rekord aufzustellen. Er hat (in Zusammenarbeit mit seinem Trainer Nikitin) ein Manuskript über das Scheveninger System in der Sizilianischen Partie vorbereitet, das bald erscheinen wird. Dies muß ihn zu einem der jüngsten Schachautoren überhaupt werden lassen! Er schreibt auch regelmäßig für eine neue Schachzeitung in Baku, und seine Partienkommentare erscheinen überall in der Welt. Sein literarischer Stil steht in starkem Kontrast zu Fischer, und sein Niveau der Allgemeinbildung ist wesentlich höher. Als Leseratte ist Garys Koffer niemals ohne Lesestoff von hohem Niveau. Sein ständig sich verbesserndes Englisch (hoffentlich kostet es mich nie meinen Job) hat seine Kommunikationsmöglichkeiten beträchtlich erweitert.

15

Interpolis-Turnier, Tilburg 1981

Enttäuschung charakterisiert Garys Spiel in seinem zweiten »Super-Großmeister«-Turnier, dem Kategorie-15-Turnier in Tilburg (Holland) vom 1.–16. Oktober 1981, das unter der Schirmherrschaft von Interpolis stand.
Mehrere Male gelang es ihm nicht, das Beste aus guten Stellungen herauszuholen. Er war Opfer des extremen Erfindungsreichtums, der die Spitzen-Großmeister auszeichnet.

Tilburg, 1.–16.10.1981

			1	2	3	4	5	6	7	8	9	0	1	2	
1	A. Beljawski	2615	★	½	0	1	½	½	½	½	1	1	1	1	7½
2	T. Petrossian	2585	½	★	½	½	½	½	1	½	½	1	½	1	7
3	L. Portisch	2620	1	½	★	½	1	0	½	½	1	0	1	½	6½
4	J. Timman	2630	0	½	½	★	½	½	1	1	1	0	½	1	6½
5	L. Ljubojević	2590	½	½	0	½	★	½	½	½	1	½	1	½	6
6	U. Andersson	2600	½	½	1	½	½	★	0	½	0	½	½	1	5½
7	G. Kasparow	2630	½	0	½	0	½	1	★	0	½	1	1	½	5½
8	B. Spasski	2630	½	½	½	0	½	½	1	★	½	½	½	½	5½
9	B. Larsen	2610	0	½	0	0	0	1	½	½	★	1	0	1	4½
10	G. Sosonko	2585	0	0	1	1	½	½	0	½	0	★	½	½	4½
11	R. Hübner	2640	0	½	0	½	0	½	0	½	1	½	★	½	4
12	A. Miles	2565	0	0	½	0	½	0	½	½	0	½	½	★	3

In der 2. Runde wurde Gary bei guten Gewinnchancen von Portisch clever überlistet. In Runde 5 ließ Gary, in Zeitnot, durch einige Ungenauigkeiten und einen Fehler und danach durch Auslassen einer Reihe von Gelegenheiten zu, daß Spasski aus einer verlorenen eine gewonnene Stellung machen konnte. Eine furchterregende Initiative Garys führte dazu, daß Petrossians König in Runde 7 über das Brett getrieben wurde; aber wie in Moskau 1981 kam der listige Armenier nicht nur auf überraschende Weise davon, sondern er gewann sogar. Und schließlich in der 10. Runde gegen Larsen fand sich Gary sowohl im Endspiel mit 2 Türmen als auch mit 1 Turm nicht zurecht.
Zu Garys Gunsten kann gesagt werden, daß er selbst sein schärfster Kritiker war und die Entschlossenheit hatte, seine Fehlerserie zu beenden. Wenigstens gegen Ulf Andersson gewann er auf exzellente Weise. Tatsächlich wählten die Fachleute diese Partie für den Schachinformator 32, der die Partien von Juli – Dezember 1981 enthält, zur besten dieses Zeitraums. (Und auf ihrer Liste standen als Nr. 6 Kasparow – Jussupow und als Nr. 9 Kasparow – Gawrikow, beide im nächsten Kapitel enthalten.)
». . . Welche Partie . . . ist die beste Ihres Lebens?« – »Vielleicht die Partie, die ich gegen Andersson gewonnen habe . . . diese Partie habe ich sehr gerne.«

G. Kasparow – U. Andersson
Damenindisch (E 12)

1. d4	Sf6
2. c4	e6
3. Sf3	b6
4. a3	Lb7
5. Sc3	Se4?

Eine scheinbar logische Antwort, aber der 7. Zug von Weiß wird diese Variante ein für allemal verschwinden lassen.

6. Sxe4	Lxe4
7. Sd2!	Lg6

Dies ist nicht der einzige Zug. 7.... Lb7 8. e4 ist gebräuchlicher, da angenommen wurde, daß 8.... Df6, mit Angriff auf d4, Ausgleich geben würde, aber Weiß hat nach 9. d5! Lc5 10. Sf3! Dg6 11. b4! eine wunderbare Partie. Geller schlägt vor 8.... d5!? 9. cd ed 10. e5 c5, um die Bauernkette zu unterminieren, aber es ist wenig wahrscheinlich, daß dies die Variante wieder zum Leben erweckt.

8. g3

Da Schwarz die lange Diagonale aufgegeben hat, liegt es für Weiß nahe, sie für sich zu übernehmen.

8. ...   Sc6?!

Geringeren, aber immer noch bedeutsamen Vorteil hat Weiß nach 8.... c6 9. Lg2 d5 10. 0–0 Le7 11. e4 0–0 12. b3±.

9. e3!

9. d5!? scheint etwas voreilig, aber durch die Verstärkung seines Zentrums vergrößert Weiß seinen Vorteil.

9. ...   a6
10. b4!

Auf das weltliche 10. Lg2 hätte Schwarz 10.... b5 11. cb ab antworten können. Weiß hätte ruhiger spielen können mit 10. b3, ein Zug, der ebenfalls seine Stärken hat, aber nach 10.... d5 11. Lb2 Le7 12. Tc1 Dd7 wäre die Sache nicht so klar wie nach der Partiefortsetzung.

10. ...   b5

Nun würde 10.... d5 mit 11. Lb2 Le7 12. Tc1 Dd7 13. Lg2 0–0 14. cd ed 15. Db3

beantwortet werden, mit einer sehr starken Stellung für Weiß.

11. cb   ab
12. Lb2

Nicht 12. Lxb5, das sich nach 12.... Sxb4 als Fehler erweist.

12. ...   Sa7

Im echten Andersson-Stil. Falls alles weiter ruhig verläuft, will er d7–d5 spielen und seinen Springer nach c4 manövrieren.

13. h4!

Aber Kasparow spielt nicht ruhig!

13. ...   h6?!

Ein Feld oder zwei Felder? In diesem Fall hätte der h-Bauer zwei Schritte tun sollen, aber Andersson haßt es, Schwächen zu schaffen.

14. d5!

Der Durchbruch auf d5 ist eine Spezialität Kasparows!

14. ...	ed
15. Lg2	c6
16. 0–0	

Diagramm 70

Schauen Sie nur, wie sich der Vorteil des Weißen vergrößert hat! Er hat eine Druckstellung, dank seines Entwicklungsvorsprungs und der Schwäche des Feldes g7. Kasparow hat genau den Stellungstyp erreicht, den er liebt – eine deutliche, starke Initiative mit Raum- und Entwicklungsvorteil. Petrossian hätte statt der Rochade 16. e4 gespielt, um den schwarzen f-Bauern nach f5 zu locken und für den Springer einen herrlichen Vorposten auf e5 zu schaffen. Jetzt wird der Unterschied zwischen den Zügen ... h6 und ... h5 sichtbar; stünde der Bauer auf h5, könnte Weiß den Angriff durch den Springer mit ... Lf7 beantworten.

16. ...   f6

Wenn der Bauer jetzt nach f5 gegangen wäre, hätte Weiß seinen Springer in das Spiel zurückbringen können mit 17. Sf3! De7 18. Se5! De6, und dann hätte ihm 19. a4! einen riesigen Vorteil sowohl auf beiden Flügeln als auch im Zentrum gegeben.

17. Te1!

Weiß zügelt geduldig seinen Wunsch, das Zentrum mit 17. e4 zu besetzen, nach dem Schwarz Verwicklungen schaffen könnte mit 17. ... de 18. Lxe4 Lf7!

17. ...	**Le7**
18. Dg4	**Kf7**
19. h5	**Lh7**
20. e4	**de**
21. Lxe4	**Lxe4**
22. Sxe4	

Die weißen Streitkräfte nehmen das schwache Feld g7 ins Visier.

22. ...   Sc8

Schwarz würde schnell verlieren nach sowohl 22. ... Tf8 23. Tad1 d5 24. Sxf6!! als auch nach 22. ... Te8 23. Dg6+ Kf8 24. g4!, dem Sg3–f5 folgen würde.

23. Tad1

Wie es bei Kasparow häufig der Fall ist, jeder wird in das Geschehen einbezogen. Diese Fähigkeit, die Reservetruppen geduldig zu mobilisieren, bevor es in den Schlußkampf geht, ist eines der »Geheimnisse« von Kasparows Erfolg. Nur sehr selten wird er dabei ertappt, daß er sich übernimmt. Man kann die Art und Weise nur bewundern, wie jeder einzelne Stein, mit Ausnahme des

Königs, am Angriff teilnimmt und es gleichzeitig für Schwarz keine Möglichkeit gibt, den Abtausch irgendeiner Figur zu erzwingen.

23. ...   Ta7

Diagramm 71

Schwarz hätte guten Gewissens aufgeben können, aber glücklicherweise beschloß er, uns statt dessen ein Feuerwerk erleben zu lassen!

24. Sxf6!!   gf

Auf 24. ... Lxf6 gewinnt einfach 25. Dg6+ Kf8 26. Lxf6 gf 27. Te6!

25. Dg6+	**Kf8**
26. Lc1!	**d5**
27. Td4	

Nun werden die Vorzüge von 23. Tad1 klar, der Turm reiht sich in den Kampf am Königsflügel ein.

27. ...	**Sd6**
28. Tg4	**Sf7**
29. Lxh6+!!	

Kasparow hatte dies schon längere Zeit in petto, die Kombination war sorgsam ausgearbeitet.

29. ...	**Ke8**
30. Lg7	
1:0	

»Ich will nie mehr mit Kasparow spielen!«, rief Andersson und stoppte die Uhr. Auf 30. ... Tg8 macht 31. h6 dem schwarzen Spiel ein Ende.

(Anmerkungen von Kasparow, Petrossian und Schiller)

16

Alter:
18 Jahre

Gold!

Über ein so spannungsreiches und kompromißloses Turnier wie die Finalliga der 49. UdSSR-Meisterschaft zu schreiben, ist überhaupt nicht leicht. Man muß sagen, daß die UdSSR-Meisterschaft immer wieder reichliches Material für Studium und Analyse liefert. Es ist der Ort, wo neue Wege erforscht werden, Neuerungen getestet werden und der Schachliebhaber jede Art von schachlicher Erkenntnis gewinnen kann.

Nach meiner Meinung übertrifft in dieser Hinsicht die 49. Meisterschaft alle ihre Vorgänger. Ich denke, daß jedem der Teilnehmer mindestens eine Partie gelungen ist, die einen positiven Vergleich mit dem kreativen »output« früherer Meisterschaften erlaubt.

49. UdSSR-Meisterschaft (Final-Liga), Frunse, 26.11.–23.12.1981

			1	2	3	4	5	6	7	8	9	0	1	2	3	4	5	6	7	8	
1	**G. Kasparow**	**2630**	★	0	½	1	1	½	1	1	1	1	½	½	1	1	0	½	1	1	12½
2	**L. Psachis**	**2535**	1	★	1	½	1	½	1	½	0	½	1	½	½	1	1	½	1	1	12½
3	**O. Romanischin**	**2590**	½	0	★	½	½	1	1	0	½	½	½	1	½	½	0	1	1	1	10
4	**V. Gawrikow**	**2365**	0	½	½	★	½	½	½	1	½	1	0	½	½	1	1	½	½	½	9½
5	**V. Tukmakow**	**2480**	0	0	½	½	★	0	½	½	1	½	1	½	½	1	1	½	½	1	9½
6	**G. Agzamow**	**2435**	½	½	0	½	1	★	½	½	½	½	0	1	1	0	1	½	1	0	9
7	**A. Beljawski**	**2615**	0	0	0	½	½	½	★	½	1	½	0	½	1	1	1	1	½	½	9
8	**I. Dorfman**	**2505**	0	½	1	0	½	½	½	★	½	½	0	1	½	½	½	½	1	½	8½
9	**A. Jussupow**	**2585**	0	1	½	½	0	½	0	½	★	0	1	0	1	1	½	1	0	1	8½
10	**S. Dolmatow**	**2575**	0	½	½	0	½	½	½	½	1	★	½	½	½	0	½	1	½	½	8
11	**V. Kupreitschik**	**2580**	½	0	½	1	0	1	1	1	0	½	★	0	0	0	1	½	½	½	8
12	**E. Sweschnikow**	**2545**	½	½	0	½	½	0	½	0	1	½	1	★	0	1	½	½	½	½	8
13	**V. Tseschkowski**	**2575**	0	½	½	½	½	0	0	½	0	½	1	1	★	½	1	0	½	1	8
14	**L. Judassin**	**2345**	0	0	½	0	0	1	0	½	0	1	1	0	½	★	1	½	1	½	7½
15	**B. Gulko**	**2565**	1	0	1	0	0	0	0	½	½	½	0	½	0	0	★	1	1	½	6½
16	**G. Kusmin**	**2550**	½	½	0	½	½	½	0	½	0	0	½	½	1	½	0	★	0	1	6½
17	**G. Timoschtschenko**	**2505**	0	0	0	½	½	0	½	0	1	½	½	½	½	0	0	1	★	½	6
18	**A. Michalchtschischin**	**2545**	0	0	0	½	0	1	½	½	0	½	½	½	0	½	½	0	½	★	5½

Mein eigenes Vorwärtskommen in dem Turnier gestaltete sich schwierig. Ich startete in guter Form mit einem Erfolg in der 1. Runde durch einen Gewinn gegen Gawrikow:

G. Kasparow – V. Gawrikow
Tarrasch-Verteidigung im Damengambit (D 34)

Vom Internationalen Turnier in Bugojno, Mai 1982, lassen sich immer wieder

Bezüge zu Kasparows Partien in der Sowjetischen Meisterschaft von 1981 finden. Es gab auch ungeheuren Beifall für diese Partie. Der vielleicht erregendste Aspekt dieser Partie ist die Strategie des Weißen, die im Königsangriff besteht. In der Tarrasch-Verteidigung ist es üblicherweise der Isolani auf d5, um den das Denken des Weißen kreist. Direkte Aktionen gegen den feindlichen Monarchen sind weniger bekannt und erreichen auch im allgemeinen nicht ihr Ziel. Hier erleben wir Garys Heldentat auf beiden theoretischen Gebieten, einen brillanten Angriff und, am bedeutendsten, seine Fähigkeit, eine entscheidende Aktion durch subtiles Manövrieren aufzubauen. Die »Tour« des Läufers d5–f3–h5xg6 stellt einen der schönsten Pläne dar, der in der letzten Zeit hervorgebracht wurde.

1. d4   d5
2. c4   e6
3. Sf3

Diese Zugfolge gibt Weiß mehr Entscheidungsmöglichkeiten gegen das Tarrasch-System als 3. Sc3, das Schwarz zusätzlich zu dem »normalen« Abspielen auch noch die Möglichkeit zum Spielen mehrerer scharfer und unklarer Gambitvarianten anbietet. Der einzige Nachteil ist, daß Schwarz mit 3. . . . Sf6 ein Damengambit erreichen kann, ohne sich Sorgen um die Abtauschvariante machen zu müssen, da der g-Springer nicht mehr die Auswahl hat, sich in dieser Variante über e2 zu entwickeln. Dies ist hier nicht relevant, da Gary die Abtauschvariante nicht spielt und von Gawrikow gut bekannt ist, daß er die Tarrasch-Verteidigung spielt.

3. . . .   c5
4. cd   ed
5. g3   Sc6
6. Lg2   Sf6
7. 0–0   Le7

8. dc   Lxc5
9. Lg5

Gary zieht die Hauptvarianten den neueren Systemen wie 9. Sbd2 vor, nach welchem Schwarz angesichts von 9. . . . 0–0 10. Sb3 Lb6 11. Sbd4 Te8 gutes Spiel hat, trotz der Blockade des Isolani. Er ist auch nicht von Peturssons Vorschlag 9. a3, der auch von Romanischin angewendet wird, zu beeindrucken.

9. . . .   0–0
10. Sc3   d4

Der heutzutage populärste Zug, obwohl auch das alte 10. . . . Le6 11. Lxf6 Dxf6 12. Sxd5 Dxb2 13. Sc7 Tad8 14. Dc1! Dxc1 15. Taxc1 von Zeit zu Zeit zu sehen ist. Danach ist 15. . . . Le7 der natürlichste Zug mit guten Ausgleichschancen für Schwarz nach 16. Sxe6 fe 17. Tc4 Lf6 18. Tb1 Td6! wie in Ornstein – Schneider, Eskjö 1981, falls jetzt 19. Txb7 Sa5.

11. Lxf6   Dxf6
12. Sd5!

Timman hat als erster diesen Zug, der die zentralen weißen Felder sichert, eingeführt. Das ältere 12. Se4 bietet Schwarz weniger Probleme.

12. . . .   Dd8

Der Rückzug ist am sichersten; 12. . . . Dd6 blockiert die Diagonale a3–f8, die evtl. vom Läufer gebraucht wird.

13. Sd2!

Die weißen Felder werden nun von einer eindrucksvollen Armee von zwei Springern und einem Läufer kontrolliert, und die Felder b3 und c4 können durch den Sd2 besetzt werden.

13. . . .   a6?

Es ist verlockend, dies einfach als einen Fehler anzusehen, selbst wenn es bis zu dieser Partie als spielbar galt. Gawrikow schätzt es, wie die meisten Anhänger des Tarrasch-Systems, über alle theoretischen Neuerungen informiert zu sein. Der neueste Trend im Tarrasch-System beinhaltet . . . Lg4, das den e-Bauern fesselt und Weiß verlockt, seinen Königsflügel durch Bauernzüge zu lockern, wonach der Angriffscharakter der Tarrasch-Verteidigung voll zur Geltung käme. 13.... Te8 ist ein anderer Weg, auf den e-Bauern Druck auszuüben.

13.... Lg4, 13.... Te8 und der neue Versuch 13.... Lh3!? verdienen mehr Beachtung. Zur Zeit scheint die gesündeste Spielweise 13.... Lg4 14. Sf4 Te8 15. Sf3 Dd6!= zu sein, Leski – Cvitan, Groningen 1980/81.

Andere Züge des Weißen scheitern an der Drohung 14.... d3!

14. Tc1   La7
15. Sc4!
Früher wanderte diese Figur auf das weniger effektive Feld e4, wo sie nur im Wege stand. Diese Neuerung war gut vorbereitet.

15. ...   Tb8?
Eine solche Zurückhaltung ist in dieser Eröffnung ein nicht erlaubter Luxus. Schwarz würde nach 15.... Lh3 16. Lxh3 Dxd5 17. Lg2 De6 nur minimal schlechter stehen; 15.... Le6 kommt ebenfalls in Betracht.

16. Sf4!   b5?
Kein guter Tag. Nach zwei strategisch verfehlten Zügen unterläuft Gawrikow eine taktische Fehlkalkulation. Vielleicht läßt 16.... Lf5 und auf 17. Dd2 (mit der Absicht, auf c6 zu schlagen und Sa5 zu spielen) 17.... Tc8!? Schwarz einige Chancen.

17. Sd6!   Dxd6?!
Etwas besser wäre 17.... Se5 gewesen.

18. Txc6   Dd8
Nach 18.... De5 hat Weiß mit 19. Sd3 Df5 20. Td6! gutes Spiel.

19. Dc2   Te8?!
»Ein Charakteristikum eines großen Spielers ist die Fähigkeit, den Gegner zu schlechtem Spiel zu verleiten.« Nach 19. ... Lb7 20. Tc7 Lxg2 21. Kxg2 Sb6

22. Tc6 peilt Weiß, der objektiv besser steht, die langsame und schmerzensreiche Vernichtung im Endspiel an.

20. Tc1   a5
Mit der Absicht, den Läufer nach d7 zu entwickeln.

21. Ld5!

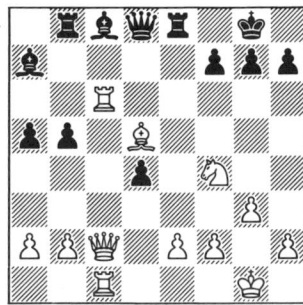

Diagramm 72

Der Beginn einer phantastischen Odyssee, in der sich Weiß rücksichtslos der weißen Felder bedient.

21. ...   Lb6
Hoffnungslos verloren ist Schwarz nach 21.... Lb7 22. Lxf7+! Kxf7 23. Tc7+ Te7 (auf 23.... Kg8 gewinnt 24. Db3+ Kh8 25. Df7) 24. Db3+ Kf8 (es gibt keine Sicherheit an der Frontlinie: 24.... Kf6 25. Tfc6+! Lxc6 26. Txc6+ Kg5 27. h4+ usw.) 25. Se6+ Txe6 26. Dxe6 Df6 27. Dxf6 gf 28. Txh7 mit leichtem Gewinn.

Auch 21.... Ld7 gibt Schwarz keine lange Lebenschance: 22. Tc7! Tc8 (22.... Lb6 23. Lxf7+! Kxf7 24. Df5+ ist selbstmörderisch) 23. Txc8 Lxc8 (mit einem heute gebräuchlichen Opfer wird Schwarz zur Strecke gebracht nach 23.... Dxc8 24. Lxf7+ Kxf7 25. Db3+ Le6 26. Txc8 Lxb3 27. Txe8 Kxe8 28. ab) 24. Dc7, und Weiß gewinnt.

22. Db3
Kein einziges weißes Feld wird vernachlässigt! Das Opfer 22. Lxf7+ wäre

ebenfalls gegangen: 22.... Kxf7 23. Dxh7 d3! 24. Sxd3! Dieses »prosaische« Opfer hätte aber auf jeden Fall die Möglichkeit zu der poetischen Partiefortsetzung verhindert.

22. ... Te7
23. Lf3!

Richten Sie Ihr Augenmerk auf diese Figur!

23. ... Te5?!

Vom »Rückzug« des Läufers getäuscht, »besetzt« der schwarze Turm das Zentrum. Besser war 23.... Lb7 24. Sd5! L̇xc6 25. Sxe7+ Dxe7 26. Txc6, obwohl der weiße Vorteil riesig bleiben würde.

24. Lh5!!

Vielleicht von religiösem Eifer ergriffen, beginnt der Läufer eine Kamikazeaktion. Die Antwort des Schwarzen ist erzwungen.

24. ... g6

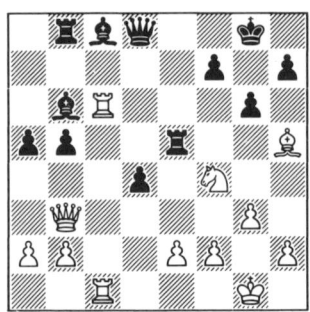

Diagramm 73

25. Lxg6!

Die Pointe. Es ist nicht der Zug selbst, der unsere Bewunderung verdient, sondern der unglaubliche Bauplan, die epische Reise dieses Läufers, der noch vor 5 Zügen auf g2 stand!

25. ... hg
26. Txg6+ Kf8
27. Th6! Ke7

Sollte der König den frechen Turm angreifen – 27.... Kg7? –, dann würde sich

der furchtlose Angreifer selbst opfern, um den ganzen Punkt nach Hause zu holen: 28. Th7+!!. Sollte Schwarz versuchen, seinen eigenen Turm zur Rettung herbeizubringen mit 27.... Tg5, dann setzt Weiß sein zweites Geschütz ein: 28. Tcc6!, und auf 28.... Tb7! (28.... Kg7 erlaubt wieder 29. Th7+!, mit Matt nach 29.... Kxh7 30. Dxf7+ Tg7 31.Th6+!! Kxh6 32. Dh5 matt) folgt 29. Df3! Kg8 30. Sh5! Lf5 31. Sf6+ Kg7 32. Th5! mit Gewinn.

Schließlich, 27.... Dd7 wird mit 28. Tcc6! Lc7 29. Sg6+! beantwortet.

28. Tcc6! Tf5

Der Punkt f7 muß geschützt werden. Falls 28.... Ld7, so gewinnt 29. Sg6+!: 29.... fg 30. Th7+ und 31. Df7 matt, während 29.... Ke8 30. Th8 matt gestattet.

29. Df3!

Nicht zwingend ist jetzt 29. Sg6+, da Schwarz spielen kann: 29.... fg 30. Th7+ Kf8 31. Th8+ Kg7 32. Txd8 Lxd8, und Weiß hat ein bißchen zu viel Material hergegeben.

29. ... Lc7

Der schwarze Turm ist auf der 5. Reihe überlastet. Falls die e-Linie durch 29.... Te5 geschlossen wird, dann ist 30. Sg6+ erfolgreich: 30.... fg 31. Df6+ (oder auch 31. Sxe5) usw.

30. De4+ Te5

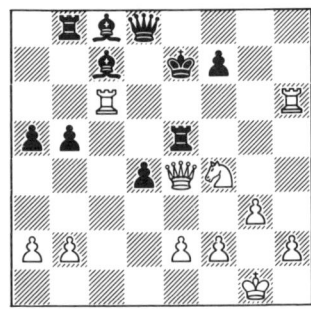

Diagramm 74

Falls sich der Läufer auf e5 dazwischenstellt, dann ist 31. Sd3 entscheidend.

31. Sg6+!!   **fg**
32. Th7+   **Kf8**
33. Dxg6
1:0

Schwarz kann trotz des Mehrbesitzes von 2 Läufern das Matt nicht verhindern. (Anmerkungen von Eric Schiller in Anlehnung an Kasparows Kommentare.)

Diagramm 75

Kasparow – Jussupow
Weiß am Zuge

In der Partie gegen Jussupow folgte der Zug **31. Se4!!,** der als einer der schönsten des Turniers angesehen wurde. Die Partie endete: **31. ... fe 32. f5 Tg5 33. Txg5 hg 34. f6 Kh6 35. fe Dxe7 36. Lf7 d6 37. Tf1 g4 38. Lxe6 Dxe6 39. Dh4+**
1:0 (durch Zeitüberschreitung)

Nach der 9. Runde gab es eine komplizierte Situation wegen der Frage, wer im Turnier führt. Technisch gebührte die Ehre Romanischin und Kupreitschik, aber Psachis und ich waren die deutlichen potentiellen Führer, da jeder von uns 4 aus 5 hatte bei noch 4 Hängepartien.

Das Spielen mehrerer Hängepartien an einem Abend schafft wohlbekannte Probleme. Zuerst besteht vor allem weniger Zeit für die Hausanalyse, da die Aufmerksamkeit auf die zu spielenden Stellungen aufgeteilt werden muß und die Gedanken zwischen ihnen hin und her wandern. Zweitens werden einem zwischen den Partien nur 15 Minuten zugestanden, und es ist psychologisch schwierig, die eine Partie hinter sich zu lassen und sich für den Kampf in der nächsten zu rüsten (diese Bedingungen scheinen allein nur in der Sowjetunion zu existieren – ich kenne keine anderen nationalen Meisterschaften, in denen solche Schwierigkeiten auftreten – engl. Übers.). Natürlich ist es einfacher, wenn die Partien »normal« sind.

Dolmatow machte mir das Leben etwas leichter, indem er ohne Wiederaufnahme aufgab, aber die drei anderen Hängepartien mit Beljawski, Kusmin und Kupreitschik blieben. Jede von ihnen stellte mir spezifische Schwierigkeiten in der Analyse. In jeder Partie war es der Gegner, der den Abgabezug machte. Es ist selbstverständlich möglich, bei der Abgabe einen Fehler zu machen, aber mein Trainer Nikitin und ich beachteten natürlich alle Möglichkeiten.

Zu Beginn der Wiederaufnahme bestanden, ungeachtet der schlaflosen Nacht, noch ungelöste Fragen. Aber eine Sache war gewiß: Jeder meiner Gegner hatte eine sehr starke Fortsetzung zur Verfügung, die im höchsten Maße den Weg zum gewünschten Ziel, einem Gewinn gegen Beljawski und Remis in beiden anderen Partien, erschweren würde.

Die erste der Hängepartien, die weitergespielt werden mußte, war die »angenehmste« für mich, die gegen Beljawski. Sie wurde in folgender Stellung abgebrochen:

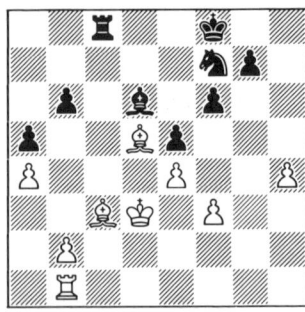

Diagramm 76

Kasparow – Beljawski
Schwarz am Zuge (Abgabezug)

Die beiden Läufer, und besonders der Läufer d5, der kein Gegenüber in seiner Farbe hat, geben Weiß einige Gewinnchancen. Schwarz muß Sorge tragen, daß das drohende b2–b4, das seinen Damenflügel entscheidend aufreißen würde, verhindert wird. Beljawski verbrauchte 40 Minuten, um seinen Zug abzugeben. Was mag er gewählt haben? Der erste von uns analysierte Zug war 43. ... Lb4, der im Kern den weißen Plan verhindert. Nun würde das direkte 44. Lxb4 ab 45. Kd2 Sd6 46. Tc1 Schwarz einige Hoffnung auf Rettung lassen nach 46. ... Tc5! 47. Txc5 bc 48. Kd3 Ke7 49. a5 Kd7 50. a6 c4+! 51. Kc2! (51. Lxc4 Kc6) 51. ... Sc8 52. Lxc4 Kc6 53. Kb3 Kc5. Die richtige Methode für Weiß ist 45. Tg1! Sd6 46. Tg2! mit dem Versuch, die Türme auf c2 abzutauschen. Falls jetzt 46. ... Tc5 47. h5!, Schwarz ist in Zugzwang und gezwungen, seine ideale Aufstellung zu zerstören: 47. ... Sf7 48. Tc2 Txc2 49. Kxc2 Sg5 50. Kb3 Sxf3 51. Kxb4 oder 47. ... Ta5 48. Tc2! Txa4 49. Tc6 Se8 50. Txb6. In jeder Variante besteht kein Zweifel über den Ausgang der Partie.
Das verzweifelte Bauernopfer 45. ...

g5!? 46. Lxf7 Kxf7 47. hg hilft auch nicht. Die Schwäche der Bauern erweist sich im Turmendspiel als verhängnisvoll: 47. ... b3 48. gf Kxf6 (48. ... Tc2 49. f4! Kxf6 50. f5 Txb2 51. Tg6+ Kf7 52. Txb6 Ta2 53. Tb4! b2 54. Kc2) 49. Tg2! Tc1 50. Tg8 Tc2 51. Tb8 Txb2 52. Txb6+ Kg5 53. Kc4 Tc2+ 54. Kxb3 Tf2 55. a5 Txf3+ 56. Ka4 Te3 57. Tb4 mit Gewinn.

Schwarz kann nichts erreichen mit passiven Abwartezügen. Er kann keine »Festung« konstruieren mit 44. b4 Txc3+ 45. Kxc3 Lxb4+ 46. Kd3 Sd6, da Weiß über die g-Linie eindringt, indem er den h-Bauern als Rammbock benutzt. »Gut, das ist es, alles ist klar in dieser Stellung«, beschlossen wir. Aber plötzlich drängte ein störender Gedanke in mein Bewußtsein. »Aber was ist, wenn Schwarz aktiv spielt, z. B. mit 43. ... g5?« Im ersten Moment scheint dies ein absurder Zug zu sein, da er Weiß ein neues Angriffsziel liefert, aber sein hauptsächlicher Verdienst ist es, daß er den schwarzen Springer beweglich macht. Gut, wie soll Weiß auf 43. ... g5 reagieren? Es ist verlockend, einen Freibauern mit 44. h5 zu bilden, aber was soll man dann nach 44. ... Lb4 tun? Längere Zeit schien es uns, daß uns 44. Th1 zum Ziel bringen würde, aber es zeigte sich, daß Schwarz eine Ressource hat: 44. ... gh (wesentlich schlechter ist 44. ... Tc7 wegen 45. Lxf7 Txf7 46. Kc4 Th7 47. h5) 45. Txh4 Kg7! (auch hier würde das leichtsinnige 45. ... Tc7 dem Weißen erlauben, seinen König über 46. Lxf7 Txf7 47. Kc4 zu aktivieren) 46. f4 (nach 46. Tg4+ Sg5! 47. f4 Txc3+ 48. bc ef hätte Schwarz eine uneinnehmbare Verteidigung) 46. ... ef (hier bringt das Qualitätsopfer nichts ein, denn nach 46. ... Txc3+ 47. bc ef 48. Lxf7! Kxf7 49. Th5! Ke6 50. Tf5 mit der Absicht Kc4–b5 gelingt es Weiß, die schwarzen

Barrikaden niederzureißen) 47. Tg4+ Kf8 48. Lxf6 Tc7!
Unerschütterlich suchten wir in dieser Stellung nach einem Gewinn und, obwohl es in der Variante 49. Lxf7 Kxf7 (49.... Txf7? 50. e5) 50. Ld4 etwas Hoffnung gab, wurde es uns klar, daß andere Maßstäbe nötig waren. Das energische 44. b4!? wurde ebenfalls untersucht, aber selbst hier gelingt es Schwarz, zu Gegenspiel zu kommen nach 44.... ab 45. Lxb4 gh 46. Lxd6+ Sxd6 47. Txb6 Ke7.
Als Ergebnis kamen wir zu der Schlußfolgerung, daß es einfach keinen zwingenden Gewinn in der Stellung gab, wenn Beljawski den besten Zug abgegeben hatte. Wir richteten unsere Aufmerksamkeit auf die aussichtsreichste Fortsetzung, die wir fanden, das paradoxe 44. Lxf7! Weiß trennt sich mit Vergnügen vom Stolz und Entzücken seiner Stellung – dem Läufer d5, aber läßt Schwarz mit irreparablen Bauernschwächen zurück: 44.... Kxf7 45. hg fg.
Ungeachtet des geringen Materials kann Weiß auf den Erfolg zählen: 46. Tg1 Kg6 47. Ld2 Le7 48. Le3 Tc6 49. Tc1!
Nun ist das Läuferendspiel für Schwarz verloren: 49.... Txc1 50. Lxc1 Lc5 51. Kc4 Kh5 52. Ld2! (beabsichtigt Lxa5) 52.... Ld4 53. b3 Kh4 54. Kd5. Das Turmendspiel ist jedoch nicht so klar: 49.... Lc5! 50. Lxc5 bc 51. Tc3! (viel stärker als 51. Kc4 Tb6 52. Tc2 Tb4+ 53. Kxc5 Txa4 54. Kb5 Ta2) 51.... Tb6 52. b3, und Weiß sollte wahrscheinlich gewinnen – aber nur wahrscheinlich! Auf dem Brett sind zu wenig Figuren geblieben.
Es ist leicht zu verstehen, warum ich so nervös war, als ich den Turnierleiter mit dem Abbruchkuvert in seinen Händen wahrnahm. Konnte es sein, daß Beljawski seine einzige Chance versäumt hatte, obwohl er für 40 Minuten nachgedacht hatte? Genau in diesem Moment

kam der Turnierleiter ans Brett und führte den Abgabezug aus:

43. ...   Sh8

In unserer Analyse hatten wir lediglich untersucht, daß nach 43.... Sh8 44. h5 der Durchbruch b2–b4 nicht zu verhindern war. Die Konzentration war auf 43.... Lb4 und 43.... g5 gerichtet.

44. h5   Sf7

Nun kann der Springer über das Feld g5 wieder ins Spiel kommen, aber der Verlust zweier Tempi wird nicht ungestraft bleiben.

45. b4

Eröffnet am Damenflügel eine Front. Es ist ganz offensichtlich, daß Weiß eine Gewinnstellung hat, aber Genauigkeit ist erforderlich.

45. ...   ab
46. Lxb4   Td8

Um seinen Kopf etwas über Wasser halten zu können, muß Schwarz dem weißen König den entscheidenden Eintritt in sein Lager einräumen.

47. Lxd6?!

Weiß macht es sich schwer. Den einfachsten Gewinn bot das unmittelbare 47. Kc4, z. B.: 47.... Sg5 48. Kb5 Sxf3 49. Kxb6 Tb8+ 50. Lb7 oder 47.... Lxb4 48. Txb4 Sd6+ 49. Kb3 Sc8 50. Le6 usw. Im Augenblick muß Weiß auf dem Weg zum Sieg einige »Unterwasserklippen« überwinden.

47. ...   Txd6
48. Kc4   Sg5
49. Tb3!

Am Brett konnte ich fast nicht der Versuchung widerstehen, unmittelbar gegen den b-Bauern vorzugehen mit 49. Kb5? Sxf3 50. Ka6 Ke7 51. Txb6 f5! 52. Txd6 Kxd6 53. Kb6 fe 54. a5 (54. Lxe4 Sd2), da dies einfach zu gewinnen scheint. Aber die Situation täuscht, nach 54.... Kxd5!! 55. a6 e3 56. a7 e2 57. a8D+ Kd4 muß Weiß nach einem ewigen Schach Ausschau halten!

Glücklicherweise erkannte ich die Gefahr und schützte den Bauern auf f3; das Schlagen des Bauern b6 verschob ich auf einen günstigeren Zeitpunkt.

49. ...   Ke7

49. ... Sh3 trifft ins Leere, da es nach 50. Kb5 Sf4 51. Lc4! keine Verteidigung gegen die Drohung Ka6 gibt.

50. Kb5   f5!
51. Ka6   f4

Es scheint, daß Schwarz wirklich Gegenspiel hat und die weißen Anstrengungen wenig Erfolg haben, da sich der Verlust des Bauern f3 unangenehm auswirken wird, befindet sich doch der schwarze f-Bauer nicht sehr weit entfernt von seinem Umwandlungsfeld. Aber Weiß erlaubt es sogar diesem Bauern, den Höhepunkt seiner Karriere zu erreichen! Er kalkuliert sehr sorgfältig, da die neuen Steine auf dem Brett eine Situation schaffen werden, in der er durch eine Serie forcierter Abwicklungen seinen Vorteil nach Hause bringen wird.

52. Kb7!

Macht dem a-Bauern den Weg frei.

52. ...   Th6
53. Txb6   Txb6+
54. Kxb6   Sxf3
55. a5   Sd2

Dies ist ein Beispiel für die Überlegenheit des Läufers gegenüber dem Springer bei Freibauern auf entgegengesetzten Flügeln. Der Springer muß eine ungünstige Position einnehmen, da sonst der Läufer den Freibauern aufhalten könnte: 55. ... Sd4 56. a6 f3 57. a7 f2 58. Lc4

56. a6   f3
57. a7   f2
58. a8D   f1D

(Diagramm 77)

Die Situation auf dem Brett hat sich radikal verändert. Man könnte meinen, daß das reduzierte Material der schwarzen

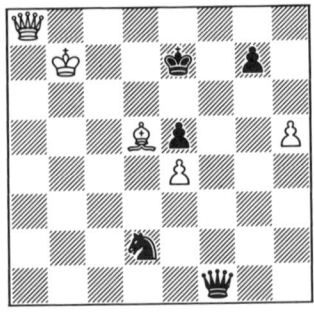

Diagramm 77

Dame gute Chancen gibt, das Remis zu erzwingen. Dem Schwarzen gelingt es aber bis zum unmittelbaren Ende nicht, zum Zuge zu kommen; tatsächlich bringt er es nur zu einem einzigen Schach.

Unter Ausnutzung der beträchtlichen Unterschiede in der Stellung der Leichtfiguren und der Tatsache, daß er am Zuge ist (!), stellt Weiß unparierbare Drohungen gegen den schwarzen König auf.

59. Kc7!

Dieser stille Zug ist die Einleitung zum Mattangriff. Nach dem übereilten 59. Da3+? Kf6 60. Dd6+ Kg5 61. Dxe5+ Kh4 könnte der schwarze König entschlüpfen.

59. ...   Dc1+

Die einzige Verteidigung gegen das unmittelbar drohende Matt. Falls 59. ... Df8, so 60. Da3+ Ke8 61. Da4+ Ke7 62. Dd7+ Kf6 63. Df5+ Ke7 64. De6 matt!

60. Lc6   Sxe4

Keine Rettung bringt 60. ... Dc3 wegen 61. De8+ Kf6 62. Dg6+ Ke7 63. Dxg7+ Ke6 64. Kd8!, dies erzwingt 64. ... Da5+ 65. Ke8 Kd6 66. Df6+ Kc5 (66. ... Kc7 67. Dd8+) 67. Dxe5+ Kb6 68. Dxa5+ Kxa5 69. h6, und jetzt geht noch ein weißer Bauer zur Dame.

Nach einer Bedenkzeit von nahezu einer halben Stunde (die Spieler befinden sich jetzt in der 3. Zeitkontrolle – engl.

Übers.) beschloß Beljawski, mit einem Figurenopfer im Trüben zu fischen; aber es erweist sich als ungenügend.

61. De8+   Kf6
62. Dg6+   Ke7
63. Dxg7+

Da der schwarze Springer nicht wegziehen kann, nutzt Weiß die Gelegenheit und schnappt sich noch einen Bauern mit Schach.

63. ...   Ke6
64. Dg4+   Kf7
65. Dg6+

Eine kleine Chance noch hätte Schwarz nach 65. Dxe4 Dg5!. In Verbindung damit möchte ich hinzufügen, daß jetzt auch 65. ... Ke7 66. Dxe4 Dg5 67. Dg6! für Schwarz völlig hoffnungslos wäre.

65. ...   Kf8
66. h6!

Dem schwarzen Springer ist es nicht gelungen, Weiß vom hilflosen schwarzen König abzulenken! Gegen die beiden Mattdrohungen (Dg7 und De8) gibt es nur eine Verteidigung – 67. ... Ke7, aber dann wird nach 68. h7 noch eine weiße Dame auftauchen; Schwarz gab daher auf.

1:0

Unerwarteterweise war es mir gelungen, Kupreitschiks Rekordergebnis – 5 Siege hintereinander! – zu wiederholen. Ich führe dieses Resultat, genauso wie das Resultat des gesamten Turniers, darauf zurück, daß es mir gelang, Zeitnot zu vermeiden. Dies ist wirklich ein gefährlicher Feind, und er hatte mich das ganze Jahr über geplagt.

Also, 6 aus 7, das ist ein ausgezeichneter Start, aber Psachis war mir die ganze Zeit im Nacken, immer bereit zum Wettlauf bis ins Ziel. Die 15minütige Pause zerrann, und dann war ich mit meiner Hängepartie gegen Kusmin beschäftigt. Wie erhofft, remisierte ich mit ihm – und dann mit Kupreitschik. In Runde 10 und 11 verlor ich gegen Gulko und remisierte mit Agzamow, so daß ich einen halben Punkt hinter die Norm zurückfiel, die von Romanischin gesetzt wurde. Psachis eilte bereits voraus mit 1 Punkt vor dem Feld, bereit, den Anspruch auf seine zweite Goldmedaille anzumelden. Dann erholte ich mich und erzielte 3 Gewinne hintereinander – ich lag wieder im Wettbewerb.

In der 13. und 14. Runde ließ ich mich auf eine heiße theoretische Diskussion über das Botwinnik-System der slawischen Verteidigung ein. In beiden Partien kamen meine Gegner, die Großmeister Timoschtschenko und Dorfman, nicht mit leeren Händen ans Brett, sondern mit vorbereiteten Verbesserungen in einer langen, forcierten Variante, bei der besonders Dorfman den Anspruch auf eine beträchtliche Portion Erfahrung erheben konnte. Trotzdem können die Neuerung und das Ergebnis der Partie nicht voneinander getrennt werden. Aber bevor wir uns diesen Partien zuwenden, möchte ich einmal kurz abschweifen.

Die klassische Schachauffassung weist dem Spieler der schwarzen Steine die Rolle des Verteidigers zu mit einer klar definierten Aufgabe, der Erzielung des Ausgleichs. Neuerer im Schach haben sich jedoch dieser engen Sichtweise des Eröffnungsproblems nicht unterworfen. So gibt es jetzt Eröffnungen, in denen Schwarz die Rolle übernimmt, die üblicherweise Weiß zusteht, das Recht, Vorteil zu erlangen. Indem er eine solche kompromißlose Haltung bereits in den frühen Stadien der Partie einnimmt, stellt sich Schwarz selbst das Problem, wie er die Initiative ergreifen kann.

Einer derjenigen, die die ersten Schritte in diese Richtung unternahmen, war Botwinnik, der frühere Weltmeister. Er wandte sich oft Eröffnungsvarianten zu, die von der Theorie mißbilligt wurden, verließ sich auf eine tiefgründige Analyse und ein genaues Verständnis der gegebenen Stellungen. Eine Anzahl brillanter Erfolge konnten der Anwendung solcher »ungünstiger« Systeme zugeschrieben werden. Und eines dieser Systeme trägt eben bis heute den Namen seines Erforschers (Botwinnik). Selbst in unserem Zeitalter der Varianten mit scharfen Gegenangriffen verspricht das Botwinnik-System ungebräuchliche und unerforschte Stellungen.

Längere Zeit wurde dieses System von Weiß vermieden, aus Furcht vor den möglichen Gefahren, die vor ihm liegen würden. Es hatte eine schwarze Markierung auf der theoretischen Landkarte. In letzter Zeit jedoch ist die Theorie ein ziemliches Stück vorangekommen, und Weiß zögert nicht mehr, sogleich auf die Widerlegung des Systems hinzusteuern.

Kasparow – Timoschtschenko
Abgelehntes Damengambit (D 44)

1.	d4	d5
2.	c4	c6
3.	Sf3	Sf6
4.	Sc3	e6
5.	Lg5	dc

(Mit diesem Zug beginnt der Plan, der von Botwinnik ausführlich ausgearbeitet wurde.)

6.	e4	b5
7.	e5	h6
8.	Lh4	g5
9.	Sxg5	hg
10.	Lxg5	Sbd7

(Diagramm 78)
Die Anfangsstellung der Eröffnung. Das materielle Gleichgewicht ist aufgrund der Fesselung zu erwarten. Weiß kann nun auf Vorteil spielen mit entweder

Diagramm 78

11. g3 oder 11. ef. Längere Zeit wurde das erstere als stärker angesehen, obwohl es Schwarz mehr Wahlmöglichkeiten einräumt. Die Partie Polugajewski – Torre aus dem Internationalen Turnier von Moskau stellte die Einschätzung in Frage. Seit dieser Partie werden beide Züge in ihren Aussichten als gleich beurteilt, da Schwarz die gleiche Stellung über beide Zugfolgen erreichen kann.

11.	ef	Lb7
12.	g3	c5
13.	d5	Db6

Der Zug 13.... Sb6 ist im Prinzip aus der Praxis verschwunden seit der oben erwähnten Partie, in der fortgesetzt wurde: 14. de! Dxd1+ 15. Txd1 Lxh1 16. e7 a6 17. h4! Lh6 18. f4, und die weiße Bauernarmee erweist sich als stärker als der Turm.

14.	Lg2	0–0–0
15.	0–0	b4
16.	Sa4	

Wohin soll die Dame nun gehen? In der Partie Rasuwajew – Waiser antwortete Schwarz unglücklicherweise 16.... Da6? und war nach 17. a3! b3 18. Sc3 Sb6 19. Dg4 Sxd5 20. Sxd5 Lxd5 21. Lxd5 Txd5 22. Tfd1! mit unlösbaren Problemen konfrontiert. Aber nur einige Tage später, im gleichen Turnier (Mannschaftsmeisterschaft der UdSSR), fand Timosch-

tschenko den richtigen Weg, 16....
Db5!. Seinem Gegner, Zaitschik, gelang
es nicht, in dieser unbekannten Situation
richtig fortzusetzen, und er geriet
schnell in eine schlechte Stellung. Der
Dialog wurde mit frischer Stärke in der
1. Liga (Oktober 1981) erneuert. Dorfman,
mit Schwarz gegen Haritonow, spielte
vertrauensvoll seine ersten 16 Züge, war
aber nach der Antwort des Weißen gezwungen, für einige Zeit nachzudenken.

16. ... Db5!
17. a3!

Jetzt ist diese Antwort für Schwarz ziemlich ungemütlich. Durch die Öffnung des
Damenflügels bringt Weiß die unglückliche Stellung des schwarzen Königs ans
Licht. Konfrontiert mit dieser Neuerung,
reagierte Dorfman nicht auf die beste
Weise. Er spielte 17.... ed und entging
nach 18. ab cb 19. Le3! dem Unglück nur
durch das ungenaue Spiel seines Gegners. Nun war Schwarz mit einem neuen
Zug an der Reihe. Sweschnikow und
Timoschtschenko zusammen fanden
den Zug.

17. ... Sb8

Dieser Zug gab sein Debüt einige
Runden später in der Partie Anikajew –
Sweschnikow. Aber zu dieser Zeit war
die Neuerung nicht so erfolgreich, denn
Anikajew fand die besten Züge am
Brett, die Züge, die auch von den Analy-
tikern als die besten angesehen wer-
den.

18. ab ab
19. Le3! Lxe5
20. Lxd5 Txd5
21. De2 Sc6
22. Tfc1

(Diagramm 79)

Dies ist die kritische Situation für die
Bewertung des Zuges 17.... Sb8. In der
Stammpartie spielte Sweschnikow unglücklicherweise 22.... Kb7, und Anikajew nutzte den Fehler des Gegners aus

Diagramm 79

– 23. Txc4 Sa5 24. b3! mit klarem Vorteil,
da 24.... Sxb3 schlecht für Schwarz ist
wegen 25. Sc3! bc 26. Txa7+ Kb8
27. Txf7 mit unparierbarem Angriff.

Aber auch ein solcher Fehlschlag ent-
mutigte die »Sucher der Geheimnisse«
dieser Variante nicht. Die interessantesten Entdeckungen standen noch bevor. Es dauerte nicht lange, bis Schwarz
eine neue Antwort fand. Bereits am
Ende der gleichen 1. Liga enthüllte Timoschtschenko seine letzte Neuheit.
Nach 22.... c3!? verfiel sein Gegner,
Raschkowski, in tiefes Nachdenken.
Aber auch hier setzte sich der Weiße
durch. Ein kühnes Figurenopfer brachte
Schwarz in eine sehr schwierige Lage –
23. Dxb5 Txb5 24. Sxc3!! bc 25. Txc3 Kd7
(25.... Kb7 26. Tac1) 26. Ta6 Sd8
27. Txa7+ Ke8 28. Tc8 Ld6, aber
schwere Zeitnot hinderte Raschkowski
daran, seine brillante Idee mit Erfolg zu
krönen.

Obwohl es Schwarz gelang, einen halben Punkt aus dieser Begegnung herauszuholen, wurde klar, daß 22.... c3
die Variante nicht ganz rehabilitieren
konnte. Auf jeden Fall riskierten es weder Timoschtschenko noch Sweschnikow, sie noch einmal in einem Turnier
anzuwenden.

So, wir befinden uns jetzt im Sportpalast von Frunse am 15. Dezember. Die Partie heißt Kasparow – Timoschtschenko. Wie der Leser bereits weiß, wurden in der 13. Runde in Frunse die Verwicklungen des Botwinnik-Systems als für Weiß günstig eingeschätzt. Nachdem ich die Stellung nach dem 28. Zug in der Partie Raschkowski – Timoschtschenko sorgfältig studiert hatte, kam ich zu dem Schluß, daß Weiß gute Gewinnchancen hat. Es kam mir daher das schnelle Spiel Timoschtschenkos in der Eröffnung etwas überraschend vor, aber es war in der Tat eine angenehme Überraschung. Ich hatte keinen Grund, an meiner eigenen Analyse zu zweifeln, und machte daher das schnelle Spiel des Gegners mit.

20 Minuten nach Beginn der Runde, als die Spieler an den anderen Brettern noch am Anfang ihrer Figurenentwicklung standen, ergab sich in unserer Partie die Stellung nach 22. Tfc1, die unseren Lesern bereits bekannt ist. Der nächste Zug des Schwarzen zerstörte jedoch meine Hoffnungen auf einen schnellen Gewinn gemäß meiner Heimanalyse.

22. ...   Sa5!

Das unangenehme Manöver des Springers setzt Weiß vor einige schwierige Probleme, deren Natur zweifach ist. Die Stärke einer solchen Neuerung liegt in der durch die psychologische Umstellung verlorengehenden Zeit und, wie jeder Schachspieler weiß, in der Schwierigkeit, sich von der selbst vorbereiteten Analyse zu distanzieren und sich der konkreten, freien Analyse zuzuwenden. Es geschieht jedoch oft, daß einem das aufkommende Gefühl der Gefahr tatsächlich hilft, die eigenen, inneren Ressourcen zu mobilisieren.

Mein spontanes Gefühl bei dieser Stellung war Unbehagen. Es leuchtet ein, daß Schwarz ein mächtiges Zentrum hat und die weißen Steine am Damenflügel schlecht plaziert sind. Die Vorteile der schwarzen Stellung werden überzeugend von folgender Variante demonstriert: 23. Lxa7 Kb7 24. Sb6 c3!

Nun, ist dann der gesamte strategische Plan von Weiß inkorrekt gewesen? Die Antwort ist ein deutliches Nein! Aber um das risikohafte Spiel des Schwarzen in der Eröffnung zu widerlegen, ist mit jedem Zug energisches Handeln erforderlich. Schwarz hat sein positionelles Übergewicht nicht ohne Preis erzielt – es sind ernste Schwächen bei den Bauern entstanden, die eigentlich den König schützen sollten, und die weißen Figuren befinden sich in unangenehmer Nähe zur Residenz des Monarchen. Daher vorwärts – zum Angriff! (Ich sollte anmerken, daß dies alles herrlich einfach und logisch auf dem Papier klingt, aber am Brett kostete mich dies 53 Minuten!)

23. b3!   c3

Schwarz hat keine wirkliche Wahl. Wenn er nur den weißen Angriff abwehren könnte nach 23. ... Sxb3 24. Txc4+ Kd7 25. Sc3! bc 26. Txa7+ Kd8 27. Txc3!, und die schwarze Dame ist wegen des drohenden Matts in 3 Zügen verloren. Weiß ist jetzt zu einem Figurenopfer gezwungen, auch wenn das Opfer nicht zu einer forcierten Klärung der Stellung führt.

24. Sxc3   bc
25. Txc3+   Kd7

Der schwarze König flüchtet vor der Gefahr eines frühen Grabes auf den Damenflügel unter dem Schutz seiner Streitkräfte in das Zentrum. Falsch wäre es gewesen, 25. ... Kb7? zu spielen, angesichts von 26. Dc2 Ld6 27. b4! mit entscheidenden Drohungen (27. ... Sc6 28. Txc6!)

26. Dc2	Ld6
27. Tc1	Db7

Diagramm 80

Es könnte so aussehen, als wäre der weiße Angriff im Straßengraben gelandet, da die Triplierung auf der c-Linie wenig Wirkung zu haben scheint. Noch dazu ist Schwarz mit der schrecklichen Drohung ...Txh2 dabei, einen entscheidenden Gegenangriff einzuleiten. Aber auch hier kommt, wie beim 23. Zug, der Anzugsvorteil zu Hilfe – wieder ist es der Vorstoß des b-Bauern.

28. b4!
Jetzt ist 28. ... Txh2 nicht mehr zu fürchten, da darauf 29. Da4+ gewinnt; auf 29. ... Kd8 folgt 30. Tc8+, während auf 29. ... Tb5 einfach 30. Kxh2 geschieht. Es scheint, daß Timoschtschenko diese Ressource in seiner Heimanalyse nicht bemerkt hatte, denn er dachte 25 Minuten nach, bevor er antwortete. Das listige 28. ... Tb5 hilft nun wenig, wegen 29. ba Txh2 30. Tc6, und der forcierte Übergang ins Endspiel führt zum Gewinn für Weiß! – 30. ... Tbh5 31. a6! Th1+ 32. Kg2 Txc1 33. ab Txc2 34. Txd6+ Kc7 35. Td7+ Kb8 36. Lf4+ e5 37. g4! usw. Man ist verlockt zu denken, daß der Kampf jetzt vorüber ist, aber der nächste Zug von Schwarz macht deutlich, daß der Kampf gerade erst beginnt.

28. ... Dxb4!
Ohne Nachteil spielbar. Schwarz macht klar, daß das Schach auf c7, für sich genommen, keine Unannehmlichkeiten bringt. Tatsächlich stellt die Initiative des Weißen nach 29. Tc7+? Lxc7 30. Dxc7+ Ke8 31. Lc5 Db7 32. Dxa5 eine ungenügende Kompensation für die Qualität dar. Weiß besetzt daher, die Umstände ausnutzend, eine weitere Linie mit Tempo.

29. Tb1	Dg4

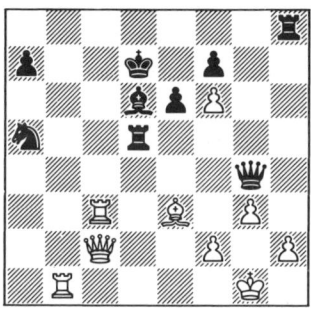

Diagramm 81

Die forcierte Abwicklung ist zu Ende, und Weiß sieht sich vor die Aufgabe gestellt, eine Entscheidung zu treffen. Der gesamte Verlauf der Partie hängt vom nächsten Zug ab. Wird er neue Drohungen schaffen können, oder wird Schwarz das rettende Ufer erreichen können?
Hier dachte ich ganz schön lange nach und kam zu der Auffassung, daß der Angriff auf einer rein intuitiven Basis geführt werden müßte. Noch kann keine direkte Methode, aus der Stellung Vorteil zu ziehen, gefunden werden. Zum Beispiel 30. Lf4 Lxf4 31. Da4+ Kd6 32. Te1 (32. Db4+ Ke5!) 32. ... e5! 33. Db4+ Ke6 34. De7+ Kf5 oder 30. f3 Df5! (nach dem sorglosen 30. ... Dh3? könnte Weiß mit einer effektvollen Kombination das

Spiel beenden – 31. Tb7+!! Sxb7 32. Da4+ Kd8 33. Lb6+ mit Matt) 31. Da4+ Kd8 32. Tbc1 Dxf6, und der schwarze König kann entkommen.

Die letzte Variante zeigt, daß der schwarze König durch Da4+ nicht in Gefahr gebracht wird, da er nach d8 fliehen kann. Daraus folgt, daß der Bauer auf a7 eliminiert werden muß. Dies wird jedoch ein wertvolles Tempo kosten, und wie so oft bei einem Angriff kann der Verlust an Zeit zum Unglück führen!

30. Lxa7!!

Aus dem oben Gesagten wird klar, warum dieses gewöhnliche Schlagen eines Bauern mit so viel begeistertem Beifall bedacht wird. Wäre es nicht verwunderlich, wenn solch eine paradoxe Entscheidung (inmitten des Angriffs Zeit zu verlieren) sich als optimal herausstellen würde? Nun ist die Drohung 31. f3 eine fatale Sache. Timoschtschenko benutzt den Zeitverlust, um die Stellung seines Königs zu befestigen und zu konsolidieren. In diesem Moment hatte ich gerade noch etwas mehr als 20 Minuten auf der Uhr und Timoschtschenko hatte nur 40 Minuten verbraucht!

30. ...   e5

Dies macht e6 dem König zugänglich. Jedoch wird die Bastion der schwarzen Verteidigung, der Turm d5, geschwächt, und Weiß zieht daraus schnell Nutzen.

31. Da2!

Unerwartet sieht sich Schwarz mit einer Frage konfrontiert, die immer schwerer zu beantworten ist – wie sieht die Zukunft von d5 aus? Timoschtschenko mühte sich mit diesem Zug mehr als 1 Stunde ab, aber die Tatsache, daß man eine große Menge Zeit verbraucht, bedeutet nicht immer, daß auch die Qualität des Zuges entsprechend ist.

31. ...   Td1+

Die direkteste, aber nicht die beste Antwort, da jetzt die schreckliche Lage des Sa5 ein Hauptfaktor wird. Es ist aber auch richtig, daß das aggressive 31. ... Dh3 Schwarz nicht rettet angesichts von 32. f3! Ke6 33. Tb5! (33. Td1? Dxh2+!). Auch das direkte 31. ... Ke6 würde nicht gehen wegen 32. f3! Df5 33. Td1 e4 34. fe Dxe4 35. Te3.

Es gibt aber dennoch einen Zug, der dem weißen Vorhaben die größten Schwierigkeiten bereiten würde – 31. ... Df5!. Nun geht 32. Dxd5 nicht wegen 32. ... Dxb1+ 33. Kg2 Db7; auch 32. Te1 ergibt nicht den gewünschten Effekt angesichts von 32. ... Ke6!, da Schwarz nach 33. Td1 e4 34. f3 den Zug 34. ... Dh5! hat. Das »schöne« 32. Tb7+ erlaubt Schwarz, den Angriff zu entschärfen mit 32. ... Sxb7 33. Dxd5 Db1+ (33. ... Sd8? 34. Td3 Dxf6 35. Lb8 Th6 36. Lxd6 Dxd6 37. Db5+) 34. Kg2 Sd8 35. Tb3 Df5! (aber nicht 35. ... Dc2? wegen 36. Tb6! Dc7 37. Db5+ Ke6 38. Lb8) 36. Tb6 Dh3+ 37. Kf3 e4+! 38. Ke3 Dh6+ usw.

Aber 32. f3!! zerstört die schwarze Drohung e5–e4, danach scheint die Partie nicht mehr zu retten zu sein, z. B. 32. ... Ta8 (32. ... e4? 33. Da4+ Ke6 34. fe) 33. Tbc1! Txa7 34. Dxd5 Dxf6 35. Ta3! usw. Auf jeden Fall gibt 31. ... Df5 die beste praktische Chance. Der Turmtausch macht die schwarze Stellung hoffnungslos.

32. Txd1   Dxd1+
33. Kg2   Dh5

Der Springer kann unter keinen Umständen gerettet werden, so daß Schwarz jetzt Verwicklungen sucht. Natürlich will Weiß dies nicht zulassen.

34. Da4+

Das sofortige 34. h4 wäre wegen 34. ... Sc6! viel schwächer gewesen.

34. ...   Ke6
35. h4!

Nun ist alles vorbei, denn nach 35. . . . e4 36. Dxe4+ De5 37. Dg4+ Df5 38. Te3+ Le5 39. De2! kann Schwarz die weißen Drohungen nicht mehr parieren und muß sich von seinem Springer trennen, so daß er mit zwei Bauern weniger in schlechter Stellung verbleibt. Es ist interessant zu bemerken, daß, während Weiß beim 30. Zug in der Zeit zurück war, die Rollen sich jetzt vertauscht haben und Schwarz in Zeitnot ist, während Weiß noch 15 Minuten übrig hat.

35. ...   **De2**
36. Dxa5   **Ta8**

Mehr Widerstand versprach 36. . . . De4+.

37. Da4!

Führt direkt zum Ende. Der Angriff auf den König wird mit neuer Kraft entfacht.

37. ...   **Kxf6**
38. Dd7   **Kg7**
39. Tf3   **Dc4**
40. Dxd6   **Txa7**
41. Dxe5+   **Kh7**
42. Tf5

Im Versuch, ihren König vor dem Untergang zu retten, wurden die Steine des Schwarzen zerstreut und wirkungslos. Es gibt keinen Ausweg mehr, und Schwarz gab daher, mit einem letzten Todesseufzer

42. ...   **Dc6+**

nach dem folgenden

43. Kh2

die Partie auf: **1:0**

Das Spiel ist zu Ende, aber die Argumente, die überprüft wurden, blieben. Ist das Figurenopfer korrekt? Wo konnte Schwarz besser spielen? Diese Fragen wurden von fast jedem Teilnehmer des Turniers gestellt. Dieses Thema wurde in lebhaften Diskussionen bis zum Ende der Runde erörtert, wobei der stärkste Lärm vom Ko-Autor von 22. . . . Sa5 – Sweschnikow – kam. Er schlug eine Variante vor, die seine Be-

hauptung, daß die schwarze Stellung spielbar sei, zu unterstützen schien, und in der abschließenden Analyse stimmten die Großmeister überein, daß der entscheidende Fehler 30. . . . e5 war, während der stärkste Zug 30. . . . Le5 gewesen wäre, mit dem Schwarz den Angriff hätte abschlagen können. All meine Bemühungen, die Variante zu widerlegen, wurden in den Wind geschlagen, und Sweschnikow prahlte lautstark damit, daß er darauf eingerichtet sei, gegen mich in der 16. Runde 30. . . . Le5 zu spielen, um den Streit über die Variante mit mir am Brett auszutragen. Ich kannte die Meisterschaft des Tscheljabinsker Großmeisters in theoretischen Dingen, so daß ich vernünftigerweise davon ausgehen konnte, daß er sein Versprechen halten würde.

Ins Hotel zurückgekehrt, konnte ich mich für einige Zeit nicht entspannen. Trotz des erfreulichen Ergebnisses ließ mich die Partie nicht los. Könnte es tatsächlich sein, daß der ganze Plan des Weißen ein Schwindel war? Wieder und wieder wälzte ich diese Frage, schließlich baute ich die Figuren auf und begann zu analysieren.

Erst um 2 Uhr am Morgen gelang es mir, mich zu beruhigen. Meine Analyse überzeugte mich, daß 30. . . . Le5 Schwarz nicht retten kann. Gut, zum Teufel, ich kann genausogut bis zur 16. Runde warten, dachte ich mir. Aber das Leben spielt anders.

Die Zuschauer, die zur 14. Runde später kamen, blickten mit Erstaunen auf eines der Demonstrationsbretter. Die Runde dauerte noch nicht viel mehr als 40 Minuten, da hatten die Gegner der Partie Kasparow – Dorfmann 30 Züge gespielt und ein kompliziertes Mittelspiel erreicht.

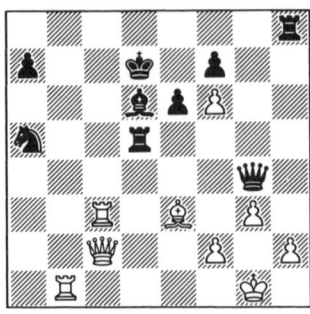

Diagramm 82

Kasparow – Dorfman
Schwarz am Zuge

Beide Seiten hatten diese Stellung eilig angestrebt, jeder absolut davon überzeugt, daß er ohne Schwierigkeiten einen vollen Punkt erzielen würde. Nur wenn Sweschnikow nicht etwas unglaublich Tiefes in der Stellung gefunden haben sollte, dann würde Weiß, im Vertrauen auf seine vorbereitete Analyse, zum Erfolg kommen. Dorfman spielte schnell

30. ...   Le5

aber der nächste Zug von Weiß kam für ihn völlig überraschend.

31. Tc5!

Sweschnikow hatte angenommen, daß an dieser Stelle 31. f3 erzwungen wäre, wonach Schwarz den Angriff mit 31. ... Ld4+ hätte abschlagen können: 32. Kh1 Dxg3 33. Da4+ Kd8 34. Tb8+ Dxb8 35. Lxb8 Lxc3 oder 32. Lxd4 Dxd4+ 33. Kh1 Dd6! usw.

Der gespielte starke Zug basierte auf der Idee, den wichtigsten Verteidiger des schwarzen Königs, den Td5, zu beseitigen.

31. ...   Txc5

Es gibt keine Möglichkeit, diesen unangenehmen Abtausch zu vermeiden, da auf 31. ... Ta8 folgt: 32. Txa5! Txa5

33. Tb7+ Ke8 34. Te7+ Kf8 35. Dh7, und das Matt ist nicht zu verhindern.

32. Lxc5!

In diesem ruhigen Zug liegt der Kern des weißen Plans. Das pseudoaktive 32. Dxc5? wäre die falsche Methode, den Angriff weiterzuführen, da Schwarz 32. ... Sc6! spielen kann, und Weiß kommt nicht weiter: 33. Tb7+ Lc7 34. Lb6 Tc8.

Nach dem Textzug kann sich Schwarz nicht mehr verteidigen, obwohl er mehrere Züge zur Auswahl hat. Hier sind einige Varianten aus meiner nächtlichen Analyse: 32. ... Tc8? 33. Dd2+ und Dxa5 oder 32. ... Dc4 33. Dd2+ Kc6 34. Tb6+! Kxc5 35. Da5+ Kd4 36. Tb4. Auf 32. ... Tb8 folgt 33. Td1+ Ke8 34. f4!, und Weiß gewinnt angesichts des drohenden Da4+ den Springer, während auf 32. ... Lc7 folgt: 33. Dd3+ Kc8 34. Tb4! Df5 35. Da6+ und 36. Td4+ usw.

Dorfman verbrauchte 1 Stunde und 5 Minuten, um einen rettenden Plan zu finden, aber es war bereits zu spät.

32. ...   Sc6

Der Versuch, den Springer ins Spiel zu bringen, hindert mich nicht im geringsten.

33. Dd3+   Kc8

Hoffnungslos ist der Versuch, die d-Linie zu schließen. 33. ... Sd4 (33. ... Ld4 34. Tb7+ Ke8 35. Db5) 34. Td1! (34. Tb4? Df5) 34. ... Th4 35. Db5+ Kc8 36. Da6+ Kc7 37. Lb6+! Kd7 38. Db7+ und Matt. Nach 33. ... Kc8 könnte Weiß, wenn er wollte, ein gewonnenes Damenendspiel erzwingen durch 34. Da6+ Kd7 35. Tb7+ Lc7 36. Txc7+! Kxc7 37. Db6+ Kc8! (37. ... Kd7 38. Db7+ Kd8 39. Lb6+) 38. Dxc6+ Kb8 39. Db6+ Kc8 40. Da6+ Kc7 41. Lb6+ Kc6 42. Ld4+! Kd7 (42. ... Kd5 43. Db5+ Ke4 44. f3+! mit Matt oder Damengewinn) 43. Da4+! Kc8 44. Da8+ und 45. Dxh8.

Aber Weiß wollte die Stellung nicht vereinfachen, er wollte lieber mit einem direkten Angriff die Partie beenden.

34. Td1   Sb8

Nach 34. ... Td8 käme die Partie mit 35. Da6+ sofort zu einem Ende.

35. Tc1!

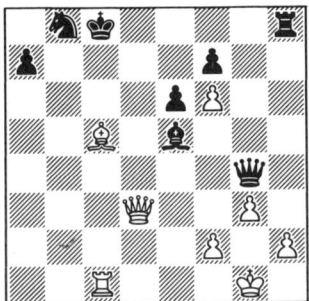

Diagramm 83

Ihre unglückliche Stellung macht es den schwarzen Steinen unmöglich, dem eigenen Monarchen zu Hilfe zu kommen. Schwarz beschloß, einen von ihnen zu opfern, aber dies kann den Ausgang der Partie nicht aufhalten:

35. ...	**Da4**
36. Ld6+	**Sc6**
37. Lxe5	**Td8**
38. Db1!	**Td5**
39. Db8+	**Kd7**
40. Dc7+	**Ke8**
41. Dxc6+	**Dxc6**
42. Txc6	**Txe5**
43. Tc8+	
1:0	

43. ... Kd7 44. Tf8 würde einen dritten Bauern verlieren.

Diese Partie machte deutlich, daß die schwarzen Hoffnungen auf Wiederbelebung durch 17. ... Sb8 nur eine Fata Morgana sind.

Es war daher alles auf die Partie Kasparow – Sweschnikow in der 16. Runde gespannt, aber der Tscheljabinsker Großmeister vermied das Botwinnik-System, indem er statt dessen 5. ... h6 spielte. Kennt man jedoch Sweschnikow, so kann man sagen, daß dieses System in der nahen Zukunft wieder auftauchen wird und weitere theoretischen Diskussionen stattfinden werden.

Tatsächlich führte ich jetzt das Turnier an! Aber nur 1/2 Punkt trennte mich von meinem Rivalen Psachis, der noch gegen Kupreitschik, Gulko und Agzamow zu spielen hatte. Ich, auf der anderen Seite, hatte noch Romanischin, Sweschnikow und Tukmakow. Die nächsten beiden Runden gingen an den Sibirier, da er beide Partien gewann, während ich nur drei Remisen erreichen konnte.

Nun waren wir in der Finalrunde, und es gab tatsächlich sehr wenige, die daran zweifelten, daß Psachis gewinnen würde. Um damit zu beginnen, er führte noch immer mit einem halben Punkt vor mir. Darüber hinaus hatte er die weißen Steine gegen Agzamow und dann ... schauen Sie meinen Gegner an – Tukmakow!

Wie auf Erden sollte es mir gelingen, mit den schwarzen Steinen einen vollen Punkt gegen einen so erfahrenen Spieler zu holen? Er brauchte nur ein Remis, um die Bronzemedaille zu erhalten. Dennoch tat Psachis das Richtige und spielte auf einen vollen Punkt gegen Agzamow, um die Sache zu einem Ende zu bringen.

Offensichtlich wurden Psachis die besseren Chancen eingeräumt als mir gegen Tukmakow, aber letzte Runden haben ihre eigenen Gesetze. Die Schlacht zwischen Psachis und Agzamow tobte leidenschaftlich, mit ständig wechselndem Glück. Es gab einen Augenblick, da schien es, als hätte Psachis den Sieg fest in der Tasche, dann aber schlug die umsichtige Verteidigung seines Gegners den Ansturm zurück, so daß dieser schließlich mit einem Mehrbauern zurückblieb. Nun beschloß Lew, keine Risiken einzugehen, und steuerte eine Remisfortsetzung an. Als er seine Hand ausstreckte, war er überrascht zu sehen, daß sein Remisangebot verschmäht wurde. Jetzt war er es, der um seinen halben Punkt kämpfen mußte. Schließlich wurde die Partie doch friedlich beendet in einer ziemlich komplexen Stellung, in der der Mehrbauer von Schwarz durch das Mehr an Zeit auf der weißen Uhr kompensiert wurde.

Zur gleichen Zeit kam meine Partie zu einem Ende. Wegen der besonderen Bedeutung dieser Partie, sowohl in bezug auf das Resultat als auch die psychologischen Umstände, die den Kampf durchdringen, sehe ich diese Partie als einen der wichtigsten Momente meiner Schachlaufbahn an.

Tukmakow – Kasparow
Königsindische Verteidigung (E 74)

1. d4	Sf6
2. c4	g6

Die königsindische Verteidigung gehörte zu dieser Zeit nicht zu meinem normalen Eröffnungsrepertoire für Schwarz, aber in diesem kritischen Moment meiner Laufbahn entschied ich mich, diese alte und verläßliche Waffe aus der Versenkung zu holen.

3. Sc3	Lg7
4. e4	d6
5. Le2	0–0
6. Lg5	

Das von Tukmakow gewählte System verspricht nicht viel für Weiß, aber es hat den Vorteil, aktives Gegenspiel des Schwarzen zu verhindern. Ich hatte verstanden, daß ein schlicht ausgleichendes Vorgehen, das die Partie in ruhiges Fahrwasser lenken würde, der Turnier-

situation nicht angemessen wäre, und Tukmakow war sich ebenfalls klar, daß ich von der gebräuchlichen Theorie (zu dieser siehe Polugajewski – Kasparow, Bugojno 1982) abweichen und etwas Riskantes spielen mußte, wenn ich gewinnen wollte.

6. ...	c5
7. d5	b5?!

Objektiv gesehen, verdient dieses ungesunde Bauernopfer nur das Fragezeichen, aber für die Möglichkeit, Verwicklungen zu schaffen, gehört ihm auch ein Ausrufezeichen!

8. cb	a6
9. a4!	

Man braucht kein Wort darüber zu verlieren, daß dies die stärkste Fortsetzung ist und die Gesundheit des schwarzen Gambitspiels in Zweifel zieht. In Tilburg, gegen Spasski, hatte ich die gleiche Stellung – aber mit den weißen Steinen. Der Exweltmeister setzte hier falsch fort – 9. ... Da5? und fand sich nach 10. Ld2! Sbd7 11. Ta3! in einer Stellung wieder, in der der weiße Vorteil unbestreitbar ist. Die von Schwarz in dieser Partie gewählte Fortsetzung räumt seinen Figuren mehr Bewegungsspielraum ein.

9. ...	h6
10. Ld2	

Nach 14. Lf4 g5! 11. Ld2 e6 12. de Lxe6 hätte Weiß beachtliche Schwierigkeiten, seinen Sg1 zu entwickeln.

10. ...	e6
11. de	Lxe6
12. Sf3	ab
13. Lxb5	

Weiß kann auf b5 keinen starken Bauern etablieren, da nach 13. ab? Lb3! 14. Dcl Txal 15. Dxal De7! bald der Bauer auf e4 weggefegt würde.

13. ...	Sa6
14. 0–0	Sc7

15. ... Sb4 sieht verlockend aus, aber Weiß kann nach 16. Le3! den Vorstoß

d6–d5 verhindern und damit klar in positionellen Vorteil kommen.

15. Te1

15. Le2 würde Schwarz gestatten, den Durchbruch d6–d5 ungehindert auszuführen: 15.... d5 16. ed Sfxd5 17. Sxd5 Sxd5.
Aber auch hier hat Schwarz nur für den Bauern Kompensation – für nichts mehr. Weiß strebt mit dem Textzug nach mehr, obwohl er Schwarz erlaubt, den Vorteil des Läuferpaares zu erlangen. Es schien mir zu diesem Zeitpunkt, daß Weiß seine Remispläne bereits aufgegeben hatte.

15. ...   Sxb5
16. Sxb5

Nach diesem Zug begann mein Optimismus zu wachsen. Dieser Zug erwartet zuviel. Zweifellos war Tukmakow der Meinung, den Gegner für sein riskantes Spiel in der Eröffnung zu bestrafen. 16. ab hätte Linien für eine Abtauschserie geöffnet, die zu dem ¹/₂-Punkt-Ergebnis geführt hätte, das die Bronzemedaille für meinen Gegner bedeutet hätte. Jetzt allerdings fängt der Kampf erst an.

16. ...   d5
17. ed   Sxd5
18. Se5!

Nach dem geradlinigen 18. Dc2 würde Schwarz nach 18.... Sb4! 19. Lxb4 cb eine starke Stellung am Damenflügel erhalten und Weiß würde beträchtliche Schwierigkeiten haben, auf diesem Flügel die Dinge in Ordnung zu halten. Nach dem Textzug muß Schwarz seine Aufmerksamkeit auf die Verteidigung richten – gegen die Drohung Sxg6.

18. ...   Te8
19. Tc1

Es fällt schwer, einen solchen natürlichen Zug zu verdammen, besonders, wenn er sowohl eine Verstärkung des Angriffs als auch eine Bedrohung des

vorgerückten Bauern c5 bedeutet. Trotzdem ist es gerade dieser Zug, der sich später als Ursache vieler Probleme des Weißen herausstellen wird. Dynamische Stellungen wie diese verlangen vom Spieler, daß er in jedem Fall den absolut besten Zug macht, und Züge, die »einfach und gut« sind, stellen sich als unbrauchbar heraus. Die komplexe Dynamik der Stellung verlangt nach dem energischen 19. Sc4!, das unangenehme Drohungen gegen d6 geschaffen und den weißen Vorteil gesichert hätte. Nun gelingt es Schwarz, seine Kräfte optimal zu aktivieren.

19. ...   Lf5!

Ab diesem Moment beginnt Schwarz, die »ganze Strenge des Gesetzes« anzuwenden. Mit jedem Zug wird ein Stein nach vorne geschoben und Weiß wird gezwungen, mit höchster Genauigkeit zu reagieren: Der kleinste Fehler kann sich verhängnisvoll auswirken. Es gelingt mir, mit jedem Schritt Gefahren zu schaffen und immer gerade ganz knapp vor meinem Gegner zu bleiben. Etwas vorne zu sein, was soviel heißt wie eine sehr geringe Initiative zu haben, erweist sich als der entscheidende Faktor in diesem Spiel. Es ist gerade diese Initiative, und nicht der materielle Faktor, die sich als das Wichtigste herausstellt.

20. Sc6

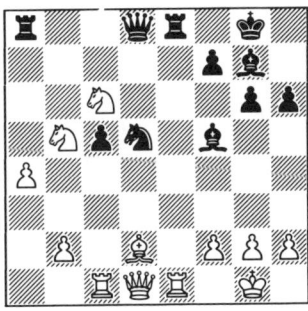

Diagramm 84

Diese zweifelhafte Expedition war praktisch erzwungen, denn das naheliegendere 20. Sc4 hätte Schwarz die Gelegenheit gegeben, unangenehme Drohungen zu schaffen: 20. ... Txe1+ 21. Lxe1 Sf4! 22. Dxd8+ Txd8. Nach 20. f4 g5! 21. Dh5 Te7 entsteht eine Stellung, in der der weiße Mehrbauer ohne Bedeutung ist. Auch 20. La5 würde den Charakter des Kampfes nicht radikal verändern; in der Tat würden die stürmischen Verwicklungen zu einem Endspiel führen, in dem Schwarz besser steht: 20. ... Txa5 21. Sc6 Txe1+ 22. Dxe1 Dg5! 23. Sxa5 Sf4 24. g3 Se2+ (24. ... Dg4 geht nicht wegen 25. f3! Dxf3 26. gf Le4 27. Dd2) 25. Dxe2 Dxc1+ 26. Kg2 Le6! 27. b3 Db1!, und der geringe Materialnachteil des Schwarzen wird mehr als kompensiert durch die Aktivität der Figuren.

Es scheint jedoch, daß der Textzug des Weißen alle Schwierigkeiten beseitigt, denn nach 20. ... Db6 21. Sa5! Txe1+ 22. Dxe1 verteidigt Weiß seinen Mehrbauern.

Die schwarze Dame hat aber sicherlich mehr zu tun, als der Babysitter des Bauern c5 zu sein!

20. ...   Dd7!

Durch das Opfer eines zweiten Bauern lenkt Schwarz den weißen Turm ab, wonach ein Hauptdefekt der weißen Stellung unerwartet in Erscheinung tritt: die Schwäche der Grundreihe. Nach einigen Zügen wird dieser Defekt größere Dimensionen annehmen.

21. Txc5

Es ist kaum zu glauben, daß es dieser Turm tatsächlich nicht mehr schaffen wird, den Heimweg zu finden!

21. ...   Txe1+
22. Dxe1

Erzwungen, denn nach 22. Lxe1 Te8! ist die Drohung Sd5–f4 unparierbar, z. B. 23. g3 Sf4!, während auf 23. La5 der schwarze Springer erstaunlicherweise seinen Kurs ändert und das weiße Lager via b4 betritt!

22. ...   Te8
23. Dc1

Schon wieder die einzige Antwort. Auf 23. Df1 wäre der nächste Zug des Schwarzen noch beträchtlich stärker.

23. ...   Sb6!

Es darf keine Zeit verloren werden! Weiß braucht nur einen einzigen Zug, und er wird keine Sorgen mehr haben, aber er hat dafür bis zum Ende der Partie keine Zeit!

24. b3

Der Grund dieses Zuges ist weniger, den a-Bauern zu schützen. Falls der schwarze Springer nach a4 gelangt, kann er von dort einen disharmonisierenden Einfluß auf die weißen Steine ausüben, besonders in Verbindung mit dem Lf5, der sich auf d3 festsetzen könnte (erweiterte Anmerkung – engl. Übers.).

24. ...   Te2

Nun wird das Denkschema des Schwarzen deutlich. Die weißen Figuren befinden sich drüben am Damenflügel, weit weg vom richtigen Geschehen, das in der Nähe des Königs stattfindet. Die schwarzen Steine sind dabei, sich seiner Residenz zu nähern und sie zu umzingeln. Dies soll jedoch nicht heißen, daß Weiß keine Kompensation hat. Seine beiden verbundenen Freibauern auf dem Damenflügel werden das letzte Wort haben, falls Schwarz nichts aus seinen Operationen gegen den weißen Monarchen herausholt.

Weiß steht nun am Scheideweg – wohin soll er seinen Läufer stellen? Offensichtlich geht 25. Le3 nicht wegen 25. ... Lb2 26. Df1 Ld3 (droht Txe3) 27. Dd1 Lxb5!, aber die Frage bleibt, auf welches der verbleibenden Felder, c3 oder a5, sollte der Läufer gehen? »So weit weg wie

 124

möglich vom Tatort«, entscheidet Tukmakow; außerdem wird dann der Springer angegriffen. In dieser gänzlich irrationalen Stellung erweisen sich allerdings logische Entscheidungen nicht immer als die besten.

Es ist jetzt schwer zu sagen, wie sich der Kampf nach 25. Lc3 weiter verschärft hätte, aber nach meiner Meinung wäre diese Fortsetzung mehr im Geiste dieser Stellung gewesen. Das Spiel hätte wie folgt weitergehen können: 25.... Tc2 26. De1 Le4!, wonach eine exakte Einschätzung der Verwicklungen nicht möglich ist.

25. La5

Nach diesem Zug fühlte ich intuitiv, daß Tukmakow nicht alle Drohungen voll erfaßte und sich weiterhin, die Gefahr nicht ahnend, auf die Stärke seiner Position verläßt. Auf den ersten Blick scheint Weiß tatsächlich alles unter Kontrolle zu haben; der schwarze Springer hängt, und falls 25.... Lb2 26. Df1 Ld3 geschieht, dann beendet 27. Sb4! die weißen Probleme. Aber das ungeheure Energiepotential, das in den schwarzen Kräften steckt, steht erst am Anfang, seine wahre Stärke zu zeigen!

25. ...   Le4!

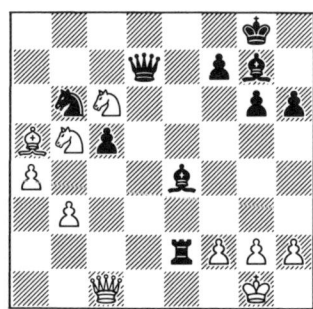

Diagramm 85

Der schwarze Springer darf nicht geschlagen werden, da nach 26. Lxb6 Dg4

27. Df1 Te1! Weiß matt wird. Nun, da die schwarzen Drohungen reale Gestalt anzunehmen beginnen, hätte es Sinn gehabt, über 26. Df1 nachzudenken, um die Dame in die Verteidigung des Königs einzubinden. Gegen dies hätte ich wahrscheinlich 26.... Tb2 27. Lxb6 Lxc6 (27.... Lxg2!? führt nur zum Remis) gespielt, mit etwas Kompensation für den geopferten Bauern. Tukmakow jedoch beschließt, seine Figuren vom Damenflügel zurückzuholen; er schenkt damit der Gefahr, die seinem Monarchen droht, nicht genügend Beachtung.

26. Se5   De7!

Hält den Angriff weiter aufrecht und nimmt neue Ziele in Augenschein.

27. Sd4?

Dieser Zug befreite mich von allen Schwierigkeiten am Brett und erleichtert ebenso meine Kommentierung. Ist es nicht eigenartig, daß nach diesem natürlichen Zug die weiße Stellung wahrscheinlich nicht mehr zu verteidigen ist, weswegen ich auch ein Fragezeichen anfügte? Trotz aller Kritik über das weiße Spiel ist die Stellung weiterhin unklar, aber nur, wenn Weiß einen brillanten Zug ausführt: 27. Df1!.

Nun hat Schwarz ein erfolgreiches Remismanöver, wenn er es will: 27.... Ta2 (27.... Tb2? 28. Lxb6 Lxe5 29. Txe5! Dxe5 30. Ld4 mit Gewinn) 28. Lxb6 Lxe5 29. Sc3 Lxh2+!? 30. Kxh2 Dh4+ 31. Kg1 Lxg2! 32. Kxg2 Dg4+ mit ewigem Schach. In jeder anderen Partie wäre dieser Remisweg akzeptabel oder gar eine großartige kreative Befriedigung gewesen, aber an diesem Tag war ich darauf eingestellt, jedes Risiko einzugehen, um ein Remis zu vermeiden! Glücklicherweise befreite mich Tukmakow von der Notwendigkeit, nach einer geringen Chance in einer Variante wie dieser zu suchen: 29.... Lxc3 30. Txc3 Df6 31. La5! (31. Te3? Ta1 32. Te1

Ld3!) 31.... Dg5 32. f3! (32. Lb4? Ta1!) und falls 32.... Dxa5, dann 33.Tc8+ Kg7 34. fe.

Die Überführung des Springers in das Zentrum ist nicht nur nicht geeignet, seine Probleme zu lösen, sondern sie vergrößert sie nur; der Sd4 gerät jetzt unter vielfältige Drohungen.

27. ...   Ta2

Nun, da der Turm das Feld e2 verlassen hat, ist die letzte Verteidigungsressource des Weißen verpufft, und mit seinem Spiel geht es schnell bergab.

28. Lxb6

Es gibt nichts Besseres. Auf 28. Sdc6 ist 28.... Dxc5! entscheidend, und nach 28. Sdf3 gewinnt 28.... Lxf3.

28. ...   Lxe5

Und jetzt, wo die Gefahr mit offenen Augen sichtbar ist, wo es offensichtlich ist, daß die schwarzen Figuren alle Schlüsselpositionen eingenommen haben, da begeht Tukmakow einen unglaublichen Fehler. In schwerer Zeitnot und angesichts vielfältiger Drohungen gelingt es ihm, die Partie mit einem Zug wegzuwerfen.

Natürlich hätte selbst die beste Verteidigung Schwarz einen starken Angriff gelassen nach 29. De1! (29. Dxh6 Dxc5!) 29.... Dd6! 30. Se2 (30. Tc8+ Kh7 31. Lc5 ist schlecht wegen 31.... Lxh2+ 32. Kh1 Df4) 30.... Lxh2+ (30.... Ta1? 31. Tc1!) 31. Kh1 Le5.

29. De3?   Dxc5!

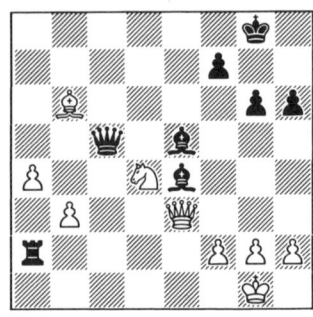

Diagramm 86

0:1

Dieses Diagramm wird sich mir für immer im Glanz der Goldmedaille der UdSSR-Meisterschaft widerspiegeln!

15 Minuten nach dem Ende dieser Partie war auch das Treffen zwischen Psachis und Agzamow abgeschlossen. Schließlich hatte der dramatische Wettlauf sowohl zu Lews als auch meiner Freude sein Ende gefunden. Wir hatten das ganze Turnier hindurch um den ersten Platz gekämpft, in der Führung hatten wir uns mehrere Male abgewechselt. Am Ende waren wir punktgleich. Üblicherweise werden bei solchen Gelegenheiten die verschiedensten Wertungssysteme herangezogen, um einen Sieger zu bestimmen, aber dies war eine der glücklichen Situationen, in der wir beide zu Siegern erklärt wurden!

17

Alter:

19 Jahre

Bugojno 1982: Super!

Wertung 1. 1. 1982: Kasparow 2640 (Karpow 2720)

Gary Kasparows unangefochtener Sieg im Kategorie-14-Superturnier in der bosnischen Provinzstadt Bugojno in Jugoslawien markiert einen neuen Höhepunkt in einer Laufbahn, in der sensationelle Ergebnisse zur Tagesordnung geworden sind. Vergleichbar ist dies nur mit den größten Meistern in ihrer besten Zeit.

Bugojno, 6.–25. Mai 1982

			1	2	3	4	5	6	7	8	9	0	1	2	3	4	
1	G. Kasparow	2640	★	½	½	½	½	1	1	½	½	½	1	1	1	1	9½
2	L. Ljubojević	2600	½	★	½	½	½	½	½	½	1	1	½	½	½	1	8
3	L. Polugajewski	2600	½	½	★	½	1	½	0	½	½	1	1	½	1	½	8
4	B. Spasski	2625	½	½	½	★	½	½	1	½	½	½	½	½	1	½	7½
5	R. Hübner	2620	½	½	0	½	★	½	½	½	1	½	½	½	1	1	7½
6	T. Petrossian	2605	0	½	½	½	½	★	½	½	½	1	½	½	½	1	7
7	B. Larsen	2605	0	½	1	0	½	½	★	1	0	0	1	1	1	½	7
8	U. Andersson	2605	½	½	½	½	½	½	0	★	½	1	½	½	1	½	7
9	B. Ivanović	2485	½	0	½	½	0	½	1	½	★	1	0	½	0	1	6
10	J. Timman	2655	½	0	0	½	½	0	1	0	0	★	1	1	½	½	5½
11	M. Najdorf	2510	0	½	0	½	½	½	0	½	1	0	★	½	½	½	5
12	L. Kavalek	2590	0	½	½	½	½	½	0	½	½	0	½	★	½	½	5
13	S. Gligorić	2535	0	½	0	0	0	½	0	0	1	½	½	½	★	1	4½
14	B. Iwkow	2480	0	0	½	½	0	0	½	½	0	½	½	½	0	★	3½

Die leichten Schwächen und Unsicherheiten, die Gary in Tilburg 1981 verfolgten, schienen wie weggefegt. Er dominierte das Turnier vom Start weg bis zum Schluß, die Ausnahme davon ist wie üblich die Partie gegen Jan Timman. (In Moskau 1981 arbeitete sich Gary irgendwie aus den Klauen der Niederlage heraus, in Tilburg wurde er klar und deutlich geschlagen, und in der 11. Runde von Bugojno verlor er eine Figur, beschwor aber mit dem »Glück des Tüchtigen« genug Komplikationen, um mit einem Remis zu entschlüpfen.)

Eine dickere Ausgabe dieses Buches würde Kasparows Siege in der 1., 3. und 4. Runde gegen Gligorić, Najdorf und Iwkow und die schreckliche Rauferei mit Spasski, die in einem Remis endete, einschließen.

... es gelang ihm, eine kristallklare Positionspartie gegen Tigran Petrossian, einen der begabtesten Positionsspieler in der Geschichte des Schachs, zu spielen. Am Ende der Partie hatte Petrossian, bei vorhandenem Materialgleichgewicht, keinen einzigen annehmbaren Zug mehr zur Verfügung. Kasparow war so begeistert über diese Partie, daß er sie zur besten Partie seines Lebens ernannte. – Botwinnik in »Komsomolskaja Prawda«.

G. Kasparow – T. Petrossian
Bogoljubow-Indisch (E 11)

1. d4	Sf6
2. c4	e6
3. Sf3	Lb4+
4. Ld2	De7
5. g3	Lxd2+
6. Dxd2	0–0
7. Lg2	d5
8. 0–0	dc
9. Sa3!	c5

(9.... Td8!? 10. Dc2 c5 11. dc±)

10. dc	Dxc5
11. Tac1	Sc6
12. Sxc4	De7?

Nach diesem nervösen Zug hat Schwarz extreme Schwierigkeiten mit der Entwicklung seines Damenflügels.

13. Sfe5!

Falls jetzt 13.... Ld7, dann würde 14. Sxd7! Dxd7 15. Dxd7 Sxd7 16. Sd6 Material gewinnen.

13. ...	Sxe5
14. Sxe5	Sd5
15. Tfd1!	

(15. Lxd5 Td8)

15. ...	Sb6
16. Da5	g6

Oder 16.... f6 17. Sc4 Sxc4 18. Txc4 b6 19. Dc3 – mit der Drohung Tc7 – mit Gewinn.

17. Td3!	Sd5

Falls 17.... Td8 18. Dc5! Dxc5 19. Txd8+ Df8 20. Txf8+ Kxf8 21. Tc7 mit einem beherrschenden Turm auf der 7. Reihe.

18. e4	Sb6

(18.... Sf6 19. Tc7 De8 20. Txf7!)

19. Lf1!	Te8?!

19.... f6 20. Sc4 Ld7, der Bauernverlust ist noch das relativ Beste.

20. Tdd1!	Tf8
21. a3	Kg7
22. b3!	Kg8
23. a4	Td8

Falls 23.... Kg7, dann setzt Weiß seinen Figurenaufmarsch mit Tc5 und Dc3 fort.

24. Dc5!
1:0

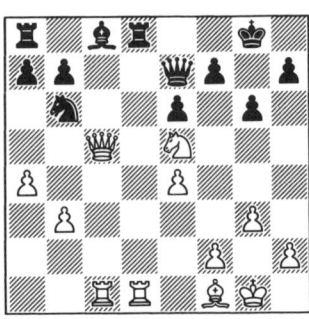

Diagramm 87

Nach 24.... Dxc5 25. Txd8+ Df8 26. Txf8+ Kxf8 27. Tc7 wird die Fehlerhaftigkeit der schwarzen Strategie offenbar.

L. Kavalek – G. Kasparow
Königsindisch (E 90)

1. c4	g6
2. Sc3	Lg7
3. d4	Sf6
4. e4	d6
5. Sf3	0–0
6. h3	

Makogonows Patent. Es ist kein eindrucksvolles System, aber Kavalek wollte einen scharfen Kampf.

6. ...	e5
7. d5	Sa6!
8. Le3	Sh5
9. Sh2!?	

Der übliche Zug ist hier 9. Sd2, und Schwarz entfaltet die Initiative am Königsflügel, z. B. 9.... De8 10. Sb3 f5 11. c5 f4 12. Ld2 Sxc5 13. Sxc5 dc (Uhlmann – Kapengut, Ostdeutschland – Weißrußland, 1967), und falls nun 14. Le2 folgt, schlägt Barden 14.... Tf6 vor.

9. ...	De8
10. Le2?!	

 128

10. g4 Sf4 11. Dd2 beabsichtigt die lange Rochade.

10. ...   Sf4

Schwarz folgt einer Standardstrategie im Königsinder.

11. Lf3

Dies schwächt ernstlich das Feld d3.

11. ...   f5

12. h4   De7!

Timman schrieb, daß ein ruhiger Positionsspieler wahrscheinlich mit 12. ... Sc5 fortgesetzt hätte, mit bequemem Spiel für Schwarz. Aber Kasparow will mehr.

13. g3

Diagramm 88

13. ...   Sb4!!

Ein typischer Kasparow-Schock. Der Springer zielt direkt auf das schwache Feld d3. Der andere Springer ist unantastbar, da Schwarz nach 14. gf fe spielt. Weiß ist dann in schwerer Not:
(a) *15. fe* Sd3+ 16. Kd2 Txf3! 17. Sxf3 Lg4 18. Sxe4 Sxe5! oder
(b) *15. Lxe4* ef mit der Absicht ... Lxc3+ oder
(c) *15. Sxe4* ef 16. Ld2 (falls 16. Lc1 Lf5) 16. ... Sd3+ 17. Ke2 Sc5! mit riesigem Vorteil für Schwarz in jeder Variante.

Keine Zeit ist für 14. a3, da Schwarz einfach antwortet: 14. ... Sfd3+ 15. Kd2 Sxb2 16. Db3 S4d3 nebst ... f4.

14. Db3?!

14. 0–0 war relativ am besten; Kasparow wollte darauf erwidern ... g5 und falls 15. gf? gf!, und die Dame kann mit verheerender Wirkung über h4 eindringen, z. B. 16. a3 Dxh4 17. ab Tf6 18. Lg2 Tg6 19. f3 fe 20. De1 Dh3 21. De2 Lh6 22. Tfc1 Lf4 23. Sf1 Kh8! ∓. Besser ist 15. ef Lxf5 ∞.

Die einzige vernünftige Alternative ist 14. Tb1, das b2 schützt, darauf folgt 14. ... Sfd3+ 15. Ke2 f4 16. Ld2 fg 17. fg Txf3 18. Sxf3 Lg4 19. Tf1 Tf8 und weiter:
(a) *20. a3* Df6 21. ab? Lxf3+ 22. Ke3 Lh6+ oder
(b) *20. Le3* Txf3!

14. ...   Sfd3+

15. Ke2

Falls 15. Kd2, dann 15. ... f4 mit einer Druckstellung.

15. ...   f4

16. Ld2   fg?!

Kasparow spielte diesen Zug viel zu schnell, er hatte nur 1 Minute nachgedacht. Unmittelbar danach entdeckte er das brillante 16. ... Sxf2!! Nun folgt auf 17. Dxb4 einfach 17. ... fg! 18. Taf1 (oder 18. Lg5 Df7 19. Taf1 gh! mit der Absicht 20. ... Lg4) 18. ... gh 19. Txf2 Txf3!

Nicht besser ist 17. Kxf2 Sd3+ und nun entweder 18. Kg2 fg 19. Kxg3 (19. Sf1 Txf3 20. Kxf3 Df7+ 21. Ke2 Sc5! oder 19. Se2 Sc5! bringt Weiß keine Hilfe) 19. ... Tf4! 20. Sg4!? (20. Lxf4 ef+ ∓ und 20. Sf1 Txf3+! 21. Kxf3 Df7+ 22. Ke2 Sc5 sind offensichtlich ungeeignet) 20. ... h5 21. Se3 Lf6 22. Sg2 Lxh4+ 23. Txh4 Dg5+ und gewinnt oder
18. Ke2 Sc5! 19. Dd1 fg 20. Sg4 (20. Sf1 g2 ∓ ∓) 20. ... g2 21. Tg1 Txf3 22. Kxf3 Dxh4 23. Sf2 (23. Txg2 Lxg4+ 24. Txg4 Tf8+ ∓ ∓) 23. ... Lh3 24. Le3 Tf8+ 25. Ke2 Lh6 26. Sxh3 Lxe3 usw.

17. fg

(Diagramm 89)

17. ...   Txf3!

Diagramm 89

Der beste Zug, aber bei bestem Spiel sollte Weiß immer noch das Remis halten können.

18. Sxf3   Lg4
19. Taf1   Tf8
20. Sd1?

Kavalek versäumt seine einzige Chance, 20. Le3!. Schwarz hat dann nichts besseres als 20. ... Lh6! 21. Lxh6! (21. a3 Txf3! 22. Txf3 Lxf3+ 23. Kxf3 Df6+, und jetzt haben wir ein hübsches »Duell«: 24. Ke2 Lxe3 25. Tf1 Sc1+! oder 24. Kg2 Lxe3 25. Tf1 Se1+!) 21. ... Lxf3+ 22. Txf3 Txf3 23. Kxf3 Df6+ 24. Kg2 Df2+ 25. Kh3 Df3! 26. Kh2!, und ein Remis ist das Beste, was erreicht werden kann.

Andere Versuche sind für Schwarz weniger gut, z. B. 20. ... Df7 21. a3 a5 22. ab Sxb4 23. Da4!, nimmt Schwarz das Feld d7 und ergreift die Initiative. Nach 20. ... Tf7 kann Weiß mit 21. Sb1! ohne Schwierigkeiten gleiches Spiel erreichen, und ähnlich kann Weiß auf 20. ... Dd7 mit 21. a3! ausgleichen.

·Ein interessanter, aber fragwürdiger

Versuch ist 20. ... g5?! 21. a3 gh 22. ab hg 23. Kxd3 g2 24. Sd2! ±.

Schließlich, 20. ... Txf3?! wird nicht widerlegt mit 21. Txf3 Df8 22. Thf1 Lh6! 23. a3? Lxe3 24. ab Sc1+! ∓, sondern mit 23. Lxh6 Dxh6 24. Da4!, die Schwäche der Grundreihe ausnutzend.

20. ...   Df7!

Jetzt ist die Partie im Prinzip gewonnen, obwohl es immer noch einige taktische Hürden zu überwinden gilt.

21. Le3!   Lxf3+
22. Kd2!

Natürlich nicht 22. Txf3 Dxf3+ und ... Dxh1

22. ...   Dd7
23. Thg1?!

Dies beschleunigt das Ende. 23. a3 hätte etwas länger ausgehalten, obwohl Schwarz großen Vorteil nach 23. ... Lxh1 24. Txh1 a5! 25. ab Sxb4 gehabt hätte.

23. ...   Dh3!
24. a3

Auf 24. Sf2 Sxf2 25. Txf2 Lxe4! und dann, falls 26. Txf8+ Lxf8 27. Dxb4 Dh2+ 28. Ke1 Dc2 mit Matt.

24. ...   Lxe4
25. Txf8+   Lxf8
26. ab   Dh2+
27. Kc3   Sc1!
0:1

Weiß gibt auf, da sich Schwarz den Turm mit 28. ... Se2+ holen wird und Weiß dann eine Figur weniger hat. Falls 28. Da4, dann ist 28. ... Sa2! ein eleganter Schluß.

Dieser Sieg brachte Gary ein unglaubliches 7 1/2-aus-9-Ergebnis, und von diesem luftigen Standort aus glitt er hinab zu einem leichten 1.-Platz-Finish.

UdSSR-Meisterschaft der Klubmannschaften

Von Bugojno zurück, wurde Kasparow (zusammen mit Petrossian und Polugajewski) unmittelbar zum Spiel in Kislowodsk beim Finale des Mannschaftsturniers des Sportklubs rekrutiert. Alle sowjetischen Spieler müssen zu einem dieser Klubs gehören, und zu einer repräsentativen Mannschaft ausgewählt zu werden, bedeutete, daß man schon eine sehr dringende Entschuldigung haben mußte, wenn man nicht teilnehmen wollte.

Die Mannschaften bestanden aus 10 Spielern (6 Männer, 1 Junge, 2 Frauen, 1 Mädchen) plus Ersatz.

Gary spielte für Spartak am Brett 2 hinter Petrossian.

Seine Ergebnisse:

1. J. Balaschow (S)	Burewestnik	2595	$^1/_2$
2. B. Gulko (S)	Lokomotiv	2565	0
3. O. Romanischin (W)	Trud	2580	0
4. J. Auerbach (S)	Zenit	2490	1
5. V. Kupreitschik (W)	Dinamo	2570	1
6. V. Tukmakow (S)	Streitkräfte	2500	$^1/_2$
7. S. Palatnik (W)	Urodzai	2505	1

Mannschaftsergebnisse: Trud $43^1/_2$ aus 70, Streitkräfte 41, Burewestnik $40^1/_2$, Lokomotiv 37, Dinamo $32^1/_2$, Spartak 31, Zenit $29^1/_2$ und Urodzai 25.

Trud und Burewestnik spielten in der Europäischen Klubmeisterschaft 1982–84.

V. Kupreitschik – G. Kasparow
Sizilianisch (B 83)

1. e4	c5
2. Sf3	e6
3. d4	cd
4. Sxd4	Sc6
5. Sc3	d6
6. Le3	Sf6
7. Le2	

Die erste Überraschung. Kupreitschik wählt normalerweise ein aggressiveres System mit f2–f4 und Df3.

7. ...	Le7
8. f4	0–0
9. Dd2	

Trotzdem bleibt Kupreitschik sich treu, indem er nach einer verwickelten Stellung mit entgegengesetzten Rochaden strebt. Der von Weiß gewählte Plan scheint vielversprechend, da es gute Aussichten für einen Bauernsturm am Königsflügel gibt. Ein energischer Gegenschlag des Schwarzen im Zentrum bringt das Spiel jedoch in ein anderes Fahrwasser.

9. ...	e5!

Weiß wird keine Zeit bekommen, die Schwäche von d5 auszunutzen. Tatsächlich wird Schwarz dieses Feld zuerst besetzen. (E.S.)

10. Sf3

Von den drei möglichen Springerzügen ist dies der natürlichste. 10. Sb3 ist zu passiv, während 10. Sf5 Schwarz zwei aussichtsreiche Möglichkeiten gibt: 10. ... Lxf5 11. ef ef 12. Lxf4 d5 mit Initiative oder 10. ... Sxe4 11. Sxe7+ Dxe7 12. Sxe4 ef 13. Lxf4 Dxe4 mit unklarem Spiel.

10. ...	Sg4!

Diagramm 90

Schwarz führt seinen Plan weiter aus. Nun sollte sich Weiß auf ein ausgeglichenes Spiel einlassen mit 11. Sd5 Sxe3 12. Dxe3 ef 13. Dxf4 Le6, aber Kupreitschik hofft immer noch auf Eröffnungsvorteil; er erkennt nicht die verborgenen Kräfte, die in der schwarzen Stellung stecken.

11. f5?
Nun braucht Weiß nur noch 12. Sd5 zu spielen, und sein Vorteil steht außer Zweifel. Aber wie so oft fehlt gerade dieses eine Tempo.

11. ... Sb4!
Dieser unästhetische Zug, mit der primitiven Drohung 12. ... Sxe3 nebst 13. ... Sxc2+, verändert die ganze Situation. Der Vorstoß d6–d5 ist nicht mehr zu verhindern, wonach die weiße Zentrumsposition wie ein »Kartenhaus« zusammenfällt. Zum Beispiel: 12. 0–0–0 d5! 13. a3 Sxe3 14. Dxe3 d4 15. Df2 Dc7!
Weiß sollte daher auf Verteidigung umschalten und sich mit einer schlechteren Stellung begnügen nach 12. Lg1 d5! 13. Sxd5 (13. a3? de∓) 13. ... Sxd5 14. Dxd5 Dxd5 15. ed Lxf5.
Aber Kupreitschik will seinen Fehler nicht wahrhaben und versucht weiter, im Kampfe Schritt zu halten.

12. Ld3?	d5
13. Sxd5	Sxd5
14. ed	

Nun sieht 14. ... Dxd5 15. Lg5 (15. ... f6? 16. De2!) ziemlich akzeptabel für Schwarz aus. Wahrscheinlich rechnete Kupreitschik damit, aber Schwarz hat ein stärkeres Argument in Reserve.

14. ... e4!
Die unglückliche Postierung der weißen Figuren und speziell des Königs machen diese Kombination möglich. Die Fesselung auf der e-Linie, in Verbindung mit den diagonalen Fesselungen von c1–h6 und g1–a7, ist für Weiß vernichtend.

15. Lxe4 Te8
Die Kombination beinhaltet nun zwei fast symmetrische Varianten, je nachdem, auf welche Seite Weiß rochiert.

16. 0–0–0
Die Aufgabe des Schwarzen wäre nach 16. 0–0 wesentlich komplizierter gewesen. Er hätte dann nach 16. ... Ld6! 17. h3 Sxe3 18. Dxe3 Lxf5 19. Sd2 einen problemähnlichen Zug finden müssen, nämlich 19. ... De7!!, der zwei Drohungen aufstellt und eine Figur gewinnt.

16. ... Lf6!
Der Läufer wird jetzt in die andere Richtung geschickt, um auf 17. h3 Sxe3 18. Dxe3 Lxf5 19. Sd2 die entscheidende Antwort 19. ... Lg5! zu haben.

17. Lg5
Nachdem er sich mit dem unvermeidbaren Figurenverlust abgefunden hat, versucht Weiß vergeblich, den leichten schwarzen Entwicklungsnachteil auszunutzen.

17. ...	Txe4
18. h3	Se5
19. Lxf6	Dxf6
20. Sxe5	

Auf 20. Thel gewinnt leicht das einfache 20. ... Lxf5.

| 20. ... | Dxe5 |
| 21. g4 | Ld7 |

Der Rest ist Sache der Technik.

Worüber denkt Tal nach?

22.	Thel	Te8		
23.	Txe4	Dxe4		
24.	Da5			

Dies beschleunigt das Unvermeidliche.
24. b3 wäre solider gewesen und hätte
weiteren Widerstand ermöglicht.

24.	...	De3+

25.	Kb1	Dxh3
26.	Dxa7	Dxg4
27.	Tc1	Lxf5
28.	Dxb7	h5
29.	b3	Dd4
30.	a4	Dc3
0:1		

18	# Auf dem Weg zum Kandidaten
Alter: 19 Jahre	

Wertung 1.7.1982: Kasparow 2675 (Karpow 2700)

Der Weg zum Schachweltmeister kann eine lange, mühsame Ochsentour sein über 5 Stufen, die jeweils ein Jahr für sich in Anspruch nehmen. Dies sind: 1. gute Vorstellungen, um eine nationale Nominierung zu erhalten; 2. Teilnahme an einem von 16 Zonenturnieren; 3. Teilnahme an einem von drei Interzonenturnieren mit je 14 Spielern; 4. Teilnahme an einer Reihe (aus 8 Qualifizierten) von Kandidatenwettkämpfen im K.-o.-System; 5. Teilnahme an einem Wettkampf mit dem amtierenden Weltmeister mit dem Ziel, als erster 6 Gewinnpartien zu erreichen.

Gary Kasparow wurde glücklicherweise – als ein Spieler mit einer der höchsten Wertungen in der Welt – im Moskauer Interzonenturnier vom 8.–26. September 1982 gesetzt. Der Zeitaufwand für einen Weltmeisterschaftszyklus wird von vielen führenden Spielern und Publizisten kritisiert, und es gibt auch Anstrengungen, die letzten drei Stufen auf unter 2 Jahre zusammenzuschieben.

Daß 2 Qualifikationsplätze für den Kandidatenwettkampf auf einem 13-Partien-Turnier beruhen, das alle 3 Jahre stattfindet, macht das System zu einer Lotterie. Wie Gary meinte:»Die Spieler mit den stärksten Nerven und bester physischer Verfassung werden Erfolg haben. Hier haben die jüngeren Spieler den Vorteil« (Wassili Smyslow, 6ljähriger früherer Weltmeister, qualifizierte sich im Interzonenturnier von Las Palmas. Lotterie!? Ewige Jugend!? – Hrsg.). Zumindest machte dies eine entsprechende Vorbereitung zum absoluten Gebot.

Nach Bugojno und der UdSSR-Mannschaftsmeisterschaft kehrte Gary zu seinem Kolleg zurück, dem Institut für Fremdsprachen in Baku, in dem er Englisch als Hauptfach belegt hatte. Er legte 5 Prüfungen in 10 Tagen ab. In einem Interview wies er eine Äußerung eines seiner Lehrer über seine Examensvorbereitung und das Auswendiglernen zweier Lehrbücher als übertrieben zurück, »obwohl ich mich bis jetzt über mein Gedächtnis nicht beschweren kann«.

Zur Vorbereitung auf das Interzonenturnier wollte Gary 2 Monate (Juli – August) in einem Ferienhotel in Zagulba, einem Kurort am Kaspischen Meer, 45 km von Baku entfernt, verbringen. »Ich will viel schwimmen. Es ist wahr, daß ich meiner Mutter versprochen habe, nicht weiter als 800 m hinauszuschwimmen. Ebenso möchte ich etwas Fußball spielen (trotz Examen hatte sich Gary im Sowjetfernsehen alle Weltmeisterschaftsspiele aus Spanien im Juni angesehen) – der Mann, der sich um meine physische Kondition kümmert, ist selbst ein guter Fußballspieler. Tatsächlich wird es eine ganz aus meinen Freunden zusammengestellte Mannschaft geben. Wir werden uns entweder in zwei Parteien aufteilen oder uns Gegner am Strand suchen. Oh ja, ich werde mein Fahrrad von Peugeot mitnehmen. Ich kann 50 km pro Stunde fahren.«

Schachliche Vorbereitungen: »Ich habe die neueste Schachliteratur studiert und meine Partien, besonders die verlorenen, analysiert. Wenn ich mich mit Schach beschäftige, höre ich gerne Musik und da besonders Popsongs ...« Das Schachteam, das Gary unterstützte, bestand aus Alexander Nikitin, Alexander Sacharow, Ewgeni Wladimir und Waleri Tschechow.

Das Moskauer Interzonenturnier sah den geheimen Traum vieler von Garys Bewunderern – fest entschlossen auf dem Weg zum Weltmeistertitel – wahr werden. Er qualifizierte sich mit deutlichem Vorsprung zusammen mit Alexander Beljawski für die Kandidatenwettkämpfe 1983; sie gesellten sich zu Kortschnoi und Hübner (die Finalisten der 1980er Reihe), Ribli, Smyslow, Portisch und Torre.

		2675	1	2	3	4	5	6	7	8	9	0	1	2	3	4	
1	G. Kasparow	2675	★	½	½	½	½	½	1	1	1	1	1	1	1	½	10
2	A. Beljawski	2620	½	★	1	½	1	1	0	1	0	1	1	0	½	1	8½
3	M. Tal	2610	½	0	★	½	½	½	1	½	½	1	½	1	1	½	8
4	U. Andersson	2610	½	½	½	★	½	0	1	½	½	½	1	1	½	1	8
5	Guil. Garcia	2500	½	0	½	½	★	½	1	0	1	1	½	1	0	1	7½
6	E. Geller	2565	½	0	½	1	½	★	½	1	0	1	½	½	1	½	7½
7	Y. Murey	2500	0	1	0	0	0	½	★	½	1	½	½	½	1	1	6½
8	L. Christiansen	2505	0	0	½	½	1	0	½	★	½	0	½	½	1	1	6
9	G. Sax	2560	0	1	½	½	0	1	0	½	★	½	½	0	½	1	6
10	D. Velimirović	2495	0	0	0	½	0	0	½	1	½	★	1	½	1	½	5½
11	F. Gheorghiu	2535	0	0	½	0	½	½	½	½	½	0	★	½	1	½	5
12	J. van der Wiel	2520	0	1	0	0	0	½	½	½	1	½	½	★	0	½	5
13	R. Rodriguez	2415	0	½	0	½	1	0	0	0	½	0	0	1	★	1	4½
14	M. Quinteros	2520	½	0	½	0	0	½	0	0	0	½	½	½	0	★	3

Kasparow ist der Meinung, daß seine Partie in der 1. Runde, die sowohl positionelle als auch taktische Ideen in sich vereinigt, seine beste des Interzonenturniers ist:

G. Kasparow – G. Sax
Grünfeldindisch (D 85)

1. d4	Sf6
2. c4	g6
3. Sc3	d5
4. cd	Sxd5
5. e4	Sxc3
6. bc	Lg7
7. Lc4	

Lieber als das seit kurzem populäre 7. Sf3.

7. ...	0–0
8. Le3	b6

8. ... c5 ist gebräuchlicher.

9. h4	**Lb7**

Eine Verbesserung gegenüber 9. ... Sc6 10. h5 Sa5 11. hg! Knaak – Sax, Reval, 1979.

10. Df3!?

Dies verstärkt das weiße Zentrum und spricht dafür, den Springer auf g1 zu lassen.

10. ...	Dd7
11. Se2	h5
12. Lg5!	Sc6
13. Sf4	e6

Auf 13. ... Sa5 gewinnt 14. Sxg6.

14. Td1	Sa5
15. Ld3	e5!

15. ... c5 führt zu dem forcierten 16. Sxh5! gh 17. Lf6 Lxf6 18. Dxf6 Dd8 19. Dh6 mit der Drohung e5 und Th3.

135

15. . . . Dc6 ist ungenügend wegen 16. Lb1
La6 17. Th3 Dc4 18. Tg3. Der Versuch, mit
15. . . . f6 16. Sxg6 fg 17. Dxh5 Df7 eine Figur zu gewinnen, gibt Weiß eine Ehren-
einladungskarte zum Angriff nach 18. f3.

16. de   Lxe5
17. 0–0 (±)   Dg4
17. . . . Da4 18. g4
18. De3   Tfe8
19. Le2

Denn nach 19. . . . Dc8 20. Sd5 Lxd5
21. Txd1 hat Weiß das Läuferpaar und
gute Aussichten.

19. . . .   Lxf4
20. Lxf4
(Diagramm 91)
20. . . .   Sc4?

Startet mit einer interessanten Kombination, die unglücklicherweise an
einem Gegenzug scheitert, der nicht
leicht vorherzusehen war. Sax verzich-
tete auf 20. . . . Dxh4 wegen der sich nach
21. e5 ergebenden positionellen Probleme.

21. Lxc4   Txe4
22. f3!   Dxf4

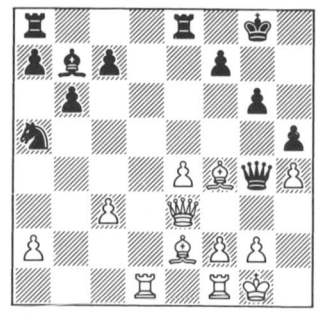

Diagramm 91

23. Lxf7+!   Kg7
24. Dd3!

Weiß erreicht nun ein Endspiel, in dem
es Schwarz kaum gelingen wird, das
materielle Gleichgewicht aufrechtzuerhalten.

24. . . .   De3+
25. Dxe3   Txe3
26. Td7   Kh6
27. Txc7   La6
28. Td1   Ld3
29. Td2   Lf5
30. Kf2   Te5

Im Spiel mit Beljawski beim Interzonenturnier.

 136

31.	Td5	Txd5		
32.	Lxd5	Td8		
33.	c4	b5		
34.	Ke3	a5		
35.	Kf4	Lb1		

Verliert sofort. Aber auch 35. . . . bc rettet Schwarz nicht, angesichts 36. Lxc4 Td4+ 37. Ke5!, und jetzt ist 37. . . . Txh4 schlecht wegen 38. f4 – mit der Absicht Lg8 und Th7 matt –, z. B. 38. . . . Lb1 39. Lg8 g5 40. f5 g4 41. Kf6

36.	g4	hg
37.	hg	
1:0		

Obwohl Gary eine Anzahl spektakulärer Partien gewann, beschäftigte er sich mehr mit dem Verlauf, den seine Partie in der 5. Runde gegen Michail Tal nahm:

G. Kasparow – M. Tal
Damengambit-Anti-Meraner System (D 43)

1.	d4	Sf6
2.	c4	e6
3.	Sf3	d5
4.	Sc3	c6
5.	Lg5	h6
6.	Lh4!?	

Üblich ist 6. Lxf6

6.	. . .	dc
7.	e4	g5
8.	Lg3	b5
9.	Le2	Lb7
10.	e5	

Falls 10. 0–0 b4. Gary führt ein vorbereitetes Eröffnungssystem ein. »Ich verstand, daß es für Tal eine komplette Überraschung darstellte. Und zunächst nahm die Partie für mich eine gute Gestalt an.«

10.	. . .	Sd5
11.	h4	Da5
12.	Tc1	g4
13.	Sd2	c5
14.	Sce4	cd

15.	0–0	h5
16.	a4!	a6

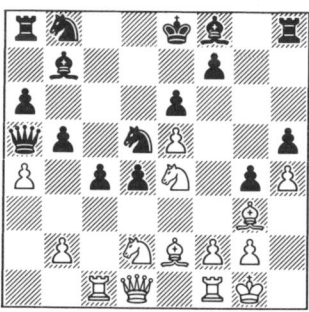

Diagramm 92

»Aber als ich die ziemlich offensichtliche Kombination 17. Lxc4!? bc 18. Sxc4 Db4 19. f3! mit einer sehr gefährlichen, wenn nicht gar hoffnungslosen Stellung des schwarzen Königs spielen mußte, ließ ich mich zu einer Spitzfindigkeit verleiten, die die Initiative an Tal übergab.

17.	b4	Dd8!?

Nach 17. . . . Dxb4 18. Tb1 und 17. . . . Lxb4 18. Lxc4 bc 19. Sxc4 hat Weiß starke Drohungen.

18.	Lxc4	bc
19.	Sxc4	Sc3!
20.	Sxc3	dc
21.	Sd6+	Lxd6
22.	ed	Df6
23.	Dd3	0–0
24.	Txc3	Ld5
1/2:1/2		

Tal hatte das Remis in Zeitnot angeboten. Die Stellung hat ihre Risiken, z. B. sind nach 25. Te1 Sd7 26. Tc7 Tfd8 27. Txd7!? Txd7 28. Te5 die weißen Drohungen schwer einzuschätzen. Obwohl Gary froh war, daß er mit einem Remis entwischt war, sprach er über den psychologischen Schock und die Vertrauenskrise, die er durch die Art und Weise des Fehlers erlitten hatte.

<table>
<tr><td>19</td><td></td></tr>
</table>

19	Luzern –
Alter:	**Triumph der Sowjetunion**
19 Jahre	**Wertung: 1.1.1983 Kasparow 2690** (Karpow 2710)

Die Schachspieler der UdSSR bestätigten erneut eindeutig ihre überlegene Stärke auf der 25. Olympiade in Luzern vom 30. Oktober bis 16. November 1982. Dies geschah nach schwachem Auftreten in Buenos Aires 1978 (2. Platz hinter Ungarn) und Malta (geteilter 1. Platz mit Ungarn, nach Wertung Erster).
Garys Vorstellung an Brett 2 war mit 6 Gewinnen und 5 Remisen ein machtvoller Beitrag zum Sieg der UdSSR.

Runde 1	O. Sarapu (W)	NZL	2315	1	46 Züge
Runde 2	—	CHI	—	—	—
Runde 3	L. Alburt (W)	USA	2565	1	57 Züge
Runde 4	S. Gligorić (S)	YU	2530	1	51 Züge
Runde 5	J. Smejkal (W)	CS	2565	$1/2$	16 Züge
Runde 6	G. Sosonko (S)	NL	2575	$1/2$	12 Züge
Runde 7	R. Hübner (W)	D	2630	$1/2$	13 Züge
Runde 8	Z. Ribli (W)	H	2625	$1/2$	18 Züge
Runde 9	J. Nunn (S)	GB	2565	1	21 Züge
Runde 10	V. Kortschnoi (W)	CH	2635	1	36 Züge
Runde 11	—	RA	—	—	—
Runde 12	M. Suba (S)	RO	2525	1	48 Züge
Runde 13	U. Andersson (S)	S	2610	$1/2$	17 Züge
Runde 14	—	DK	—	—	—

Der dramatischste Zusammenstoß der Luzerner Olympiade geschah im Kampf der 10 Runde Schweiz gegen UdSSR. Gary, der an diesem Tag das Brett 1 innehatte, hatte seine erste Konfrontation mit dem Sowjetemigranten Wiktor Kortschnoi, Herausforderer von Karpow in Bagnio 1978 und Meran 1981. Für Gary, empfänglich für die hoch aufgeladene emotionale Atmosphäre, die Sorgen der sowjetischen Delegation und für das intensive Interesse eines großen Publikums, war diese Partie die härteste, ihn am meisten fordernde Partie seiner Laufbahn.

W. Kortschnoi – G. Kasparow
Modernes Benoni (A 64)

1. d4	Sf6	4. Lg2	c5
2. c4	g6	5. d5	d6
3. g3	Lg7	6. Sc3	0–0
		7. Sf3	e6
		8. 0–0	ed

9. cd	a6
10. a4	Te8
11. Sd2	Sbd7
12. h3	Tb8
13. Sc4	Se5
14. Sa3	

Abtauschaktionen wie 14. Sxe5 erleichtern die Verteidigungsprobleme des Schwarzen im d-h-Sektor und verbessern daher seine Chancen, die Bauernmehrheit am Damenflügel zu mobilisieren. (Hrsg.)

14. ...	Sh5
15. e4	

15. g4 Lxg4 16. hg Sxg4 und 15. f4 Sxg3 16. fe Lxe5 sind für Schwarz angenehm. Als Antwort auf 15. e4 wurde bisher nur 15. ... f5 betrachtet, wonach Schwarz eine Figur opfert, dann die Dame für 3 Figuren gewinnt, um dann schließlich die schlechtere Stellung zu haben: 15. ... f5 16. ef Lxf5 17. g4 Lxg4! 18. hg Dh4 19. gh Tf8 20. h6! Lh8! und jetzt statt 21. Se4! das von Kovačević gefundene 21. Sc4!! Sg4 22. Dxg4 Dxg4 23. Sxd6 usw.
Vor zwei Jahren hauchte Jan Timman der Eröffnung neues Leben ein mit

15. ...	Tf8

um ... f7–f5 zu unterstützen. Nun spielte Timmans Gegner, Scheeren, in der holländischen Meisterschaft 1980 das naive 16. g4, um schließlich nach 16. ... Dh4! 17. gh Lxh3 18. h6 Lh8 19. Se2 (19. De2!?) 19. ... f5! vernichtet zu werden. Mein Gegner spielte stärker

16. Kh2	

wonach ich in Nachdenken versank. Ich verstand den Charakter dieser Stellung, und trotzdem war mein nächster Zug ungenau.

16. ...	f5?!

16. ... Ld7 war wahrscheinlich besser, um 17. f4 mit 17. ... b5! zu beantworten – ein verbessertes »Modell« der Partie.

17. f4	

Falls jetzt 17. ... Sf7 18. ef Lxf5 19. g4, und Weiß gewinnt.

17. ...	b5!

Schwarz bricht die Brücken hinter sich ab.

18. ab	

Falls 18. fe Sxg3 19. Kxg3 Lxe5+ 20. Kf2 wie in Birnboim – Arnason, Raanders 1982. Timman gibt 20. ... Ld4+ an, um entweder den König in die Mitte zu treiben und dann ... b4 zu spielen mit Rückgewinn der Figur, oder nach 21. Kg3 Zugwiederholung mit 21. ... Le5+ anzustreben. (Hrsg.)

18. ...	ab
19. Saxb5	

Der erste kritische Moment. Nach 19. fe würde die Fortsetzung 19. ... b4? mit 20. Sc4! barsch zurückgewiesen; dagegen sind zwei Varianten ernsthaft zu erwägen:
(a) 19. ... Sxg3 (beim Training der holländischen Mannschaft für Malta 1980 entdeckt – Hrsg.) und
(b) 19. ... Lxe5 und auf 20. Se2 Sxg3 21. Sxg3 (auf 21. Kh1 ist 21. ... Dh4 möglich) 21. ... f4, in beiden Fällen hat Schwarz starken Angriff; die weißen Figuren auf dem Damenflügel nehmen nur Statistenrollen ein.

19. ...	fe

Der zweite kritische Moment. Ich wußte nicht, daß im Schachinformator 33 die Partie Alburt – H. Olafsson, Reykjavík 1982, der wir bis 19. ... fe gefolgt waren, publiziert worden war. Erst jetzt beginnt unsere Partie einen eigenen Charakter anzunehmen. (Kortschnoi war während dieses Turniers in Reykjavík und nahm an der Analyse nach der Partie teil! – Hrsg.)

20. Lxe4!	

In der Partie Alburt – Olafsson ging es wie folgt weiter: 20. Sa7 e3!? (20. ... Ld7 ist eine mögliche Verbesserung) (Byr-

 139

ne & Mednis zogen 20.... Sf3+ 21. Lxf3
ef 22. Sc6 Dd7 23. f5 in Betracht, und jetzt
schlägt Timman 23.... Sf6 vor, mit einem
Mehrbauern für Weiß, aber das Fehlen
des Fianchettoläufers garantiert
Schwarz Ausgleich – Hrsg.) 21. De2
Sxg3! 22. Kxg3 g5 23. f5!? Lxf5
24. Dxe3?!, und nun wäre 24. Sc4! (∞)
möglich. (Hrsg.)
Als nächstes, gemäß der Reihenfolge
der Analyse, kann Weiß 20. Sxd6 versuchen; Schwarz hat jetzt zwei Ideen, zuerst einfach 20.... Dxd6 21. Sxe4 Db6
22. fe Txfl 23. Dxfl Lxe5 (±/=) und zweitens 20.... Sxg3!? 21. Kxg3 Dxd6 – der
Springer darf offensichtlich nicht genommen werden –, weiter könnte folgen ... Sf7 und ... Lf5 mit ausreichender
Kompensation für den Bauern.
Ich sehe 20. Lxe4 als das stärkste an.
Was sollte ich jetzt tun? Ich setzte die
Entwicklung fort ...

20. ...   Ld7
21. De2!
Was konnte noch für den angegriffenen
Springer getan werden? Falls 21. Sa7
Ta8!; auf 21. Sa3 ist 21.... Dc8 22. Lg2
Lg4! 23. Dd2 Lf5 24. fe Lxe5 25. Se2 Tb3
mit starken Drohungen möglich; die
dritte Idee ist 21. Sxd6 Tb6!, das Nehmen auf e5 führt zu nichts angesichts
22. fe Lxe5 23. Sc4 Lxg3+ 24. Kgl (falls
24. Kg2 Lxh3+!) 24.... Tbf6.
21. ...   Db6!
Viele würden es als unmöglich ansehen,
die Dame von der Diagonale d8–h4 zu
entfernen, aber Schwarz hält damit den
Druck aufrecht und vollzieht eine nützli-
che Umgruppierung (22.... Tbe8).
(Hrsg.)
22. Sa3   Tbe8
(Diagramm 93)
Dritter und kritischster Moment. Was ist
jetzt zu tun, wenn Kortschnoi den Springer nimmt?
Nach 23. fe ist zu prüfen 23.... Lxe5

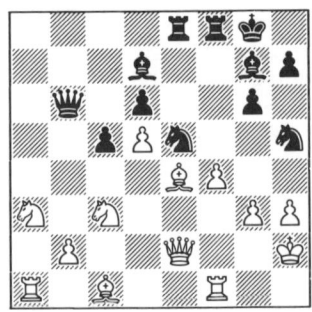

Diagramm 93

(23.... Txfl ist auch spielbar) 24. Lf4 Sxf4
25. gf Lxf4+ 26. Kg2 Dd8; Weiß hat eine
Mehrfigur, aber seine Figuren sind
schlecht plaziert, besonders der Springer a3, während Schwarz über viele
Vorteile auf dem Königsflügel verfügt;
falls 24. Sc4 Lxg3+ 25. Kgl Dd8.
Ich meine, daß diese Variante für
Schwarz spielbar ist. In diesem Moment
machte mein Gegner einen ernsthaften
Fehler.
Er hätte 23. Dg2 spielen sollen, um sich
durch Schlagen auf e5 und dem an-
schließenden Se2 zu konsolidieren.
Dies wäre im Einvernehmen mit einigen
Kritikern die Widerlegung von 16.... f5
gewesen. (Der Hauptkritiker scheint
Kasparow selbst zu sein. In den Deutschen Schachblättern schrieb er: »Dg2,
und Schwarz ist in Schwierigkeiten.«)
Doch steht die Schlacht nach 23.... Sf7
24. Sc4 Db8 noch bevor? Der Mehrbauer des Weißen muß mit der Schwäche auf den zentralen Feldern und den
schlecht koordinierten Figuren aufgewogen werden.
Nach 23. Le3 Sf7 24. Sc4 Dd8 ist die
weiße Stellung beengt.
Jan Timman schlägt 23. Dc2 vor, um sich
die Möglichkeit, mit dem Plan Ld2–el
den Punkt g3 zu stärken, offen zu halten
und, falls 23.... Db3, dann kann sich

Im Spiel mit Kortschnoi. Dahinter Beljawski und Karpow mit ängstlichem Blick.

Weiß mit 24. Ld2 Dd4 25. Tael voll entwickeln. (Hrsg.)

23. Ld2?   Dxb2!!

Kortschnoi hatte übersehen, daß das beabsichtigte 24. Tfbl, mit dem die schwarze Dame gefangen werden sollte, an dem siegreichen Schlag 24. ... Sf3+!! scheitert.

24. fe?!

In der Presse des nächsten Tages wurde aufgrund einiger Analysen die Behauptung aufgestellt, daß 24. Ta2 Db4 zum Gewinn für Weiß führen würde. Aber Schwarz würde 24. ... Db8 spielen, und nach meiner Meinung hängt die weiße Stellung nach 25. Dg2 Sf7 ohne den Ankerbauern auf b2, nur lose zusammen. Und was soll Weiß auf 25. fe Txfl 26. Dxfl (26. e6 Tef8) 26. ... Lxe5 ziehen?

Falls 27. Se2 Sxg3 28. Sxg3 Db3 oder sogar gleich 27. ... Db3, während nach 27. Lel Schwarz eine Figur gewinnt mit 27. ... Lxc3 28. Lxc3 Txe4, da Schwarz nach 29. Sc4 Lb5 30. Dal (30. Tb2 De8) eine kleine Kombination hat: 30. ... Lxc4! 31. Ta8 Te2+ 32. Kgl Tg2+! mit 3 Mehrbauern am Ende! Diese Varianten sind keinesfalls endgültig, aber man kann abschätzen, daß die schwarze Verteidigung nach 24. ... Db8 ausgezeichnet ist.

24. ...   Lxe5
25. Sc4

Was sonst?

25. ...   Sxg3!
26. Txf8   Txf8
27. Del   Sxe4+
28. Kg2   Dc2

Weiß ist klar verloren!?

29. Sxe5

Schwarz hat nun zwei Möglichkeiten, 29. ... Tf2+ und 29. ... Sxd2. Es ist nicht schwer zu sehen, daß 29. ... Sxd2 in ziemlich unkomplizierter Weise gewinnt, z. B. 30. Tc1 Sf3+ oder 30. Sxd7 Sf3+ 31. De2 Sh4+ mit den weißen Königszügen 32. Kh2 Tf2+ oder 32. Kg1 Dxc3 33. De6+ Kh8, um auf 34. Sxf8 matt zu setzen mit 34. ... Dg3+ 35. Kf1 Dg2+ usw. Aber am Brett mit der praktisch erschöpften Zeit entschied ich mich für

29. ...   Tf2+?

Dies verdirbt die Partie und macht den Gewinn ungewiß. Ich hatte mich auf 30. Kg1 Txd2 31. Sxe4 Tg2+ 32. Kf1 (32. Kh1 Th2+) 32. ... Lb5+ vorbereitet, aber

30. Dxf2!

gibt nur die Wahl zwischen 30. ... Sxf2 und 30. ... Lxh3+. Das Letztere stellt Schwarz nach 31. Kg1! Sxf2 32. Ta2! vor das Problem, wohin die Dame gespielt werden soll – 32. ... Df5 33. Ta8+ führt zu einem ewigen Schach oder 32. ... Db3 33. Ta8+ Kg7 34. Ta7+ Kf8 35. Lh6+ Ke8 36. Ta8+ Ke7 37. Lg5 matt; wenn Schwarz hier versucht, mit seinem König mit 34. ... Kf6 durch die Mitte zu gehen, dann hat Weiß 35. Sf3 (droht Matt in 4 Zügen durch 36. Lg5+ Kf5 37. Tf7+ usw.), und nach 35. ... Sd3 ergibt sich eine weitere Königsjagd: 36. Se4+ Kf5 37. Sxd6+ Kg4 38. Sh2+ Kg3 39. Se4+ Kh3 40. Txh7 matt.

Diese Varianten illustrieren das aktive Zusammenspiel der weißen Figuren nach 30. ... Lxh3+. Ich entschied mich intuitiv für

30. ...	**Sxf2**
31. Ta2!	**Df5!**
32. Sxd7	**Sd3**

(Diagramm 94)

Nach der Partie wandte ich beträchtliche Zeit für die Analyse dieser Stellung auf.

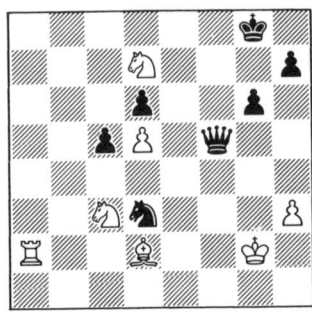

Diagramm 94

In schwerer Zeitnot spielte Kortschnoi schwach ...

33. Lh6?	**Dxd7**
34. Ta8+	**Kf7**
35. Th8?	

Auf 35. Se4 plante ich 35. ... g5, das einige Finessen erfordert, um den Gewinn zu forcieren, z. B. kann der schwarze König nach 36. Tf8+ Ke7! 37. Tg8! Da4! dem Schach über den Damenflügel entfliehen; aber später merkte ich, daß 35. ... De7 einfacher ist (z. B. 36. Sg5+ Kf6 nebst ... Ke5 usw. ...)

35. ...	**Kf6**
36. Kf3??	**Dxh3+**

0:1 (durch Zeitüberschreitung)

Kehrt man zu der Diagrammstellung nach 32. ... Sd3 zurück, so ist die Frage: Was sollte ich gegen seinen Springer tun?

Nach 33. Ta7 kann Schwarz den Läufer gewinnen mit 33. ... Df2+ 34. Kh1 Dxd2, da Weiß nach 35. Sf6+ Kf8 keine Zeit hat, einen Remismechanismus zu konstruieren, weil Schwarz nach 35. Sce4 ein Springerpaar mit 35. ... Sf2+ abtauscht.

Aber Weiß hat eine sehr schlaue Fortsetzung zur Verfügung mit 33. Ta8+ Kg7 34. Ta7 Df2+ 35. Kh1 Dxd2 36. Se5+!, und die Frage ist jetzt: Was sollte man mit dem schwarzen König tun?

Falls nach f6 – Gabel; oder nach h6 – Sg4+ mit anschließender Gabel; oder nach g8 – Remis durch Ta8+. Es verbleibt 36. ... Kf8, und dann ist nach 37. Ta8+ Ke7 38. Ta7+ der einzige Versuch, den Schachs zu entrinnen: 38. ... Kd8, aber dann könnte folgen 39. Sf7+! Ke8 40. Sxd6+ Kf8 41. Tf7+ Kg8 42. Sce4!, und das Beste ist, in ein Endspiel mit einem Mehrbauern zu gehen

mit 42. ... De1+ und 43. ... Dxe4, das Remis sein sollte; falls 39. ... Kc8 40. Sxd6+ Kb8 41. Tb7+ Ka8 42. Scb5 (droht Matt) und jetzt 42. ... Sf2+ 43. Kg1 (43. Kg2? Se4) 43. ... Sxh3+ 44. Kh1 Dxd5+ 45. Kh2 Dxb7; man kann jetzt mit 3 Bauern für einen Springer weiterspielen, aber auch das sollte Remis sein.

Ein denkwürdiger Zusammenstoß!

			1	2	3	4	5	6	7	8	9	10	11	12	13	14	
1	**A. Karpow**	2700	1		½	½	1	½		1				1	1		6½
2	**G. Kasparow**	2675	1		1	1	½	½	½	½	1	1		1	½		8½
3	**L. Polugajewski**	2610	1	1	1		0		½		½		1		½	½	6
4	**A. Beljawski**	2620	1	½		½		0		1	1	1		1	½	½	7
5	**M. Tal**	2610	1		½			½		1	1	1		1	½		6½
6	**A. Jusupow**	2555	1	½		1	1	1	0		1	1	½		1		8

*Farbe
an den ungeraden Brettern:*   W   S   W   S   W   S   S   W   W   S   W   S   W   S

Kandidatenwettkämpfe 1983

Das Ziehen der Lose für die Kandidatenwettkämpfe 1983 während des Luzerner FIDE-Kongresses im November 1982 brachte ein schiefes Bild zustande, da die Stärke in der unteren Hälfte der Paarungen konzentriert ist:

1. Hübner – Smyslow
2. Ribli – Torre
3. Kortschnoi – Portisch
4. Beljawski – Kasparow
Semifinale: Sieger 1–2 und 3–4

Der Wettkampf Beljawski – Kasparow (Sieger aus 10 Partien) begann in Moskau am 28. Februar 1983:

	1	2	3	4	5	6	7	8	9	
Kasparow	½	1	½	0	1	½	½	1	1	6
Beljawski	½	0	½	1	0	½	½	0	0	3

Kasparow hatte Weiß in den ungeraden Partien.

5. Partie
G. Kasparow – A. Beljawski
Damengambit Abtauschvariante
(D 58)
1. d4 d5 2. c4 e6 3. Sc3 Sf6 4. cd ed
5. Lg5 Le7 6. e3 h6 7. Lh4 0–0 8. Ld3 b6
9. Sf3 Lb7 10. 0–0 c5 11. Se5 Sbd7 12. Lf5
Sxe5 13. de Se8 14. Lg3 Sc7 15. Dg4 De8
16. Ld7 Dd8 17. Tad1 h5 18. Dh3 h4
19. Lf4 Lg5 20. Lf5 g6

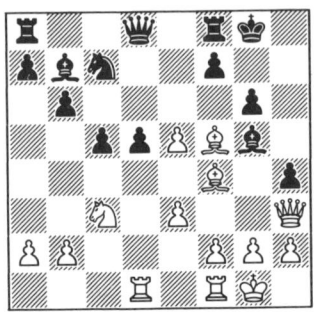

Diagramm 95

21. Se4 Lxf4 22. ef gf 23. Dxf5 de
24. Dg4+ Kh7 25. Txd8 Tfxd8
26. Dxh4+ Kg8 27. De7 e3 28. Te1 ef+

29. Kxf2 Td2+ 30. Te2 Txe2+ 31. Kxe2
La6+ 32. Kf2 Se6 33. f5 Sd4 34. e6 Tf8
35. Dg5+ Kh7 36. e7 Te8 37. f6 Se6
38. Dh5+ Kg8
1:0
(Nach 39. Dg4+ Kh7 40. Dxe6 gewinnt
Weiß leicht.)

8. Partie
A. Beljawski – G. Kasparow
Königsindisch, Sämisch-Aufbau
(E 81)
1. d4 Sf6 2. c4 g6 3. Sc3 Lg7 4. e4 d6
5. f3 0–0 6. Le3 a6 7. Ld3 c5 8. dc dc
9. Lxc5 Sc6 10. Sge2 Sd7! 11. Lf2 Sde5
12. Sc1 Lh6 13. Sd5 e6 15. Lb6 Dg5
15. 0–0 ed 16. f4 Dh4 17. fe d4 18. Se2
Le3+ 19. Kh1 Sxe5 20. Lc7 De7
21. Lxe5 Dxe5 22. De1 Ld7 23. Dg3
Tae8 24. Sf4 Lc6 25. Sd5 Dxg3 26. hg
Te5 27. g4 h5 28. Sf6+ Kg7 29. gh Th8
30. g3 Texh5+ 31. Sxh5+ Txh5+
32. Kg2 f5 33. Tael fe 34. Lb1 Tc5
35. b3 b5 36. Txe3 de 37. Tel bc 38. bc
Txc4 39. Txe3 Tb4 40. Tb3 e3+ 41. Kf1
Lb5+ 42. Kel a5 43. Le4 Txb3 44. ab
Kf6 45. Kd1 g5 46. Kc2 Ke5
0:1

»Hätten Sie eine Chance gegen Fischer
und Tal in ihrer besten Zeit?«
»Offen gesagt, ja. Ich würde übrigens
gerne ihre Erfolge wiederholen.«

Die AIPE (Vereinigung Internationaler Schach-Journalisten) verlieh den »Schach-
Oscar« für die herausragendsten Leistungen im Jahre 1982 an Gary Kasparow. Die
Stimmenverteilung war 1. Kasparow 1021, 2. Karpow 943, 3. Andersson 594,
4. Ribli 513, 5. Tal 480 . . . – das zweite Mal seit 1973, daß ihn Karpow zu seinem Ärger
nicht gewonnen hat.

Gary wurde am 13. April 1983 20 Jahre alt. Ist es zu früh, zu schreiben: Kasparow ante
portas?

Gesamt-Programm

Essen und Trinken

Köstliche Suppen
für jede Tages- und Jahreszeit. (5122)
Von E. Fuhrmann. 64 S., 38 Farbfotos,
2 Zeichnungen, Pappband.
DM 14,80/S 119.–

Kochen, was allen schmeckt
1700 Koch- und Backrezepte für jede
Gelegenheit. (4098) Von A. und
G. Eckert, 796 S., 60 Farbtafeln,
Pappband. **DM 29,80**/S 239.–

Brunos beste Rezepte
– rund ums Jahr (4154) Von B. Henrich,
136 S., 15 Farbfotos, kart.
DM 14,80/S 119.–

Was koche ich heute?
Neue Rezepte für Fix-Gerichte. (0608)
Von A. Badelt-Vogt, 112 S., 16 Farbtafeln,
kart. **DM 9,80**/S 79.–

Kochen für 1 Person
Rationell wirtschaften, abwechslungsreich und schmackhaft zubereiten.
(0586) Von M. Nicolin, 136 S., 8 Farbtafeln, 23 Zeichnungen, kart.
DM 9,80/S 79.–

Gesunde Kost aus dem Römertopf
(0442) Von J. Kramer, 128 S., 8 Farbtafeln, 13 Zeichnungen, kart.
DM 8,80/S 74.–

Nudelgerichte
– lecker, locker, leicht zu kochen. (0466)
Von C. Stephan, 80 S., 8 Farbtafeln, kart.
DM 7,80/S 69.–

Lieblingsrezepte
Phantasievoll zubereitet und originell
dekoriert. (4234) Hrsg. P. Diller. 160 S.,
120 Farbfotos, 34 Zeichnungen, Pappband. **DM 24,80**/S 198,–

Was Männer gerne essen
Leibgerichte
(2216) Von C. Arius, 80 S., 55 Farbabb.,
Pappband. **DM 9,80**/S 85,–

Omas Küche und unsere Küche heute
(4089) Von J. P. Lemcke, 160 S., 8 Farbtafeln, 95 Zeichnungen, Pappband.
DM 24,80/S 198.–

Die besten Eintöpfe und Aufläufe
Das Beste aus den Kochtöpfen der Welt
(5079) Von A. und G. Eckert, 64 S.,
50 Farbfotos, Pappband.
DM 14,80/S 119.–

FALKEN-FEINSCHMECKER
Herzhaftes für Leib und Seele
Eintöpfe
(0820) Von P. Klein, 48 S., 30 Farbfotos,
Pappband. **DM 9,80**/S 79.–

Schnell und gut gekocht
Die tollsten Rezepte für den Schnell-
kochtopf. (0265) Von J. Ley, 96 S.,
8 Farbtafeln, kart. **DM 7,80**/S 69.–

Kochen und backen im Heißluftherd
Vorteile, Gebrauchsanleitung, Rezepte.
(0516) Von K. Kölner, 72 S., 8 Farbtafeln, kart. **DM 7,80**/S 69.–

Das neue Mikrowellen-Kochbuch
(0434) Von H. Neu, 64 S., 4 Farbtafeln,
16 s/w Zeichnungen, kart.
DM 6,80/S 59.–

Ganz und gar mit Mikrowellen
(4094) Von T. Peters, 208 S., 24 Farbfotos, 12 Zeichnungen, kart.
DM 29,80/S 239.–

FALKEN-FEINSCHMECKER
Schnell auf den Tisch gezaubert
Kochen mit Mikrowellen
(0818) Von A. Danner, 64 S., 52 Farbfotos, Pappband. **DM 9,80**/S 79.–

Haltbar machen durch
Trocknen und Dörren
Obst, Gemüse, Pilze, Kräuter
(0696) Von M. Bustorf-Hirsch, 32 S.,
42 Farbfotos, Spiralbindung.
DM 7,80/ S 69,–

Marmeladen, Gelees und Konfitüre
Köstlich wie zu Omas Zeiten – einfach
selbstgemacht. (0720) Von M. Gutta,
32 S., 23 Farbfotos, 1 Zeichnung,
Pappband. **DM 7,80**/S 69,–

Einkochen
nach allen Regeln der Kunst. (0405) Von
B. Müller, 128 S., 8 Farbtafeln, kart.
DM 9,80/S 79.–

Einkochen, Einlegen, Einfrieren
(4055) Von B. Müller, 27 s/w-Abb., kart.
DM 14,80/S 119.–

Das neue Fritieren
geruchlos, schmackhaft und gesund.
(0365) Von P. Kühne, 96 S., 8 Farbtafeln,
kart. **DM 7,80**/S 69.–

Weltmeister-Soßen
Die Krönung der feinen Küche. (0357)
Von G. Cavestri, 96 S., 4 Farbtafeln,
80 Zeichnungen, kart. **DM 9,80**/S 79.–

FALKEN-FEINSCHMECKER
Die Krönung der feinen Küche
Saucen
(0817) Von G. Cavestri, 48 S., 40 Farbfotos, Pappband. **DM 9,80**/S 79.–

Wildgerichte
einfach bis raffiniert. (5115) Von M.
Gutta, 64 S., 43 Farbfotos, Pappband.
DM 14,80/S 119.–

Geflügel
Die besten Rezepte aus aller Welt. (5050)
Von M. Gutta, 64 S., 32 Farbfotos, Papp-
band. **DM 14,80**/S 119.–

Mehr Freude und Erfolg beim **Grillen**
(4141) Von A. Berliner, 160 S., 147 Farbfotos, 10 farbige Zeichnungen, Pappband. **DM 24,80**/S 198.–

Grillen
Fleisch · Fisch · Beilagen · Soßen. (5001)
Von E. Fuhrmann, 64 S., 38 Farbfotos,
Pappband. **DM 14,80**/S 119.–

Chinesisch kochen
Schmackhafte Rezepte für die abwechs-
lungsreiche Küche. (5011) Von A. und G.
Eckert, 64 S., 57 Farbfotos, Pappband.
DM 14,80/S 119.–

Chinesisch kochen
mit dem Wok-Topf und dem Mongolen-
Topf. (0557) Von C. Korn, 64 S., 8 Farbtafeln, kart. **DM 7,80**/S 69.–

Schlemmerreise durch die
Chinesische Küche
(4184) Von Kuo Huey Jen, 160 S.,
117 Farbfotos, Pappband.
DM 24,80/S 198,–

Ostasiatische Küche
schmackhaft, bekömmlich und vielseitig.
(5066) Von T. Sozuki, 64 S., 39 Farbfotos,
Pappband. **DM 14,80**/S 119.–

Nordische Küche
Speisen und Getränke von der Küste.
(5082) Von J. Kürtz, 64 S., 44 Farbfotos,
Pappband. **DM 14,80**/S 119.–

Deutsche Küche
Schmackhafte Gerichte von der Nordsee
bis zu den Alpen. (5025) Von E. Fuhrmann, 64 S., 52 Farbfotos, Pappband.
DM 14,80/S 119.–

Essen in Hessen
Spezialitäten zwischen Schwalm und
Odenwald
(0837) Von R. Witt, 120 S.,
10 s/w-Zeichnungen, Pappband.
DM 12,80/ S 99.–

Französisch kochen
Eine kulinarische Reise durch Frankreich.
(5016) Von M. Gutta, 64 S., 35 Farbfotos, Pappband. **DM 14,80**/S 114.–

Französische Küche
(0685) Von M. Gutta, 96 S., 16 Farbtafeln, kart. **DM 8,80**/S 74.–

**Französische Spezialitäten aus dem
Backofen**
Herzhafte Tartes und Quiches mit Fleisch,
Fisch, Gemüse und Käse
(5146) Von P. Klein, 64 S., 43 Farbfotos,
Pappband. **DM 16,80**/139,–

Kochen und würzen mit **Knoblauch**
(0725) Von A. und G. Eckert, 96 S.,
8 Farbtafeln, kart. **DM 7,80**/S 69,–

Schlemmerreise durch die
Italienische Küche
(4172) Von V. Pifferi. 160 S., 109 Farbfotos, Pappband. **DM 24,80**/S 198,–

Italienische Küche
Ein kulinarischer Streifzug mit regionalen
Spezialitäten. (5026) Von M. Gutta,
64 S., 35 Farbfotos, Pappband.
DM 14,80/S 119.–

Portugiesische Küche und Weine
Kulinarische Reise durch Portugal.
(0607) Von E. Kasten, 96 S., 16 Farbtafeln, kart. **DM 9,80**/S 79.–

Köstliche Pizzas, Toasts, Pasteten
Schmackhafte Gerichte schnell zubereitet.
(5081) Von A. und G. Eckert, 64 S.,
46 Farbfotos, Pappband.
DM 14,80/S 119.–

FALKEN-FEINSCHMECKER
Schlemmen wie bei Mamma Maria
Pizzas
(0815) Von F. Faist, 64 S., 62 Farbfotos,
Pappband. **DM 9,80**/S 79.–

Köstliche Pilzgerichte
Rezepte für die meistvorkommenden
Speisepilze. (5133) Von V. Spicker-Noack,
M. Knoop, 64 S., 52 Farbfotos, Papp-
band. **DM 14,80**/S 119.–

Am Tisch zubereitet
Fondues, Raclettes, Flambieren. (4152)
Von I. Otto, 208 S., 12 Farbtafeln, 17 s/w-
Fotos, Pappband. **DM 24,80**/S 198.–

Köstliche Fondues
mit Fleisch, Geflügel, Fisch, Käse, Gemüse und Süßem. (5006) Von E. Fuhrmann,
64 S., 50 Farbfotos, Pappband.
DM 14,80/S 119.–

Fondues
und fritierte Leckerbissen. (0471) Von
S. Stein, 96 S., 8 Farbtafeln, kart.
DM 6,80/S 59.–

Postfach 1120 · D-6272 Niederhausen/Ts.   Tel. 0 61 27/70 20 · Telex 4186585 fves d

Fondues · Raclettes · Flambiertes
(4081) Von R. Peiler und M.-L. Schult,
136 S., 15 Farbtafeln, 28 Zeichnungen,
kart. **DM 14,80**/S 119,–

Neue, raffinierte Rezepte mit dem Raclette-Grill
(0558) Von L. Helger, 56 S., 8 Farbtafeln,
kart. **DM 7,80**/S 69,–

Rezepte rund um Raclette und Hobby-Rechaud
(0420) Von J. W. Hochscheid, 72 S.,
8 Farbtafeln, kart. **DM 7,80**/S 69,–

Fondues und Raclettes
(4253) Von F. Faist, 160 S., 125 Farbfotos, Pappband. **DM 24,80**/S 198,–

Kochen und Würzen mit
Paprika
(0792) Von A. u. G. Eckert, 88 S., 8 Farbtafeln, kart. **DM 8,80**/S 74,–

Kleine Kalte Küche
für Alltag und Feste. (5097) Von A. und
G. Eckert, 64 S., 45 Farbfotos, Pappband. **DM 12,80**/S 99,–

Kalte Platten – Kalte Büfetts
rustikal bis raffiniert. (5015) Von
M. Gutta, 64 S., 34 Farbfotos, Pappband.
DM 14,80/S 119,–

Kalte Happen und Partysnacks
Canapés, Sandwiches, Pastetchen, Salate
und Suppen. (5029) Von D. Peters, 64 S.,
44 Farbfotos, Pappband.
DM 14,80/S 119,–

Garnieren und Verzieren
(4236) Von R. Biller, 160 S., 329 Farbfotos, 57 Zeichnungen, Pappband.
DM 24,80/S 198,–

Desserts
Puddings, Joghurts, Fruchtsalate, Eis,
Gebäck, Getränke. (5020) Von M. Gutta,
64 S., 41 Farbfotos, Pappband.
DM 14,80/S 119,–

Crêpes, Omeletts und Soufflés
Pikante und süße Spezialitäten. (5131)
Von J. Rosenkranz, 64 S., 45 Farbfotos,
Pappband. **DM 14,80**/S 119,–

Backen
(4113) Von M. Gutta, 240 S., 123 Farbfotos, Pappband. **DM 48,–**/S 398,–

Kuchen und Torten
Die besten und beliebtesten Rezepte.
(5067) Von M. Sauerborn, 64 S.,
79 Farbfotos, Pappband.
DM 14,80/S 119,–

Tortenträume und Kuchenfantasien
Gebackene Köstlichkeiten originell
dekoriert und verziert
(0823) Von F. Faist, 80 S., 150 Farbfotos,
kart. **DM 19,80**/S 159,–

Schönes Hobby Backen
Erprobte Rezepte mit modernen Backformen. (0451) Von E. Blome, 96 S.,
8 Farbtafeln, kart. **DM 7,80**/S 69,–

Backen, was allen schmeckt
Kuchen, Torten, Gebäck und Brot. (4166)
Von E. Blome, 556 S., 40 Farbtafeln,
Pappband. **DM 24,80**/S 198,–

Meine Vollkornbackstube
Brot · Kuchen · Aufläufe. (0616) Von R.
Raffelt, 96 S., 4 Farbtafeln, 12 Zeichnungen, kart. **DM 6,80**/S 59,–

FALKEN-FEINSCHMECKER
Mit Körnern, Zimt und Mandelkern
Vollkorngebäck
(0816) Von M. Bustorf-Hirsch, 48 S.,
39 Farbfotos, Pappband.
DM 9,80/ S 79,–

Biologisch Backen
Neue Rezeptideen für Kuchen, Brote,
Kleingebäck aus vollem Korn. (4174) Von
M. Bustorf-Hirsch, 136 S., 15 Farbtafeln,
47 Zeichnungen, kart. **DM 14,80**/S 119,–

Selbst Brotbacken
Über 50 erprobte Rezepte. (0370) Von J.
Schiermann, 80 S., 6 Zeichnungen,
4 Farbtafeln, kart. **DM 6,80**/S 59,–

Mehr Freude und Erfolg beim
Brotbacken
(4148) Von A. und G. Eckert, 160 S.,
177 Farbfotos, Pappband.
DM 24,80/S 198,–

Brotspezialitäten
knusprig backen – herzhaft kochen.
(5088) Von J. W. Hochscheid und L.
Helger, 64 S., 48 Farbfotos, Pappband.
DM 14,80/S 119,–

Weihnachtsbäckerei
Köstliche Plätzchen, Stollen, Honigkuchen und Festtagstorten. (0682) Von
M. Sauerborn, 32 S., 36 Farbfotos,
Pappband. **DM 7,80**/S 69,–

Waffeln
süß und pikant. (0522) Von C. Stephan,
64 S., 8 Farbtafeln, kart.
DM 6,80/S 59,–

Kochen für Diabetiker
Gesund und schmackhaft für die ganze
Familie. (4132) Von M. Toeller,
W. Schumacher, A. C. Groote, 224 S.,
109 Farbfotos, 94 Zeichnungen,
Pappband. **DM 29,80**/S 239,–

Neue Rezepte für Diabetiker-Diät
Vollwertig – abwechslungsreich – kalorienarm. (0418) Von M. Oehlrich, 120 S.,
8 Farbtafeln, kart. **DM 9,80**/S 79,–

Schlemmertips für Figurbewußte
(0680) Von V. Kahn, 64 S., 8 Farbtafeln,
kart. **DM 9,80**/S 79,–

Wer schlank ist, lebt gesünder
Tips und Rezepte zum Schlankwerden
und -bleiben. (0562) Von R. Mainer,
80 S., 8 Farbtafeln, kart.
DM 8,80/S 74,–

Kalorien – Joule
Eiweiß · Fett · Kohlenhydrate tabellarisch nach gebräuchlichen Mengen.
(0374) Von M. Bormio, 88 S., kart.,
DM 6,80/S 59,–

Alles mit Joghurt
tagfrisch selbstgemacht. Mit vielen
Rezepten. (0382) Von G. Volz, 88 S.,
8 Farbtafeln, kart., **DM 7,80**/S 69,–

Die Brot-Diät
Ein Schlankheitsplan ohne Extreme.
(0452) Von Prof. Dr. E. Menden und
W. Aign, 92 S., 8 Farbtafeln, kart.,
DM 7,80/S 69,–

Gesund leben – schlank werden mit der
Bio-Kur
(0657) Von S. Winter, 144 S., 4 Farbtafeln, kart. **DM 9,80**/S 79,–

Miekes Kräuter- und Gewürzkochbuch
(0323) Von I. Persy und K. Mieke, 96 S.,
8 Farbtafeln, kart. **DM 8,80**/S 74,–

Salate
(4119) Von C. Schönherr, 240 S., 115 Farbfotos, gebunden. **DM 48,–**/S 389,–

Delikate Salate
für alle Gelegenheiten rund um's Jahr.
(5002) Von E. Fuhrmann, 64 S., 50 Farbfotos, Pappband. **DM 14,80**/S 119,–

Das köstliche knackige Schlemmervergnügen.
Salate
(4165) Von V. Müller. 160 S., 80 Farbfotos, Pappband. **DM 24,80**/S 198,–

111 köstliche Salate
Erprobte Rezepte mit Pfiff. (0222) Von
C. Schönherr, 96 S., 8 Farbtafeln,
30 Zeichnungen, kart. **DM 8,80**/S 74,–

Rohkost
Schmackhafte Gerichte für die gesunde
Ernährung. (5044) Von I. Gabriel, 64 S.,
53 Farbfotos, Pappband.
DM 14.80/S 119,–

Joghurt, Quark, Käse und Butter
Schmackhaftes aus Milch hausgemacht.
(0739) Von M. Bustorf-Hirsch. 32 S.,
59 Farbfotos, Pappband. **DM 7,80**/S 69,–

Die abwechslungsreiche Vollwertküche
Vitaminreich und naturbelassen kochen
und backen. (4229) Von M. Bustorf-
Hirsch, K. Siegel, 280 S., 31 Farbtafeln,
78 Zeichnungen, Pappband.
DM 36,–/ S 319,–

Alternativ essen
Die gesunde Sojaküche. (0553) Von U.
Kolster, 112 S., 8 Farbtafeln, kart.
DM 9,80/S 79,–

Das Reformhaus-Kochbuch
Gesunde Ernährung mit hochwertigen
Naturprodukten. (4180) Von A. u. G.
Eckert, 160 S. 15 Farbtafeln, Pappband.
DM 24,80/S 198,–

Gesund kochen mit Keimen und Sprossen
(0794) Von M. Bustorf-Hirsch, 104 S.,
8 Farbtafeln, 13 s/w-Zeichnungen, kart.
DM 8,80/S 74,–

Die feine Vegetarische Küche
(4235) Von F. Faist, 160 S., 191 Farbfotos, Pappband. **DM 24,80**/S 198,–

Biologische Ernährung
für eine natürliche und gesunde Lebensweise. (4125) Von G. Leibold, 136 S.,
15 Farbtafeln, 47 Zeichnungen, kart.
DM 14,80/S 119,–

Gesunde Ernährung für mein Kind
(0776) Von M. Bustorf-Hirsch, 96 S.,
8 Farbtafeln, 5 s/w Zeichnungen, kart.
DM 9,80/S 79,–

Vitaminreich und naturbelassen
Biologisch Kochen
(4162) Von M. Bustorf-Hirsch und
K. Siegel, 144 S., 15 Farbtafeln, 31 Zeichnungen, kart., **DM 14,80**/S 119,–

Gesund kochen
wasserarm · fettfrei · aromatisch.
(4060) Von M. Gutta, 240 S., 16 Farbtafeln, Pappband. **DM 29,80**/S 239,–

Kräuter- und Heilpflanzen-Kochbuch
für eine gesunde Lebensweise. (4066)
Von P. Pervenche, 143 S., 15 Farbtafeln.
kart. **DM 14,80**/S 119,–

Pralinen und Konfekt
Kleine Köstlichkeiten selbstgemacht.
(0731) Von H. Engelke, 32 S., 57 Farbfotos, Pappband. **DM 7,80**/S 69,–

FALKEN-FEINSCHMECKER
Zart schmelzende Versuchungen
Schokolade
(0819) Von J. Schroer, 48 S., 53 Farbfotos, Pappband. **DM 9,80**/S 79,–

Köstlichkeiten für Gäste und Feste
Kalte Platten
(4200) Von I. Pfliegner, 160 S., 130 Farbfotos, Pappband. **DM 24,80**/S 198,–

Die Preise entsprechen dem Status beim Druck dieses

Kochen für Gäste
Köstliche Menüs mit Liebe zubereitet.
(5149) Von R. Wesseler, 64 S., 40 Farbfotos. **DM 14,80**/S 119,–

Das richtige Frühstück
Gesunde Vollwertkost vitaminreich und
naturbelassen.
(0784) Von C. Kratzel und R. Böll, 32 S.,
28 Farbfotos, Pappband. **DM 7,80**/S 69.–

Bocuse à la carte
Französisch kochen mit dem Meister.
(4237) Von P. Bocuse, 88 S., 218 Farbfotos, Pappband. **DM 19,80**/S 159.–
Auch als Video-Kassette erhältlich

Kochschule mit Paul Bocuse
(6016/VHS, 6017/Video 2000,
6018/Beta), 60 Min. in Farbe
DM 69,–/S 619,–
(unverb. Preisempfehlung)

Natursammlers Kochbuch
Wildfrüchte und Gemüse, Pilze, Kräuter –
finden und zubereiten. (4040) Von
C. M. Kerler, 140 S., 12 Farbtafeln, kart.
DM 19,80/S 159.–

Neue Cocktails und Drinks
mit und ohne Alkohol. (0517) Von
S. Späth, 128 S., 4 Farbtafeln, kart.,
DM 9,80/S 79.–

Mixgetränke
mit und ohne Alkohol (5017) Von C. Arius,
64 S., 35 Farbfotos, Pappband.
DM 14.80/S 119.–

Cocktails und Mixereien
für häusliche Feste und Feiern. (0075)
Von J. Walker, 96 S., 4 Farbtafeln, kart.
DM 6,80/S 59.–

**Die besten Punsche, Grogs und
Bowlen**
(0575) Von F. Dingden, 64 S., 2 Farbtafeln, kart. **DM 6,80**/S 59.–

Weine und Säfte, Liköre und Sekt
selbstgemacht. (0702) Von P. Arauner,
232 S., 76 Abb., kart. **DM 16,80**/S 139,–

Mitbringsel aus meiner Küche
selbst gemacht und liebevoll verpackt.
(0668) Von C. Schönherr, 32 S., 30 Farbfotos, Pappband. **DM 7,80**/S 69,–

Weinlexikon
Wissenswertes über die Weine der Welt.
(4149) Von U. Keller, 228 S., 6 Farbtafeln, 395 s/w-Fotos, Pappband.
DM 29,80/S 239.–

Köstliches Lebenselixier Wein
(2204) Von H. Steffan, 80 S., 74 Farbfotos u. Zeichnungen, Pappband.
DM 9,80/S 85.–

**Von der Romantik der blauen Stunde
Cocktails und Drinks**
(2209) Von S. Späth, 80 S., 25 Farbfotos
und Zeichnungen, Pappband.
DM 9,80/S 85,–

**Vom Genuß des braunen Goldes
Kaffee**
(2213) Von H. Strutzmann, 80 S.,
49 Fotos, Pappband. **DM 9,80**/S 85,–

Heißgeliebter Tee
Sorten, Rezepte und Geschichten. (4114)
Von C. Maronde, 153 S., 16 Farbtafeln,
93 Zeichnungen, gebunden.
DM 26,80/S 218.–

Tee für Genießer.
Sorten · Riten · Rezepte. (0356) Von M.
Nicolin, 64 S., 4 Farbtafeln, kart.
DM 5,80/S 49.–

Tee
Herkunft · Mischungen · Rezepte. (0515)
Von S. Ruske, 96 S., 4 Farbtafeln,
16 s/w Abbildungen, Pappband.
DM 9,80/S 79.–

Vom höchsten Genuß des Teetrinkens
(2201) Von I. Ubenauf, 80 S., 57 Farbfotos u. Zeichnungen, Pappband.
DM 9,80/S 85.–

Kinder lernen spielend backen
(5110) Von M. Gutta, 64 S., 45 Farbfotos,
Pappband. **DM 14,80**/S 119,–

Kinder lernen spielend kochen
Lieblingsgerichte mit viel Spaß selbst
zubereitet. (5096) Von M. Gutta, 64 S.,
45 Farbfotos, Pappband,
DM 14,80/S 119,–

Hobby

Aquarellmalerei
als Kunst und Hobby.
(4147) Von H. Haack und B. Wersche,
136 S., 62 Farbfotos, 119 Zeichnungen,
gebunden **DM 39,**–/S 319,–

Aquarellmalerei
Materialien · Techniken · Motive.
(5099) Von T. Hinz, 64 S., 79 Farbfotos,
Pappband. **DM 14,80**/S 119,–

Aquarellmalerei leicht gelernt
Materialien · Techniken · Motive.
(0787) Von T. Hinz, R. Braun, B. Zeidler,
32 S., 38 Farbfotos, 1 Zeichnung,
DM 7,80/S 69.–

Origami –
Die Kunst des Papierfaltens. (0280)
Von R. Harbin, 160 S., 633 Zeichnungen,
kart. **DM 9,80**/S 79,–

Hobby Origami
Papierfalten für groß und klein.
(0756) Von Z. Aytüre-Scheele, 88 S.,
über 800 Farbfotos, kart.
DM 19,80/S 159,–

Neue zauberhafte Origami-Ideen
Papierfalten für groß und klein.
(0805) Von Z. Aytüre-Scheele, 80 S.,
720 Farbfotos, kart. **DM 19,80**/S 159.–

Weihnachtsbasteleien
(0667) Von M. Kühnle und S. Beck, 32 S.,
56 Farbfotos, 6 Zeichnungen, Pappband.
DM 7,80/S 69,–

Falken-Handbuch
Zeichnen und Malen
(4167) Von B. Bagnall, 336 S., 1154 Farbabb., Pappband. **DM 68,**–/S 549,–

Naive Malerei
Materialien · Motive · Techniken
(5083) Von F. Krettek, 64 S., 76 Farbfotos, Pappband. **DM 14,80**/S 119,–

Bauernmalerei
als Kunst und Hobby. (4057) Von A. Gast
und H. Stegmüller, 128 S., 239 Farbfotos, 26 Riß-Zeichnungen, Pappband.
DM 39,–/S 319,–

Hobby Bauernmalerei
(0436) Von S. Ramos und J. Roszak,
80 S., 116 Farbfotos und 28 Motivvorlagen, kart. **DM 19,80**/S 159.–

Bauernmalerei
Kreatives Hobby nach alter Volkskunst
(5039) Von S. Ramos, 64 S., 85 Farbfotos, Pappband. **DM 14,80**/S 119,–

Glasmalerei
als Kunst und Hobby. (4088) Von
F. Krettek und S. Beeh-Lustenberger,
132 S., 182 Farbfotos, 38 Motivvorlagen,
Pappband. **DM 39,**–/S 319,–

Naive Hinterglasmalerei
Materialien · Techniken · Bildvorlagen
(5145) Von F. Krettek, 64 S., 87 Farbfotos, 6 Zeichnungen, Pappband.
DM 16,80/S 139,–

Glasritzen
Materialien · Formen · Motive. (5109)
Von G. Megroz, 64 S., 110 Farbfotos,
15 Zeichnungen, Pappband.
DM 14,80/S 119,–

Kalligraphie
Die Kunst des schönen Schreibens
(4263) Von C. Hartmann, 120 S.,
44 Farbvorlagen, 29 s/w-Vorlagen,
2 s/w-Zeichnungen, 38 Farbfotos,
Pappband. **DM 49,**–/S 398.–

Kunstvolle Seidenmalerei
Mit zauberhaften Ideen zum Nachgestal-
ten. (0783) Von I. Demharter, 32 S.,
56 Farbfotos, Pappband.
DM 7,80/S 74,–

Zauberhafte Seidenmalerei
Materialien · Techniken · Gestaltungsvorschläge. (0664) Von E. Dorn, 32 S.,
62 Farbfotos, Pappband.
DM 7,80/S 69,–

Hobby Seidenmalerei
(0611) Von R. Henge, 88 S.,
106 Farbfotos, 28 Zeichnungen, kart.
DM 19,80/S 159,–

Hobby Stoffdruck und Stoffmalerei
(0555) Von A. Ursin, 80 S., 68 Farbfotos,
68 Zeichnungen, kart.
DM 19,80/S 159,–

Stoffmalerei und Stoffdruck
Materialien · Techniken · Ideen · Modelle
(5074) Von H. Gehring, 64 S., 110 Farbfotos, Pappband. **DM 14,80**/S 119,–

Batik
leicht gemacht. Materialien · Färbe-
techniken · Gestaltungsideen. (5112) Von
A. Gast, 64 S., 105 Farbfotos, Pappband.
DM 14,80/S 119,–

Textilfärben
Färben so einfach wie Waschen. (0693)
Von W. Siegrist, P. Schärli, 32 S., 47 Farb-
fotos, 3 Zeichnungen, Spiralbindung.
DM 7,80/S 69,–

Kreatives Bilderweben
Materialien – Vorlagen – Motive
(0814) Von A. Schulte-Huxel, 32 S.,
58 Farbfotos, 8 Zeichnungen, Pappband.
DM 9,80/S 79.–

Schöne Geschenke selbermachen
(4128) Von M. Kühnle, 128 S.,
278 Farbfotos, 85 farbige Zeichnungen,
gebunden. **DM 39,**–/S 319,–

Flechten
mit Bast, Stroh und Peddigrohr. (5098)
Von H. Hangleiter, 64 S., 47 Farbfotos,
76 Zeichnungen, Pappband.
DM 14,80/S 119,–

Makramee
Knüpfarbeiten leicht gemacht. (5075)
Von B. Pröttel, 64 S., 95 Farbfotos,
Pappband. **DM 12,80**/S 99,–

Häkeln und Makramee
Techniken · Geräte · Arbeitsmuster.
(0320) Von M. Stradal, 104 S., 191 Abb.
und Schemata, kart. **DM 6,80**/S 59,–

Falken-Handbuch
Häkeln
ABC der Häkeltechniken und Häkelmuster
in ausführlichen Schritt-für-Schritt-
Bildfolgen.
(4194) Von H. Fuchs, M. Natter, 288 S.,
597 Farbfotos, 476 farbige Zeichnungen.
DM 39,–/S 319,–

Häkeln
Schritt für Schritt für Rechts- und Links-
händer. (5134) Von H. Klaus, 64 S.,
120 Farbfotos, 144 Zeichnungen,
Pappband. **DM 14,80**/S 119,–

Klöppeln
Schritt für Schritt leicht gelernt. (0788)
Von U. Seiffer, 32 S., 42 Farb-, 1 s/w-
Foto, 25 Zeichnungen, mit Klöppelbriefen,
Pappband. **DM 9,80**/S 79,–

Sticken
Schritt für Schritt für Rechts- und Links-
händer. (5135) Von U. Werner, 64 S.,
196 Farbfotos, 96 Zeichnungen, Pappband. **DM 14,80**/S 119,–

Monogrammstickerei
Mit Vorlagen für Initialen, Vignetten und
Ornamente. (5148) Von H. Fuchs, 64 S.,
50 Farbfotos, 50 Zeichnungen, Pappband. **DM 14,80**/S 119,–

Falken-Handbuch **Stricken**
ABC der Stricktechniken und Strick-
muster in ausführlichen Schritt-für-
Schritt-Bildfolgen. (4137) Von M. Natter,
312 S., 106 Farb- und 922 s/w-Fotos,
318 Zeichnungen, Pappband.
DM 36,–/S 298,–

Bestrickend schöne Ideen
Pullover, Westen, Ensembles, Jacken
(4178) Von R. Weber, 208 S., 220 Farbfotos, 358 Zeichnungen, Pappband.
DM 29,80/S 239,–

Chic in Strick
Neue Pullover
Westen · Jacken · Kleider · Ensembles.
(4224) Hrsg. R. Weber, 192 S., 255 Farbabb., Pappband. **DM 29,80**/S 239,–

Perfekt Stricken
(4250) Von H. Jaacks, 256 S.,
703 Farbfotos, 169 Farb- und
121 s/w-Zeichnungen, Pappband.
DM 29,80/ S 239,–

Videokassette Stricken
(6007/VHS, 6008/Video 2000,
6009/Beta). Von P. Krolikowski-Habicht,
H. Jaacks, 51 Min., in Farbe.
DM 49,80/S 448,–
(unverbindl. Preisempf.)

Stricken
Schritt für Schritt für Rechts- und Links-
händer. (5142) Von S. Oelwein-Schefczik,
64 S., 148 Farbfotos, 173 Zeichnungen,
Pappband. **DM 14,80**/S 119,–

**Die schönsten Handarbeiten zum
Verschenken**
(4225) Von B. Wenzelburger, 128 S.,
156 Farbfotos, 70 2-farbige Zeichnungen, Pappband. **DM 39,–**/S 319,–

Kuscheltiere stricken und häkeln
Arbeitsanleitungen und Modelle. (0734)
Von B. Wehrle, 32 S., 60 Farbfotos,
28 Zeichnungen, Spiralbindung.
DM 7,80/S 69,–

Hobby Patchwork und Quilten
(0768) Von B. Staub-Wachsmuth, 80 S.,
108 Farbabb., 43 Zeichnungen, kart.
DM 19,80/S 159,–

Textiles Gestalten
Weben, Knüpfen, Batiken, Sticken,
Objekte und Strukturen. (5123) Von
J. Fricke, 136 S., 67 Farb- und 189 s/w-
Fotos, 15 Zeichnungen, kart.
DM 16,80/S 139,–

Gestalten mit Glasperlen
fädeln · sticken · weben (0640) Von
A. Köhler, 32 S., 55 Farbfotos, Spiralbindung. **DM 6,80**/S 59,–

Neue zauberhafte Salzteig-Ideen
(0719) Von I. Kiskalt, 80 S., 320 Farbfotos, 12 Zeichnungen, kart.
DM 19,80/S 159,–

Hobby Salzteig
(0662) Von I. Kiskalt, 80 S., 150 Farbfotos, 5 Zeichnungen, Schablonen, kart.
DM 19,80/S 159,–

Gestalten mit Salzteig
formen · bemalen · lackieren. (0613) Von
W.-U. Cropp, 32 S., 56 Farbfotos,
17 Zeichnungen, Pappband.
DM 7,80/S 69,–

Originell und dekorativ
Salzteig mit Naturmaterialien
(0833) Von A. und H. Wegener, 80 S.,
166 Farbfotos, kart. **DM 19,80**/S 159,–

**Buntbemalte Kunstwerke aus
Salzteig**
Figuren, Landschaften und Wandbilder.
(5141) Von G. Belli, 64 S., 165 Farbfotos,
1 Zeichnung, Pappband.
DM 14,80/S 119,–

Kreatives Gestalten mit Salzteig
Originelle Motive für Fortgeschrittene.
(0769) Hrsg. I. Kiskalt, 80 S., 168 Farbfotos, kart. **DM 19,80**/S 159,–

Videokassette Salzteig
(6010/VHS, 6011/Video 2000,
6012/Beta) Von I. Kiskalt, Dr. A. Teuchert,
in Farbe, ca. 35 Min. **DM 69,–**/ S 619,–
(Unverb. Preisempfehlung)

Tiffany-Spiegel selbermachen
Materialien · Arbeitsanleitung · Vorlagen.
(0761) Von R. Thomas, 32 S., 53 Farbfotos, Pappband. **DM 7,80**/S 69,–

Tiffany-Lampen selbermachen
Arbeitsanleitung · Materialien · Modelle.
(0684) Von I. Spliethoff, 32 S., 60 Farbfotos, Pappband. **DM 7,80**/S 69,–

Hobby Glaskunst in Tiffany-Technik
(0781) Von N. Köppel, 80 S., 194 Farbfotos, 6 s/w-Abb., kart.,
DM 19,80/S 159,–

Kerzen und Wachsbilder
gießen · modellieren · bemalen. (5108)
Von Ch. Riess, 64 S., 110 Farbfotos,
Pappband. **DM 14,80**/S 119,–

Hobby Holzschnitzen
Von der Astholzfigur zur Vollplastik.
(5101) Von H.-D. Wilden, 112 S., 16 Farbtafeln, 135 s/w-Fotos, kart.
DM 16,80/S 139,–

Bastelspaß mit der Laubsäge
Mit Schnittmusterbogen für viele Modelle
in Originalgröße. (0741) Von L. Giesche,
M. Bausch, 32 S., 61 Farbfotos, 7 Zeich-
nungen, Schnittmusterbogen, Pappband.
DM 9,80/S 79,–

Falken-Heimwerker-Praxis
Tapezieren
(0743) Von W. Nitschke, 112 S., 186 Farbfotos, 9 Zeichnungen, kart.
DM 19,80/S 159,–

Falken-Heimwerker-Praxis
Anstreichen und Lackieren
(0771) Von P. Müller, 120 S., 186 Farbfotos, 2 s/w-Fotos, 3 Zeichnungen, kart.
DM 19,80/S 159,–

Falken-Heimwerker-Praxis
Fahrrad-Reparaturen
(0796) Von R. van der Plas, 112 S.,
140 Farbfotos, 113 farbige Zeichnungen,
kart. **DM 19,80**/S 159,–

Falken-Handbuch
Heimwerken
Reparieren und Selbermachen in Haus
und Wohnung – über 1100 Farbfotos.
Praktische Tips vom Profi: Selbermachen
– Reparieren, Renovieren, Kostensparen.
(4117) Von Th. Pochert, 440 S.,
1103 Farbfotos. 100 ein- und zweifarbige
Abb., Pappband. **DM 49,–**/S 398,–

Restaurieren von Möbeln
Stilkunde, Materialien, Techniken,
Arbeitsanleitungen in Bildfolgen.
(4120) Von E. Schnaus-Lorey, 152 S.,
37 Farbfotos, 75 s/w Fotos, 352 Zeichnungen, Pappband. **DM 39,–**/ S 319,–

**Möbel aufarbeiten, reparieren und
pflegen**
(0386) Von E. Schnaus-Lorey, 96 S.,
28 Fotos, 101 Zeichnungen, kart.,
DM 9,80/S 79,–

**Vogelhäuschen, Nistkästen, Vogel-
tränken** mit Plänen und Anleitungen
zum Selbstbau. (0695) Von J. Zech,
32 S., 42 Farbfotos, 5 Zeichnungen,
Pappband. **DM 7,80**/S 69,–

Papiermachen
ein neues Hobby. (5105) Von R. Weiden-
müller, 64 S., 84 Farbfotos, 9 s/w-Fotos,
14 Zeichnungen, Pappband.
DM 16,80/S 139,–

**Schmuck und Objekte aus Metall und
Email**
(5078) Von J. Fricke, 120 S., 183 Abb.,
kart. **DM 16,80**/S 139,–

Strohschmuck selbstgebastelt
Sterne, Figuren und andere Dekorationen
(0740) Von E. Rombach, 32 S., 60 Farbfotos, 17 Zeichnungen, Pappband.
DM 7,80/S 69,–

Das Herbarium
Pflanzen sammeln, bestimmen und
pressen. (5113) Von I. Gabriel, 96 S.,
140 Farbfotos, Pappband.
DM 16,80/S 139,–

Gestalten mit Naturmaterialien
Zweige, Kerne, Federn, Muscheln und
anderes. (5128) Von I. Krohn, 64 S.,
101 Farbfotos, 11 farbige Zeichnungen,
Pappband. **DM 14,80**/S 119,–

Dauerstecke
mit Zweigen, Trocken- und Schnittblumen.
(5121) Von G. Vocke, 64 S., 57 Farbfotos,
Pappband. **DM 14,80**/S 119,–

Ikebana
Einführung in die japanische Kunst des
Blumensteckens. (0548) Von G. Vocke,
152 S., 47 Farbfotos, kart.
DM 19,80/S 159,–

Blumengestecke im Ikebanastil
(5041) Von G. Vocke, 64 S., 37 Farbfotos, viele Zeichnungen, Pappband.
DM 14,80/S 119,–

Hobby Trockenblumen
Gewürzsträuße, Gestecke, Kränze,
Buketts. (0643) Von R. Strobel-Schulze,
88 S., 170 Farbfotos, kart.
DM 19,80/S 159,–

Hobby Gewürzsträuße
und zauberhafte Gebinde nach Salz-
burger Art. (0726) Von A. Ott, 80 S.,
101 Farbfotos, 51 farbige Zeichnungen,
kart. **DM 19,80**/S 159,–

Trockenblumen und Gewürzsträuße
(5084) Von G. Vocke, 64 S., 63 Farbfotos, Pappband. **DM 12,80**/S 99,–

Arbeiten mit Ton
Töpfern mit und ohne Scheibe.
(5048) Von J. Fricke, 128 S., 15 Farbtafeln, 166 s/w-Fotos, kart.
DM 14,80/S 119,–

FALKEN VERLAG

Die Preise entsprechen dem Status beim Druck dieses

Töpfern
als Kunst und Hobby. (4073) Von J. Fricke, 132 S., 37 Farbfotos, 222 s/w-Fotos, gebunden. **DM 39,–**/S 319,–

Schöne Sachen modellieren
Originelles aus Cernit – ideenreich gestaltet. (0762) Von G. Thelen, 32 S., 105 Farbfotos, Pappband. **DM 7,80**/S 69,–

Modellieren
mit selbsthärtendem Material. (5085) Von K. Reinhardt, 64 S., 93 Farbfotos, Pappband. **DM 14,80**/S 119,–

Porzellanpuppen
Zauberhafte alte Puppen selbst nachbilden. (5138) Von C. A. und D. Stanton, 64 S., 58 Farbfotos, 22 Zeichnungen, Pappband. **DM 16,80**/S 139,–

Marionetten
entwerfen · gestalten · führen (5118) Von A. Krause und A. Bayer, 64 S., 83 Farbfotos, 2 s/w-Fotos, 40 Zeichnungen, Pappband. **DM 14,80**/S 119,–

Stoffpuppen
Liebenswerte Modelle selbermachen. (5150) Von I. Wolff, 56 S., 115 Farbfotos, 15 Zeichnungen, mit Schnittmusterbogen, Pappband. **DM 16,80**/S 139,–

Hobby Puppen
Bezaubernde Modelle selbst gestalten. (0742) Von B. Wenzelburger, 88 S., 163 Farbfotos, 41 Zeichnungen, 11 Schnittmuster, kart. **DM 19,80**/S 159,–

Puppen und Figuren aus Kunstporzellan
gießen, bemalen und gestalten. (0735) Von G. Baumgarten, 32 S., 86 Farbfotos, Pappband. **DM 9,80**/ S 79,–

Die liebenswerte Welt der Puppen
(2212) Von U. D. Damrau, 80 S., 60 Farbfotos, Pappband. **DM 9,80**/S 85,–

Selbstgestrickte Puppen
Materialien und Arbeitsanleitungen. (0638) Von B. Wehrle, 32 S., 23 Farbfotos, 24 Zeichnungen, Pappband. **DM 9,80**/S 79,–

Dekorative Rupfenpuppen
Arbeitsanleitungen und Gestaltungsvorschläge. (0733) Von B. Wenzelburger, 32 S., 57 Farbfotos, 14 Zeichnungen, Spiralbindung. **DM 7,80**/S 69,–

Phantasiepuppen stricken und häkeln
Märchenhafte Modelle mit Arbeitsanleitungen. (0813) Von B. Wehrle, 32 S., 26 Farbfotos, 30 einfarbige und 16 dreifarbige Zeichnungen, Pappband. **DM 9,80**/ S 79,–

Schritt für Schritt zum Scherenschnitt
Materialien · Techniken · Gestaltungsvorschläge. (0732) Von H. Klingmüller, 32 S., 38 Farbfotos, 34 Vorlagen, Spiralbindung. **DM 7,80**/S 69,–

Garagentore selbst bemalt
Techniken und Motive. (0786) Von H. u. Y. Nadolny, 32 S., 24 Farbfotos, 12 s/w-Zeichnungen, Pappband. **DM 9,80**/S 79,–

Alle Jahre wieder...
Advent und Weihnachten
Basteln – Backen – Schmücken – Singen – Vorlesen – Feiern (4260) Von H. und Y. Nadolny, 256 S., 105 Farbfotos, 130 Zeichnungen, Pappband. **DM 25,–**/S 200,–

Freizeit

Aktfotografie
Interpretationen zu einem unerschöpflichen Thema.
Gestaltung · Technik · Spezialeffekte. (0737) Von H. Wedewardt, 88 S., 144 Farb- und 6 s/w-Fotos, 6 Zeichnungen, kart. **DM 19,80**/S 159,–

Videokassette Aktfotografie
Laufzeit ca. 60 Min. In Farbe. (6001/VHS, 6002/Video 2000, 6003/Beta) **DM 69,–**/S 619,– (unverb. Preisempfehlung)

So macht man bessere Fotos
Das meistverkaufte Fotobuch der Welt. (0614) Von M. L. Taylor, 192 S., 457 Farbfotos, 15 Abb., kart. **DM 14,80**/S 119,–

Falken-Handbuch Dunkelkammerpraxis
Laboreinrichtung · Arbeitsabläufe Fehlerkatalog. (4140) Von E. Pauli, 200 S., 54 Farbfotos, 239 s/w-Fotos, 171 Zeichnungen, Pappband. **DM 39,–**/S 319,–

Falken-Handbuch **Trickfilmen**
Flach-, Sach- und Zeichentrickfilme – von der Idee zur Ausführung. (4131) Von H.-D. Wilden, 144 S., über 430 überwiegend farbige Abb., Pappband. **DM 39,–**/S 319,–

Moderne Schmalfilmpraxis
Ausrüstungen · Drehbuch · Aufnahme Schnitt · Vertonung. (4043) Von U. Ney, 328 S., 29 Farbfotos, 177 s/w-Fotos, 57 Zeichnungen, gebunden. **DM 29,80**/S 239,–

Schmalfilmen
Ausrüstung · Aufnahmepraxis · Schnitt Ton. (0342) Von U. Ney, 108 S., 4 Farbtafeln, 25 s/w-Fotos. **DM 9,80**/S 79,–

Schmalfilme selbst vertonen
(0593) Von U. Ney, 96 S., 57 s/w-Fotos, 14 Zeichnungen, kart. **DM 9,80**/S 79,–

Fotografie – Das Schöne als Ziel
Zur Ästhetik und Psychologie der visuellen Wahrnehmung. (4122) Von E. Stark, 208 S., 252 Farbfotos, 63 Zeichnungen, Ganzleinen. **DM 78,–**/S 624,–

Ferngelenkte Motorflugmodelle
bauen und fliegen. (0400) Von W. Thies, 184 S., mit Zeichnungen und Detailplänen, kart. **DM 16,80**/S 139,–

Modellflug-Lexikon
(0549) Von W. Thies, 280 S., 98 s/w-Fotos, 234 Zeichnungen, Pappband. **DM 36,–**/S 298,–

Flugmodelle
bauen und einfliegen. (0361) Von W. Thies und Willi Rolf, 160 S., 63 Abb., 7 Faltpläne, kart. **DM 12,80**/S 99,–

CB-Code
Wörterbuch und Technik. (0435) Von R. Kerler, 120 S., 5 s/w-Fotos, 9 Zeichnungen, kart. **DM 9,80**/S 79,–

Kleine Welt auf Rädern
Das faszinierende Spiel mit **Modelleisenbahnen** (4175) Von F. Eisen, 256 S., 72 Farb- und 180 s/w-Fotos, 25 Zeichnungen, Pappband. **DM 29,80**/S 239,–

Modelleisenbahnen im Freien
Mit Volldampf durch den Garten. (4245) Von F. Eisen, 96 S., 115 Farb-, 4 s/w-Fotos, 5 Zeichnungen, Pappband. **DM 29,80**/S 239,–

Raketen auf Rädern
Autos und Motorräder an der Schallgrenze. (4220) Von H. G. Isenberg, 96 S., 112 Farbfotos, 21 s/w-Fotos, Pappband. **DM 24,80**/S 198,–

Die rasantesten Rallyes der Welt
(4213) Von H. G. Isenberg und D. Maxeiner, 96 S., 116 Farbfotos, Pappband. **DM 24,80**/S 198,–

Trucks
Giganten der Landstraßen in aller Welt. (4222) Von H. G. Isenberg, 96 S., 131 Farbfotos, Pappband. **DM 24,80**/S 198,–

Die Super-Trucks der Welt
(4257) Von H. G. Isenberg, 194 S., 205 Farbfotos, 87 s/w-Fotos, 7 Farbzeichnungen, 4 Ausklapptafeln, Pappband. **DM 39,–**/S 319,–

Ferngelenkte Elektromodelle
bauen und fliegen. (0700) Von W. Thies, 144 S., 52 s/w-Fotos, 50 Zeichnungen, kart. **DM 16,80**/139.–

Schiffsmodelle
selber bauen. (0500) Von D. und R. Lochner, 200 S., 93 Zeichnungen, 2 Faltpläne, kart. **DM 14,80**/S 119,–

Dampflokomotiven
(4204) Von W. Jopp, 96 S., 134 Farbfotos, Pappband. **DM 24,80**/S 198,–

Zivilflugzeuge
Vom Kleinflugzeug zum Überschall-Jet. (4218) Von R. J. Höhn und H. G. Isenberg, 96 S., 115 Farbfotos, Pappband. **DM 24,80**/S 198,–

Ferngelenkte Segelflugmodelle
bauen und fliegen. (0446) Von W. Thies, 176 S., 22 s/w-Fotos, 115 Zeichnungen, kart. **DM 14,80**/S 119,–

Die schnellsten Motorräder der Welt
(4206) Von H. G. Isenberg und D. Maxeiner, 96 S., 100 Farbfotos, Pappband. **DM 24,80**/S 198,–

Motorrad-Hits
Chopper, Tribikes, Heiße Öfen. (4221) Von H. G. Isenberg, 96 S., 119 Farbfotos, Pappband. **DM 24,80**/S 198,–

Die Super-Motorräder der Welt
(4193) Von H. G. Isenberg, 192 S., 170 Farb- und 100 s/w-Fotos, 8 Zeichnungen, Pappband. **DM 39,–**/S 319,–

Motorrad-Faszination
Heiße Öfen, von denen jeder träumt. (4223) Von H. G. Isenberg, 96 S., 103 Farb- und 20 s/w-Fotos, Pappband. **DM 24,80**/S 198,–

Autos, die die Welt bewegten
Oldtimer
(2217) Von H. G. Isenberg, 80 S., 32 Farb- und 22 s/w-Fotos, Pappband. **DM 9,80**/S 85,–

Münzen
Ein Brevier für Sammler. (0353) Von E. Dehnke, 128 S., 4 Farbtafeln, 17 s/w-Abb., kart. **DM 9,80**/S 79,–

Astronomie als Hobby
Sternbilder und Planeten erkennen und benennen. (0572) Von D. Block, 176 S., 16 Farbtafeln, 49 s/w-Fotos, 93 Zeichnungen, kart. **DM 14,80**/S 119,–

Der Bart
Die individuelle Note des Mannes. (2222) Von H. Strutzmann, 80 S., 58 Farbfotos, Pappband. **DM 9,80**/S 85,–

Gitarre spielen
Ein Grundkurs für den Selbstunterricht. (0534) Von A. Roßmann, 96 S., 1 Schallfolie, 150 Zeichnungen, kart. **DM 24,80**/S 198,–

Falken-Handbuch Zaubern
Über 400 verblüffende Tricks. (4063)
Von F. Stutz, 368 S., 1200 Zeichnungen,
Pappband. **DM 36,–**/S 298.–

Zaubern
einfach – aber verblüffend. (2018) Von
D. Buoch, 84 S., 41 Zeichnungen, kart.
DM 6,80/S 59.–

Zaubertricks
Das große Buch der Magie. (0282) Von
J. Zmeck, 244 S., 113 Abb., kart.
DM 14,80/S 119.–

Magische Zaubereien
(0672) Von W. Widenmann, 64 S.,
31 Zeichnungen, kart. **DM 7,80**/S 69.–

Pfeife rauchen
Die hohe Kunst, Tabak zu genießen.
(2203) Von W. Hufnagel, 80 S., 77 Farbfotos, 11 Zeichnungen, kart.
DM 9,80/S 85.–

Mit vollem Genuß
Pfeife rauchen
Alles über Tabaksorten, Pfeifen und
Zubehör. (4227) Von H. Behrens,
H. Frickert, 168 S., 127 Farbfotos,
18 Zeichnungen, Pappband.
DM 39,–/S 319.–

Mineralien, Steine und Fossilien
Grundkenntnisse für Hobby-Sammler.
(0437) Von D. Stobbe, 96 S., 16 Farbtafeln, 14 s/w-Fotos, 10 Zeichnungen,
kart. **DM 9,80**/S 79.–

Vom verführerischen Feuer der
Edelsteine
(2221) Von H. A. Mehler, R. Klotz, 80 S.,
46 Farbfotos, Pappband.
DM 9,80/S 85.–

Freizeit mit dem Mikroskop
(0291) Von M. Deckart, 132 S., 8 Farbtafeln, 64 s/w Abb., 2 Zeichnungen, kart.
DM 9,80/S 79.–

Briefmarken
sammeln für Anfänger. (0481) Von
D. Stein, 120 S., 4 Farbtafeln,
98 s/w-Abb., kart. **DM 9,80**/S 79.–

Wir lernen tanzen
Standard- und lateinamerikanische
Tänze. (0200) Von E. Fern, 168 S.,
118 s/w-Fotos, 47 Zeichnungen, kart.
DM 9,80/S 79.–

Tanzstunde
Das Welttanzprogramm · Party-Tanz-
stunde. (5018) Von G. Hädrich, 172 S.,
443 s/w-Fotos, 140 Zeichnungen,
Pappband. **DM 19.80**/S 159.–

So tanzt man Rock'n'Roll
Grundschritte · Figuren · Akrobatik.
(0573) Von W. Steuer und G. Marz,
224 S., 303 Abb., kart.
DM 16,80/S 139.–

Disco-Tänze
(0491) Von B. und F. Weber, 104 S.,
104 Abb., kart. **DM 6,80**/S 59,–

Tanzen überall
Discofox, Rock'n'Roll, Blues, Langsamer
Walzer, Cha-Cha-Cha zum Selberlernen.
(0760) Von H. M. Pritzer, 112 S.,
128 Farbfotos, kart. **DM 19,80**/S 159.–

Videokassette **Tanzen überall**
Discofox, Rock'n'Roll, Blues. (6004/VHS,
6005/Video 2000, 6006/Beta) Von
H. M. Pritzer, G. Steinheimer, in Farbe,
ca. 45 Min. **DM 69,–**/S 619.–
(unverb. Preisempfehlung)

**Unser schönes Deutschland
neu gesehen**
(4199) Hrsg. U. Moll, 208 S., 800 Farbfotos, Pappband. **DM 29,80**/S 239,–

Schwarzwald-Romantik
Vom Zauber einer deutschen Landschaft.
(4232) Hrsg. A. Rolf, 184 S., 273 Farbfotos, Pappband. **DM 29,80**/S 239,–

Sport

Judo
Grundlagen des Stand- und Boden-
kampfes. (4013) Von W. Hofmann,
244 S., 589 Fotos, Pappband.
DM 29,80/S 239.–

Neue Lehrmethoden der Judo-Praxis
(0424) Von P. Herrmann, 223 S.,
475 Abb., kart. **DM 16,80**/S 139.–

Judo
Grundlagen – Methodik. (0305) Von
M. Ohgo, 208 S., 1025 Fotos, kart.
DM 14,80/S 119.–

Fußwürfe
für Judo, Karate und Selbstverteidigung.
(0439) Von H. Nishioka, 96 S., 260 Abb.,
kart. **DM 9,80**/S 79.–

Karate für alle
Karate-Selbstverteidigung in Bildern.
(0314) Von A. Pflüger, 112 S., 356 s/w-
Fotos, kart. **DM 9,80**/S 79.–

Karate für Frauen und Mädchen
Sport und Selbstverteidigung. (0425)
Von A. Pflüger, 168 S., 259 s/w-Fotos,
kart. **DM 12,80**/S 99.–

Nakayamas Karate perfekt 1
Einführung. (0487) Von M. Nakayama,
136 S., 605 s/w-Fotos, kart.
DM 19,80/S 159.–

Nakayamas Karate perfekt 2
Grundtechniken. (0512) Von
M. Nakayama, 136 S., 354 s/w-Fotos,
53 Zeichnungen, kart.
DM 19,80/S 159.–

Nakayamas Karate perfekt 3
Kumite 1: Kampfübungen. (0538) Von
M. Nakayama, 128 S., 424 s/w-Fotos,
kart. **DM 19,80**/S 159.–

Nakayamas Karate perfekt 4
Kumite 2: Kampfübungen. (0547) Von
M. Nakayama, 128 S., 394 s/w-Fotos,
kart. **DM 19,80**/S 159.–

Nakayamas Karate perfekt 5
Kata 1: Heian, Tekki. (0571) Von
M. Nakayama, 144 S., 1229 s/w-Fotos,
kart. **DM 19,80**/S 159.–

Nakayamas Karate perfekt 6
Kata 2: Bassai-Dai, Kanku-Dai. (0600)
Von M. Nakayama, 144 S.,
1300 s/w-Fotos, 107 Zeichnungen, kart.
DM 19,80/S 159.–

Nakayamas Karate perfekt 7
Kata 3: Jitte, Hangetsu, Empi. (0618)
Von M. Nakayama, 144 S., 1988 s/w-
Fotos, 105 Zeichnungen, kart.
DM 19,80/S 159.–

Nakayamas Karate perfekt 8
Gankaku, Jion. (0650) Von
M. Nakayama, 144 S., 1174 s/w-Fotos,
99 Zeichnungen, kart. **DM 19,80**/S 159.–

Kontakt-Karate
Ausrüstung · Technik · Training. (0396)
Von A. Pflüger, 112 S., 238 s/w-Fotos,
kart. **DM 14,80**/S 119.–

Karate-Do
Das Handbuch des modernen Karate.
(4028) Von A. Pflüger, 360 S., 1159 Abb.,
Pappband. **DM 39,–**/S 319.–

Bo-Karate
Kukishin-Ryu – die Techniken des Stock-
kampfes. ((0447) Von G. Stiebler, 176 S.,
424 s/w-Fotos, 38 Zeichnungen, kart.
DM 16,80/S 139.–

Karate I
Einführung · Grundtechniken. (0227)
Von A. Pflüger, 148 S., 195 s/w-Fotos,
120 Zeichnungen, kart.
DM 9,80/S 79.–

Karate II
Kombinationstechniken · Katas. (0239)
Von A. Pflüger, 176 S., 452 s/w-Fotos
und Zeichnungen, kart.
DM 9,80/S 79.–

Karate Kata 1
Heian 1-5, Tekki 1, Bassai Dai. (0683)
Von W.-D. Wichmann, 164 S., 703 s/w-
Fotos, kart. **DM 19,80**/S 159,–

Karate Kata 2
Jion, Empi, Kanku-Dai, Hangetsu.
(0723) Von W.-D. Wichmann, 140 S.,
661 s/w Fotos, 4 Zeichnungen, kart.
DM 19,80/S 159.–

Ninja 1
Die Lehre der Schattenkämpfer. (0758)
Von S. K. Hayes, 144 S., 137 s/w-Fotos,
kart. **DM 16,80**/S 139.–

Ninja 2
Die Wege zum Shoshin (0763) Von
S. K. Hayes, 160 S., 309 s/w-Fotos, kart.
DM 16,80/S 139,–

Ninja 3
Der Pfad des Togakure-Kämpfers.
(0764) Von S. K. Hayes, 144 S., 197 s/w-
Fotos, 2 Zeichnungen, kart.
DM 16,80/S 139.–

Ninja 4
Das Vermächtnis der Schattenkämpfer.
(0807) Von S. K. Hayes, 196 S., 466 s/w-
Fotos, kart. **DM 16,80**/S 139,–

Der König des Kung-Fu
Bruce Lee
Sein Leben und Kampf. (0392) Von
seiner Frau Linda. 136 S., 104 s/w-Fotos,
kart. **DM 19,80**/S 159.–

Bruce Lees Kampfstil 1
Grundtechniken. (0473) Von B. Lee und
M. Uyehara, 109 S., 220 Abb., kart.
DM 9,80/S 79.–

Bruce Lees Kampfstil 2
Selbstverteidigungs-Techniken. (0486)
Von B. Lee und M. Uyehara, 128 S.,
310 Abb., kart. **DM 9,80**/S 79.–

Bruce Lees Kampfstil 3
Trainingslehre. (0503) Von B. Lee und
M. Uyehara, 112 S., 246 Abb., kart.
DM 9,80/S 79.–

Bruce Lees Kampfstil 4
Kampftechniken. (0523) Von B. Lee und
M. Uyehara, 104 S., 211 Abb., kart.
DM 9,80/S 79.–

Bruce Lees Jeet Kune Do
(0440) Von B. Lee, 192 S., mit 105 eigen-
händigen Zeichnungen von B. Lee, kart.
DM 19,80/S 159.–

Ju-Jutsu 1
Grundtechniken – Moderne Selbstverteidigung. (0276) Von W. Heim und
F. J. Gresch, 160 S., 460 s/w-Fotos,
8 Zeichnungen, kart. **DM 9,80**/S 79.–

Ju-Jutsu 2
für Fortgeschrittene und Meister. (0378)
Von W. Heim und F. J. Gresch, 164 S.,
798 s/w-Fotos, kart. **DM 19,80**/S 159.–

Die Preise entsprechen dem Status beim Druck dieses

Ju-Jutsu 3
Spezial-, Gegen- und Weiterführungs-Techniken. (0485) Von W. Heim und F. J. Gresch, 214 S., über 600 s/w-Fotos, kart. **DM 19,80**/S 159.–

Ju-Jutsu als Wettkampf
(0826) Von G. Kulot, 168 S., 418 s/w-Fotos, 2 Zeichnungen, kart.
DM 19,80/S 159.–

Nunchaku
Waffe · Sport · Selbstverteidigung. (0373) Von A. Pflüger, 144 S., 247 Abb., kart. **DM 16,80**/S 139.–

Shuriken · Tonfa · Sai
Stockfechten und andere bewaffnete Kampfsportarten aus Fernost. (0397) Von A. Schulz, 96 S., 253 s/w-Fotos, kart. **DM 12,80**/S 99.–

Illustriertes Handbuch des Taekwon-Do
Koreanische Kampfkunst und Selbstverteidigung. (4053) Von K. Gil, 248 S., 1026 Abb., Pappband. **DM 29,80**/S 239.–

Taekwon-Do
Koreanischer Kampfsport. (0347) Von K. Gil, 152 S., 408 Abb., kart.
DM 12,80/S 99.–

Aikido
Lehren und Techniken des harmonischen Weges. (0537) Von R. Brand, 280 S., 697 Abb., kart. **DM 19,80**/S 159.–

Kung-Fu und Tai-Chi
Grundlagen und Bewegungsabläufe. (0367) Von B. Tegner, 182 S., 370 s/w-Fotos, kart. **DM 14,80**/S 119.–

Kung-Fu
Theorie und Praxis klassischer und moderner Stile. (0376) Von M. Pabst, 160 S., 330 Abb., kart.
DM 12,80/S 99.–

Shaolin-Kempo – Kung-Fu
Chinesisches Karate im Drachenstil. (0395) Von R. Czerni und K. Konrad. 246 S., 723 Abbildungen, kart.
DM 19,80/S 159.–

Hap Ki Do
Grundlagen und Techniken koreanischer Selbstverteidigung. (0379) Von Kim Sou Bong, 112 S., 153 Abb., kart.
DM 14,80/S 119.–

Dynamische Tritte
Grundlagen für den Zweikampf. (0438) Von C. Lee, 96 S., 398 s/w-Fotos, 10 Zeichnungen, kart. **DM 9,80**/S 79.–

Kickboxen
Fitneßtraining und Wettkampfsport. (0795) Von G. Lemmens, 96 S., 208 s/w-Fotos, 23 Zeichnungen, kart.
DM 16,80/S 139.–

Muskeltraining mit Hanteln
Leistungssteigerung für Sport und Fitness. (0676) Von H. Schulz, 108 S., 92 s/w-Fotos, 2 Zeichnungen, kart.
DM 9,80/S 79.–

Leistungsfähiger durch Krafttraining
Eine Anleitung für Fitness Sportler, Trainer und Athleten (0617) Von W. Kieser, 100 S., 20 s/w-Fotos, 62 Zeichnungen, kart. **DM 9,80**/S 79.–

Bodybuilding
Anleitung zum Muskel- und Konditionstraining für sie und ihn. (0604) Von R. Smolana. 160 S., 171 s/w-Fotos, kart. **DM 9,80**/S 79.–

Hanteltraining zu Hause
(0800) Von W. Kieser, 80 S., 71 s/w-Fotos, 4 Zeichnungen, kart.
DM 9,80/S 79,–

Fit und gesund
Körpertraining und Bodybuilding zu Hause. (0782) Von H. Schulz, 80 S., 100 Farbfotos, 3 Zeichnungen, kart.
DM 14,80/S 119,–
Video-Kassette:

Fit und gesund
VHS (6013), Video 2000 (6014), Beta (6015), Laufzeit 30 Minuten, in Farbe.
DM 49,80/ S 448,–
(unverb. Preisempf.)
Package (Buch und Kassette)

Fit und gesund
(6019/VHS, 6020/Video 2000, 6021/Beta). Von H. Schulz,
DM 69,–/S 619.–
(unverbindl. Preisempf.)

Bodybuilding für Frauen
Wege zu Ihrer Idealfigur (0661) Von H. Schulz, 108 S., 84 s/w-Fotos, 4 Zeichnungen, großes farbiges Übungsposter, kart. **DM 14,80**/S 119.–

Isometrisches Training
Übungen für Muskelkraft und Entspannung. (0529) Von L. M. Kirsch, 140 S., 162 s/w-Fotos, kart. **DM 9,80**/S 79.–

Spaß am Laufen
Jogging für die Gesundheit. (0470) Von W. Sonntag, 140 S., 41 s/w-Fotos, 1 Zeichnung, kart. **DM 9,80**/S 79.–

Mein bester Freund, der Fußball
(5107) Von D. Brüggemann und D. Albrecht, 144 S., 171 Abb., kart.
DM 16,80/S 139.–

Fußball
Training und Wettkampf. (0448) Von H. Obermann und P. Walz, 166 S., 92 s/w-Fotos, 15 Zeichnungen, 29 Diagramme, kart. **DM 12,80**/S 99.–

Handball
Technik · Taktik · Regeln. (0426) Von F. und P. Hattig, 128 S., 91 s/w-Fotos, 121 Zeichnungen, kart. **DM 14,80**/S 119.–

Volleyball
Technik · Taktik · Regeln. (0351) Von H. Huhle, 104 S., 330 Abb., kart.
DM 9,80/S 79.–

Basketball
Technik und Übungen für Schule und Verein. (0279) Von C. Kyriasoglou, 116 S., mit 252 Übungen zur Basketballtechnik, 186 s/w-Fotos und 164 Zeichnungen, kart. **DM 12,80**/S 99.–

Hockey
Technische und taktische Grundlagen. (0398) Von H. Wein, 152 S., 60 s/w-Fotos, 30 Zeichnungen, kart.
DM 16,80/S 139.–

Eishockey
Lauf- und Stocktechnik, Körperspiel, Taktik, Ausrüstung und Regeln. (0414) Von J. Čapla, 264 S., 548 s/w-Fotos, 163 Zeichnungen, kart. **DM 19,80**/S 159.–

Badminton
Technik · Taktik · Training.
(0699) Von K. Fuchs, L. Sologub, 168 S., 51 Abb., kart L., **DM 16,80**/S 139.–

Golf
Ausrüstung · Technik · Regeln. (0343) Von J. C. Jessop, übersetzt von H. Biemer, mit einem Vorwort von H. Krings, Präsident des Deutschen Golf-Verbandes, 160 S., 65 Abb., Anhang Golfregeln des DGV, kart. **DM 16,80**/S 139.–

Pool-Billard
(0484) Herausgegeben vom Deutschen Pool-Billard-Bund, von M. Bach und K.-W. Kühn, 88 S., mit über 80 Abb., kart. **DM 7,80**/S 69.–

Sportschießen
für jedermann. (0502) Von A. Kovacic, 124 S., 116 s/w Fotos, kart.
DM 14,80/S 119.–

Fechten
Florett · Degen · Säbel. (0449) Von E. Beck, 88 S., 219 Fotos und Zeichnungen, kart. **DM 11,80**/S 94.–

Reiten
Dressur · Springen · Gelände. (0415) Von U. Richter, 168 S., 235 Abb., kart.
DM 12,80/S 99.–

Fibel für Kegelfreunde
Sport- und Freizeitkegeln · Bowling. (0191) Von G. Bocsai, 72 S., 62 Abb., kart. **DM 5,80**/S 49.–

Beliebte und neue Kegelspiele
(0271) Von G. Bocsai, 92 S., 62 Abb., kart. **DM 5,80**/S 49.– · –

111 spannende Kegelspiele
(2031) Von H. Reguľski, 88 S., 53 Zeichnungen, kart., **DM 7,80**/S 69.–

Ski-Gymnastik
Fit für Piste und Loipe. (0450) Von H. Pilss-Samek, 104 S., 67 s/w-Fotos, 20 Zeichnungen, kart. **DM 6,80**/S 59.–

Die neue Skischule
Ausrüstung · Technik · Trickskilauf · Gymnastik. (0369) Von C. und R. Kerler, 128 S., 100 Abb., kart. **DM 9,80**/S 79.–

Skilanglauf, Skiwandern
Ausrüstung · Techniken · Skigymnastik. (5129) Von T. Reiter und R. Kerler, 80 S., 8 Farbtafeln, 85 Zeichnungen und s/w-Fotos, kart. **DM 14,80**/S 119,–

Alpiner Skisport
Ausrüstung · Techniken · Skigymnastik. (5130) Von K. Meßmann, 128 S., 8 Farbtafeln, 93 s/w-Fotos, 45 Zeichnungen, kart. **DM 14,80**/S 119.–

Die neue Tennis-Praxis
Der individuelle Weg zu erfolgreichem Spiel. (4097) Von R. Schönborn, 240 S., 202 Farbzeichnungen, 31 s/w-Abb., Pappband. **DM 39,–**/S 319.–

Erfolgreiche Tennis-Taktik
(4086) Von R. Ford Greene, übersetzt von M. R. Fischer, 182 S., 87 Abb., kart.
DM 19,80/S 159.–

Moderne Tennistechnik
(4187) Von G. Lam, 192 S., 339 s/w-Fotos, 91 Zeichnungen, kart.
DM 24,80/S 198.–

Tennis kompakt
Der erfolgreiche Weg zu Spiel, Satz und Sieg. (5116) Von W. Taferner, 128 S., 82 s/w-Fotos, 67 Zeichnungen, kart.
DM 14,80/S 119.–

Tennis
Technik · Taktik · Regeln. (0375) Von H. Elschenbroich, 112 S., 81 Abb., kart.
DM 6,80/S 59.–

Tischtennis-Technik
Der individuelle Weg zu erfolgreichem Spiel. (0775) Von M. Perger, 144 S., 296 Abb. kart. **DM 16,80**/S 139,–

Squash
Ausrüstung · Technik · Regeln. (0539) Von D. von Horn und H.-D. Stünitz, 96 S., 55 s/w-Fotos, 25 Zeichnungen, kart.
DM 8,80/S 74.–

Sporttauchen
Theorie und Praxis des Gerätetauchens. (0647) Von S. Müßig, 144 S., 8 Farbtafeln, 35 s/w-Fotos, 89 Zeichnungen, kart., **DM 14,80**/S 119.–

Windsurfing
Lehrbuch für Grundschein und Praxis. (5028) Von C. Schmidt, 64 S., 60 Farbfotos, Pappband. **DM 12,80**/S 99.–

Segeln
Der neue Grundschein – Vorstufe zum A-Schein – Mit Prüfungsfragen. (5147) Von C. Schmidt, 80 S., 8 Farbtafeln, 18 Farbfotos, 82 Zeichnungen, kart., **DM 14,80**/S 119.–

Sportfischen
Fische – Geräte – Technik. (0324) Von H. Oppel, 144 S., 49 s/w-Fotos, 8 Farbtafeln, kart. **DM 9,80**/S 79.–

Falken-Handbuch Angeln
in Binnengewässern und im Meer. (4090) Von H. Oppel, 344 S., 24 Farbtafeln, 66 s/w-Fotos, 151 Zeichnungen, gebunden. **DM 39,–**/S 319.–

Angeln
Kleine Fibel für den Sportfischer. (0198) Von E. Bondick, 96 S., 116 Abb., kart. **DM 8,80**/S 74.–

Die Erben Lilienthals
Sportfliegen heute
(4054) Von G. Brinkmann, 240 S., 32 Farbtafeln, 176 s/w-Fotos, 33 Zeichnungen, gebunden. **DM 39,–**/S 319.–

Einführung in das Schachspiel
(0104) Von W. Wollenschläger und K. Colditz, 92 S., 116 Diagramme, kart. **DM 6,80**/S 59.–

Schach mit dem Computer
(0747) Von D. Frickenschmidt, 140 S., 112 Diagramme, 29 s/w-Fotos, 5 Zeichnungen, **DM 16,80**/S 139.–

Spielend Schach lernen
(2002) Von T. Schuster, 128 S., kart. **DM 6,80**/S 59.–

Kinder- und Jugendschach
Offizielles Lehrbuch des Deutschen Schachbundes zur Erringung der Bauern-, Turm- und Königsdiplome. (0561) Von B. J. Withuis und H. Pfleger, 144 S., 220 Zeichnungen u. Diagramme, kart. **DM 12,80**/S 99.–

Neue Schacheröffnungen
(0478) Von T. Schuster, 108 S., 100 Diagramme, kart. **DM 8,80**/S 74.–

Schach für Fortgeschrittene
Taktik und Probleme des Schachspiels. (0219) Von R. Teschner, 96 S., 85 Diagramme, kart. **DM 5,80**/S 49.–

Taktische Schachendspiele
(0752) Von J. Nunn, 200 S., 151 Diagramme, kart. **DM 16,80**/S 139.–

Schach-WM '85 Karpow – Kasparow.
Mit ausführlichen Kommentaren zu allen Partien. (0785) Von H. Pfleger, O. Borik, M. Kipp-Thomas, 128 S., zahlreiche Abb. und Diagramme, kart. **DM 14,80**/S 119.–

Schachstrategie
Ein Intensivkurs mit Übungen und ausführlichen Lösungen. (0584) Von A. Koblenz, dt. Bearb. von K. Colditz, 212 S., 240 Diagramme, kart. **DM 16,80**/S 139.–

Falken-Handbuch Schach
(4051) Von T. Schuster, 360 S., über 340 Diagramme, gebunden. **DM 36,–**/S 298.–

Die besten Partien deutscher Schachgroßmeister
(4121) Von H. Pfleger, 192 S., 29 s/w-Fotos, 89 Diagramme, Pappband. **DM 29,80**/S 239.–

Turnier der Schachgroßmeister '83
Karpow · Hort · Browne · Miles · Chandler · Garcia · Rogers · Kindermann. (0718) Von H. Pfleger, E. Kurz, 176 S., 29 s/w-Fotos, 71 Diagramme, kart. **DM 16,80**/S 139.–

Lehr-, Übungs- und Testbuch der Schachkombinationen
(0649) Von K. Colditz, 184 S., 227 Diagramme, kart. **DM 14,80**/S 119.–

Zug um Zug
Schach für jedermann 1
Offizielles Lehrbuch des Deutschen Schachbundes zur Erringung des Bauerndiploms. (0648) Von H. Pfleger und E. Kurz, 80 S., 24 s/w-Fotos, 8 Zeichnungen, 60 Diagramme, kart. **DM 6,80**/S 59.–

Zug um Zug
Schach für jedermann 2
Offizielles Lehrbuch des Deutschen Schachbundes zur Erringung des Turmdiploms. (0659) Von H. Pfleger und E. Kurz, 132 S., 8 s/w-Fotos, 14 Zeichnungen, 78 Diagramme, kart. **DM 9,80**/S 79.–

Zug um Zug
Schach für jedermann 3
Offizielles Lehrbuch des Deutschen Schachbundes zur Erringung des Königdiploms. (0728) Von H. Pfleger, G. Treppner, 128 S., 4 s/w-Fotos, 84 Diagramme, 10 Zeichnungen, kart. **DM 9,80**/S 79.–

Schachtraining mit den Großmeistern
(0670) Von H. Bouwmeester, 128 S., 90 Diagramme, kart. **DM 14,80**/ S 119.–

Schach als Kampf
Meine Spiele und mein Weg. (0729) Von G. Kasparow, 144 S., 95 Diagramme, 9 s/w-Fotos, kart. **DM 14,80**/S 119.–

Spiele, Denksport, Unterhaltung

Kartenspiele
(2001) Von C. D. Grupp, 144 S., kart. **DM 9,80**/S 79.–

Neues Buch der
siebzehn und vier Kartenspiele
(0095) Von K. Lichtwitz, 96 S., kart. **DM 6,80**/S 59.–

Alles über Pokern
Regeln und Tricks. (2024) Von C. D. Grupp, 120 S., 29 Kartenbilder, kart. **DM 8,80**/S 74.–

Rommé und Canasta
in allen Variationen. (2025) Von C. D. Grupp, 124 S., 24 Zeichnungen, kart., **DM 9,80**/S 79.–

Schafkopf, Doppelkopf, Binokel, Cego, Gaigel, Jaß, Tarock und andere „Lokalspiele".
(2015) Von C. D. Grupp, 152 S., kart. **DM 12,80**/S 99.–

Spielend Skat lernen
unter freundlicher Mitarbeit des deutschen Skatverbandes. (2005) Von Th. Krüger, 156 S., 181 s/w-Fotos, 22 Zeichnungen, kart. **DM 9,80**/S 79.–

Das Skatspiel
Eine Fibel für Anfänger. (0206) Von K. Lehnhoff, überarb. von P.A. Höfges, 96 S., kart. **DM 6,80**/S 59.–

Black Jack
Regeln und Strategien des Kasinospiels. (2032) Von K. Kelbratowski, 88 S., kart. **DM 9,80**/S 79.–

Falken-Handbuch Patiencen
Die 111 interessantesten Auslagen. (4151) Von U. v. Lyncker, 216 S., 108 Abbildungen, Pappband. **DM 29,80**/S 239.–

Patiencen
in Wort und Bild. (2003) Von I. Wolter, 136 S., kart. **DM 7,80**/S 69.–

Falken-Handbuch Bridge
Von den Grundregeln zum Turnierspiel. (4092) Von W. Voigt und K. Ritz, 276 S., 792 Zeichnungen, gebunden. **DM 39,–**/S 319.–

Spielend Bridge lernen
(2012) Von J. Weiss, 108 S., 58 Zeichnungen, kart. **DM 7,80**/S 69.–

Spieltechnik im Bridge
(2004) Von V. Mollo und N. Gardener, deutsche Adaption von D. Schröder, 216 S., kart. **DM 16,80**/S 139.–

Besser Bridge spielen
Reiztechnik, Spielverlauf und Gegenspiel. (2026) Von J. Weiss, 144 S., 60 Diagramme, kart. **DM 14,80**/S 119.–

Herausforderung im Bridge
200 Aufgaben mit Lösungen. (2033) Von V. Mollo, 152 S., kart. **DM 19,80**/S 159,–

Kartentricks
(2010) Von T. A. Rosee, 80 S., 13 Zeichnungen, kart. **DM 6,80**/S 59.–

Mah-Jongg
Das chinesische Glücks-, Kombinations- und Gesellschaftsspiel. (2030) Von U. Eschenbach, 80 S., 30 s/w-Fotos, 5 Zeichnungen, kart. **DM 9,80**/S 79.–

Neue Kartentricks
(2027) Von K. Pankow, 104 S., 20 Abb., kart. **DM 7,80**/S 69,–

Backgammon
für Anfänger und Könner. (2008) Von G. W. Fink und G. Fuchs, 116 S., 41 Abb., kart. **DM 9,80**/S 79.–

Würfelspiele
für jung und alt. (2007) Von F. Pruss, 112 S., 21 s/w-Zeichnungen, kart. **DM 7,80**/S 69.–

Gesellschaftsspiele
für drinnen und draußen. (2006) Von H. Görz, 128 S., kart. **DM 6,80**/S 59.–

Spiele für Party und Familie
(2014) Von Rudi Carrell, 160 S., 50 Abb., kart. **DM 9,80**/S 79.–

Dame
Das Brettspiel in allen Variationen. (2028) Von C. D. Grupp, 104 S., 122 Diagramme, kart. **DM 9,80**/S 79.–

Das japanische Brettspiel Go
(2020) Von W. Dörholt, 104 S., 182 Diagramme, kart. **DM 9,80**/S 79.–

Roulette richtig gespielt
Systemspiele, die Vermögen brachten. (0121) Von M. Jung, 96 S., zahlreiche Tabellen, kart. **DM 7,80**/S 69.–

So gewinnt man gegen
Video- und Computerspiele
(0644) Von C. Kerler, 160 S., 25 Zeichnungen, 30 s/w-Fotos, kart. **DM 6,80**/S 59.–

Denksport und Schnickschnack
für Tüftler und kluge Köpfe. (0362) Von J. Barto, 100 S., 45 Abb., kart. **DM 6,80**/S 59.–

Die Preise entsprechen dem Status beim Druck dieses

Rätselspiele, Quiz- und Scherzfragen
für gesellige Stunden. (0577) Von K.-H.
Schneider, 168 S., über 100 Zeichnungen,
Pappband. **DM 16,80**/S 139.–

Knobeleien und Denksport
(2019) Von K. Rechberger, 142 S.,
105 Zeichnungen, kart. **DM 7,80**/S 69.–

Quiz
Mehr als 1500 ernste und heitere Fragen
aus allen Gebieten. (0129) Von R. Sautter
und W. Pröve, 92 S., 9 Zeichnungen,
kart. **DM 7,80**/S 69.–

500 Rätsel selberraten
(0681) Von E. Krüger, 272 S., kart.
DM 9,95/S 79.–

Das Super-Kreuzwort-Rätsel-Lexikon
Über 150.000 Begriffe. (4126) Von
H. Schiefelbein, 684 S., Pappband.
DM 19,80/S 159.–

365 Schwedenrätsel
(4173) Von Günther Borutta, 336 S.,kart.
DM 16,80/S 139,–

501 Rätsel selberraten
(0711) Von E. Krüger, 272 S., kart.
DM 9,95/S 79,–

Riesen-Kreuzwort-Rätsel-Lexikon
über 250.000 Begriffe. (4197) Von
H. Schiefelbein, 1024 S., Pappband.
DM 29,80/S 239,–

Das große farbige Kinderlexikon
(4195) Von U. Kopp, 320 S., 493 Farbabb.,
17 s/w-Fotos, Pappband.
DM 29,80/S 239,–

Das große farbige
Bastelbuch für Kinder
(4254) Von U. Barff, I. Burkhardt,
J. Maier, 224 S., 157 Farbfotos,
430 Farb- und 69 s/w-Zeichnungen,
Pappband. **DM 29,80**/S 239.–

Punkt, Punkt, Komma, Strich
Zeichenstunden für Kinder. (0564) Von
H. Witzig, 144 S., über 250 Zeichnungen,
kart. **DM 6,80**/S 59.–

Einmal grad und einmal krumm
Zeichenstunden für Kinder. (0599) Von
H. Witzig, 144 S., 363 Abb., kart.
DM 6,80/S 59.–

Kinderspiele
die Spaß machen. (2009) Von H. Müller-
Stein, 112 S., 28 Abb., kart.
DM 6,80/S 59.–

Spiele für Kleinkinder
(2011) Von D. Kellermann, 80 S.,
23 Abb., kart. **DM 5,80**/S 49.–

Kasperletheater
Spieltexte und Spielanleitungen · Bastel-
tips für Theater und Puppen. (0641) Von
U. Lietz, 136 S., 4 Farbtafeln,
12 s/w-Fotos, 39 Zeichnungen, kart.
DM 9,80/S 79.–

Kindergeburtstag
Vorbereitung, Spiel und Spaß. (0287)
Von Dr. I. Obrig, 104 S., 40 Abb.,
11 Zeichnungen, 9 Lieder mit Noten, kart.
DM 5,80/S 49.–

Kindergeburtstage die keiner vergißt
Planung, Gestaltung, Spielvorschläge.
(0698) Von G. und G. Zimmermann, 102 S.,
80 Vignetten, kart. **DM 9,80**/ S 79,–

Kinderfeste
daheim und in Gruppen. (4033) Von
G. Blechner, 240 S., 320 Abb., kart.
DM 19,80/S 159.–

Scherzfragen, Drudel und Blödeleien
gesammelt von Kindern. (0506) Hrsg.
von W. Pröve, 112 S., 57 Zeichnungen,
kart. **DM 5,80**/S 49.–

Kein schöner Land...
**Das große Buch unserer beliebtesten
Volkslieder.** (4150) 208 S., 108 Farb-
zeichnungen, Pappband. **DM 16,80**/S 159.–

Komm mit ins Land der Lieder
Das große Buch der Kinder-, Volks- und
Chorlieder. (4261) Hrsg. von H. Rauhe,
176 S., 146 Farbzeichnungen, Pappband.
DM 25,–/S 200.–

**Die schönsten Wander- und Fahrten-
lieder**
(0462) Hrsg. von F. R. Miller, empfohlen
vom Deutschen Sängerbund, 80 S., mit
Noten und Zeichnungen, kart.
DM 5,80/S 49.–

Die schönsten Volkslieder
(0432) Hrsg. von D. Walther, 128 S.,
mit Noten und Zeichnungen, kart.
DM 6,80/S 55.–

Neue Spiele für Ihre Party
(2022) Von G. Blechner, 120 S., 54 Zeichnungen, kart. **DM 9,80**/S 79.–

Lustige Tanzspiele und Scherztänze
für Parties und Feste. (0165) Von
E. Bäulke, 80 S., 53 Abb., kart.
DM 6,80/S 59.–

Straßenfeste, Flohmärkte und Basare
Praktische Tips für Organisation und
Durchführung. (0592) Von H. Schuster,
96 S., 52 Fotos, 37 Zeichnungen, kart.
DM 12,80/S 99.–

Humor

Großes Wilhelm Busch Album
mit 1.700 farbigen Bildern. (4249) Von
W. Busch, 400 S., 1700 Farbzeichnungen,
Pappband. **DM 16,80**/S 139.–

Es ist ein Brauch von alters her...
Lebensweisheiten
(2214) Von W. Busch, 80 S., 38 Zeichnungen, Pappband. **DM 9,80**/S 79.–

Heitere Vorträge und witzige Reden
Lachen, Witz und gute Laune. (0149) Von
E. Müller, 104 S., 44 Abb., kart.
DM 9,80/S 79,–

Tolle Sketche
mit zündenden Pointen – zum Nachspielen. (0656) Von E. Cohrs, 112 S.,
kart. **DM 9,80**/S 79.–

Vergnügliche Sketche
(0476) Von H. Pillau, 96 S., mit
7 lustigen Zeichnungen, kart.
DM 6,80/S 59.–

Heitere Vorträge
(0528) Von E. Müller, 128 S., 14 Zeichnungen, kart. **DM 9,80**/S 79.–

Die große Lachparade
Neue Texte für heitere Vorträge und
Ansagen. (0188) Von E. Müller, 108 S.,
kart. **DM 6,80**/S 59.–

So feiert man Feste fröhlich
Heitere Vorträge und Gedichte.
(0098) Von Dr. Allos, 96 S., 15 Abb.,
kart. **DM 7,80**/S 69.–

Lustige Vorträge für fröhliche Feiern
(0284) Von Karl Lehnhoff, 96 S., kart.
DM 6,80/S 59.–

Vergnügliches Vortragsbuch
(0091) Von J. Plaut, 192 S., kart.
DM 8,80/S 74.–

**Tolle Sachen zum Schmunzeln und
Lachen**
Lustige Ansagen und Vorträge. (0163)
Von E. Müller, 92 S., kart.
DM 6,80/S 59.–

Locker vom Hocker
Witzige Sketche zum Nachspielen.
(4262) Von W. Giller, 144 S., 41 Zeichnungen, Pappband. **DM 19,80**/S 159.–

Fidele Sketche und heitere Vorträge
Humor zum Nachspielen. (0157) Von
H. Ehnle, 96 S., kart. **DM 6,80**/S 59.–

Sketche und spielbare Witze
für bunte Abende und andere Feste.
(0445) Von H. Friedrich, 120 S., 7 Zeichnungen, kart. **DM 6,80**/S 59.–

Sketche
Kurzspiele zu amüsanter Unterhaltung.
(0247) Von M. Gering, 132 S., 16 Abb.,
kart., **DM 6,80**/59.–

Dalli-Dalli-Sketche
aus dem heiteren Ratespiel von und mit
Hans Rosenthal. (0527) Von H. Pillau,
144 S., 18 Zeichnungen, kart.
DM 9,80/S 79.–

Witzige Sketche zum Nachspielen
(0511) Von D. Hallervorden, 160 S., kart.
DM 14,80/S 119.–

Gereimte Vorträge
für Bühne und Bütt. (0567) Von G. Wagner,
96 S., kart. **DM 7,80**/S 69.–

Damen in der Bütt
Scherze, Büttenreden, Sketche.
(0354) Von T. Müller, 136 S., kart.
DM 8,80/S 74.–

Narren in der Bütt
Leckerbissen aus dem rheinischen
Karneval. (0216) Zusammengestellt von
T. Lücker, 112 S., kart.
DM 8,80/S 74.–

Rings um den Karneval
Karnevalsscherze und Büttenreden.
(0130) Von Dr. Allos, 136 S., kart.
DM 9,80/S 79.–

Helau und Alaaf 1
Närrisches aus der Bütt.
(0304) Von E. Müller, 112 S., kart.
DM 6,80/S 59.–

Helau und Alaaf 2
Neue Büttenreden.
(0477) Von E. Luft, 104 S., kart.
DM 7,80/S 69.–

Helau und Alaaf 3
Neue Reden für die Bütt. (0832) Von
H. Fauser, 144 S., 13 Zeichnungen, kart.
DM 9,80/S 79.–

Humor und Stimmung
Ein heiteres Vortragsbuch. (0460) Von
G. Wagner, 112 S., kart. **DM 6,80**/S 59.–

Humor und gute Laune
Ein heiteres Vortragsbuch. (0635) Von
G. Wagner, 112 S., 5 Zeich-
nungen, kart. **DM 8,80**/S 74.–

Das große Buch der Witze
(0384) Von E. Holz, 320 S., 36 Zeichnungen, Pappband. **DM 16,80**/S 139.–

Da lacht das Publikum
Neue lustige Vorträge für viele Gelegenheiten. (0716) Von H. Schmalenbach,
104 S., kart. **DM 9,80**/S 79,–

Witzig, witzig
(0507) Von E. Müller, 128 S., 16 Zeichnungen, kart. **DM 6,80**/S 59,–

**Die besten Witze und Cartoons des
Jahres 1**
(0454) Hrsg. von K. Hartmann, 288 S.,
125 Zeichnungen, geb. **DM 16,80**/S 139.–

Die besten Witze und Cartoons des Jahres 2
(0488) Hrsg. von K. Hartmann, 288 S., 148 Zeichnungen, geb. **DM 16,80**/S 139.–

Die besten Witze und Cartoons des Jahres 3
(0524) Hrsg. von K. Hartmann, 288 S., 105 Zeichnungen, Pappband. **DM 16,80**/S 139.–

Die besten Witze und Cartoons des Jahres 4
(0579) Hrsg. von K. Hartmann, 288 S., 140 Zeichnungen, Pappband. **DM 16,80**/S 139.–

Die besten Witze und Cartoons des Jahres 5
(0642) Hrsg. von K. Hartmann, 288 S., 88 Zeichnungen, Pappband. **DM 16,80**/S 139.–

Das Superbuch der Witze
(4146) Von B. Bornheim, 504 S., 54 Cartoons, Pappband. **DM 16,80**/S 139.–

Witze
Lachen am laufenden Band (4241) Von J. Burkert, D. Kroppach, 400 S., 41 Zeichnungen, Pappband. **DM 15,–**/S 120,–

Die besten Beamtenwitze
(0574) Hrsg. von W. Pröve, 112 S., 59 Cartoons, kart. **DM 5,80**/S 49.–

Die besten Kalauer
(0705) Von K. Frank, 112 S., 12 Zeichnungen, kart., **DM 5,80**/S 49.–

Robert Lembkes Witzauslese
(0325) Von Robert Lembke, 160 S., mit 10 Zeichnungen von E. Köhler, Pappband. **DM 14,80**/S 119.–

Fred Metzlers Witze mit Pfiff
(0368) Von F. Metzler, 120 S., kart. **DM 6,80**/S 59.–

O frivol ist mir am Abend
Pikante Witze von Fred Metzler. (0388) Von F. Metzler, 128 S., mit Karikaturen, kart. **DM 5,80**/S 49.–

Herrenwitze
(0589) Von G. Wilhelm, 112 S., 31 Zeichnungen, kart. **DM 5,80**/S 49.–

Witze am laufenden Band
(0461) Von F. Asmussen, 118 S., kart. **DM 6,80**/S 59.–

Horror zum Totlachen
Gruselwitze
(0536) Von F. Lautenschläger, 96 S., 44 Zeichnungen, kart. **DM 5,80**/S 49.–

Die besten Ostfriesenwitze
(0495) Hrsg. von O. Freese, 112 S., 17 Zeichnungen, kart. **DM 5,80**/S 49.–

Die Kleidermotte ernährt sich von nichts, sie frißt nur Löcher
Stilblüten, Sprüche und Widersprüche aus Schule, Zeitung, Rundfunk und Fernsehen. (0738) Von P. Haas, D. Kroppach, 112 S., zahlr. Abb., kart. **DM 6,80**/S 59.–

Olympische Witze
Sportlerwitze in Wort und Bild. (0505) Von W. Willnat, 112 S., 126 Zeichnungen, kart. **DM 5,80**/S 49.–

Ich lach mich kaputt! Die besten Kinderwitze
(0545) Von E. Hannemann, 128 S., 15 Zeichnungen, kart. **DM 5,80**/S 49.–

Lach mit!
Witze für Kinder, gesammelt von Kindern. (0468) Hrsg. von W. Pröve, 128 S., 17 Zeichnungen, kart. **DM 6,80**/S 59.–

Die besten Kinderwitze
(0757) Von K. Rank, 120 S., 28 Zeichnungen, kart. **DM 6,80**/S 59.–

Lustige Sketche für Jungen und Mädchen
Kurze Theaterstücke für Jungen und Mädchen. (0669) Von U. Lietz und U. Lange, 104 S., kart. **DM 7,80**/S 69.–

Spielbare Witze für Kinder
(0824) Von H. Schmalenbach, 128 S., 30 Zeichnungen, kart. **DM 9,80**/S 79.–

Natur

Faszination Berg
zwischen Alpen und Himalaya. (4214) Von T. Hiebeler, 96 S., 100 Farbfotos, Pappband. **DM 24,80**/S 198.–

Hilfe für den Wald
Ursachen, Schadbilder, Hilfsprogramme. Was jeder wissen muß, um unser wichtigstes Öko-System zu retten. (4164) Von K. F. Wentzel, R. Zundel, 128 S., 178 Farb- und 6 s/w-Fotos, 60 Zeichnungen, kart. **DM 19,80**/S 159.–

Gefährdete und geschützte Pflanzen
erkennen und benennen. (0596) Von W. Schnedler und K. Wolfstetter. 160 S., 140 Farbfotos, 4 Zeichnungen, kart. **DM 19,80**/S 159,–

Beeren und Waldfrüchte
erkennen und benennen, eßbar oder giftig? (0401) Von J. Raithelhuber, 120 S., 90 Farbfotos, 40 Zeichnungen, kart. **DM 16,80**/S 139.–

Pilze
erkennen und benennen. (0380) Von J. Raithelhuber, 136 S., 110 Farbfotos, kart. **DM 14,80**/S 119.–

Falken-Handbuch Pilze
Mit über 250 Farbfotos und Rezepten. (4061) Von M. Knoop, 276 S., 250 Farbfotos, Pappband. **DM 39,–**/S 319.–

Das Gartenjahr
Arbeitsplan für den Hobbygärtner. (4075) Von G. Bambach, 152 S., 16 Farbtafeln, 141 Abb., kart. **DM 14,80**/S 119.–

Gartenteiche und Wasserspiele
planen, anlegen und pflegen. (4083) Von H. R. Sikora, 160 S., 31 Farb- und 31 s/w-Fotos, 73 Zeichnungen, Pappband. **DM 29,80**/S 239.–

Wasser im Garten
Von der Vogeltränke zum Naturteich – Natürliche Lebensräume selbst gestalten. (4230) Von H. Hendel, 240 S., 247 Farbfotos, 68 Farbzeichnungen, Pappband. **DM 59,–**/S 479.–

Gärtnern
(5004) Von I. Manz, 64 S., 38 Farbfotos, Pappband. **DM 14,80**/S 119.–

Gärtner Gustavs Gartenkalender
Arbeitspläne · Pflanzenporträts · Gartenlexikon. (4155) Von G. Schoser, 128 S., 146 Farbfotos, 13 Tabellen, 203 farbige Zeichnungen, Pappband. **DM 24,80**/S 198.–

Ziersträucher und -bäume im Garten
(5071) Von I. Manz, 64 S., 91 Farbfotos, Pappband. **DM 14,80**/S 119.–

Das Blumenjahr
Arbeitsplan für drinnen und draußen. (4142) Von G. Vocke, 136 S., 15 Farbtafeln, kart. **DM 14,80**/S 119.–

Der richtige Schnitt von Obst- und Ziergehölzen, Rosen und Hecken
(0619) Von E. Zettl, 88 S., 8 Farbtafeln, 39 Zeichnungen, 21 s/w-Fotos, kart. **DM 7,80**/S 69.–

Blumenpracht im Garten
(5014) Von I. Manz, 64 S., 93 Farbfotos, Pappband. **DM 14,80**/S 119.–

Vom betörenden Zauber der **Rosen**
(2206) Von H. Steinhauer, 80 S., 89 Farbfotos und Zeichnungen, Pappband. **DM 9,80**/S 85,–

Blütenpracht in Haus und Garten
(4145) Von M. Haberer, u. a., 352 S., 1012 Farbfotos, Pappband. **DM 39,–**/S 319,–

Das bunte Blütenparadies der **Blumen**
(2219) Von B. Zeidelhack, 80 S., 72 Farbabb., Pappband. **DM 9,80**/S 85,–

Sag's mit Blumen
Pflege und Arrangieren von Schnittblumen. (5103) Von P. Möhring, 64 S., 68 Farbfotos, 2 s/w-Abb., Pappband. **DM 14,80**/S 119.–

Grabgestaltung
Bepflanzung und Pflege zu jeder Jahreszeit. (5120) Von N. Uhl, 64 S., 77 Farbfotos, 2 Zeichnungen, Pappband. **DM 16,80**/S 139.–

Leben im Naturgarten
Der Biogärtner und seine gesunde Umwelt. (4124) Von N. Jorek, 128 S., 68 s/w-Fotos, kart. **DM 14,80**/S 119.–

So wird mein Garten zum Biogarten
Alles über die Umstellung auf naturgemäßen Anbau. (0706) Von I. Gabriel, 128 S., durchgehend 4farbig, 73 Farbfotos, 54 Farbzeichnungen, kart. **DM 14,80**/S 119,–

Gesunde Pflanzen im Biogarten
Biologische Maßnahmen bei Schädlingsbefall und Pflanzenkrankheiten. (0707) Von I. Gabriel, 128 S., durchgehend 4farbig, 126 Farbfotos, 12 Farbzeichnungen, kart. **DM 14,80**/S 119.–

Der Biogarten unter Glas und Folie
Ganzjährig erfolgreich ernten. (0722) Von I. Gabriel, 128 S., durchgehend 4farbig, 62 Farbfotos, 45 Farbzeichnungen, kart. **DM 14,80**/S 119.–

Obst und Beeren im Biogarten
Gesunde und schmackhafte Früchte durch natürlichen Anbau. (0780) Von I. Gabriel, 128 S., 38 Farbfotos, 71 Farbzeichnungen, kart. **DM 14,80**/S 119.–

Neuanlage eines Biogartens
Planung, Bodenvorbereitung, Gestaltung. (0721) Von I. Gabriel, 128 S., durchgehend 4farbig, 73 Farbfotos, 39 Zeichnungen, kart. **DM 14,80**/S 119,–

Der biologische Zier- und Wohngarten
Planen, Vorbereiten, Bepflanzen und Pflegen. (0748) Von I. Gabriel, 128 S., 72 Farbfotos, 46 Farbzeichnungen, kart. **DM 14,80**/S 119,–

Das Bio-Gartenjahr
Arbeitsplan für naturgemäßes Gärtnern. (4169) Von N. Jorek, 128 S., 8 Farbtafeln, 70 s/w-Abb. kart. **DM 14,80**/S 119,–

Selbstversorgung aus dem eigenen Anbau
Reichen Erntesegen verwerten und haltbar machen. (4182) Von M. Bustorf-Hirsch, M. Hirsch, 216 S., 270 Zeichnungen, Pappband. **DM 29,80**/S 239,–

Mischkultur im Nutzgarten
Mit Jahreskalender und Anbauplänen. (0651) Von H. Oppel, 112 S., 8 Farbtafeln, 23 s/w-Fotos, 29 Zeichnungen, kart. **DM 9,80**/S 79,–

Erfolgstips für den Gemüsegarten
Mit naturgemäßem Anbau zu höherem
Ertrag. (0674) Von F. Mühl, 80 S.,
30 s/w-Fotos, 4 Zeichnungen, kart.
DM 7,80/S 69.–

Erfolgstips für den Obstgarten
Gesunde Früchte durch richtige Sorten-
wahl und Pflege. (0827) Von F. Mühl,
184 S., 16 Farbtafeln, 33 Zeichnungen,
kart. **DM 14,80**/S 119.–

Der erfolgreiche Obstgarten
Pflanzung · Veredelung und Schnitt.
(5100) Von J. Zech, 64 S., 54 Farbfotos,
Pappband. **DM 14,80**/S 119.–

**Gemüse, Kräuter, Obst aus dem
Balkongarten**
– Erfolgreich ernten auf kleinstem Raum.
(0694) Von S. Stein, 32 S., 34 Farbfotos,
6 Zeichnungen, Spiralbindung,
kart.**DM 7,80**/S 69.–

Keime, Sprossen, Küchenkräuter
am Fenster ziehen – rund ums Jahr.
(0658) Von F. und H. Jantzen, 32 S.,
55 Farbfotos, Pappband.
DM 6,80/S 59.–

Balkons in Blütenpracht
zu allen Jahreszeiten.
(5047) Von N. Uhl, 64 S., 80 Farbfotos,
Pappband. **DM 14,80**/S 119.–

Kübelpflanzen
für Balkon, Terrasse und Dachgarten.
(5132) Von M. Haberer, 64 S., 70 Farbfotos, Pappband. **DM 14,80**/S 119.–

Kletterpflanzen
Rankende Begrünung für Fassade, Balkon
und Garten. (5140) Von M. Haberer,
64 S., 70 Farbabb., 2 Zeichnungen,
Pappband. **DM 14,80**/S 119.–

**Mein Kräutergarten
rund ums Jahr**
Täglich schnittfrisch und gesund würzen.
(4192) Von Prof. Dr. G. Lysek, 136 S.,
15 Farbtafeln, 91 Zeichnungen, kart.
DM 16,80/S 139,–

Blühende Zimmerpflanzen
94 Arten mit Pflegeanleitungen. (5010)
Von R. Blaich, 64 S., 107 Farbfotos,
Pappband. **DM 14,80**/S 119.–

Falken-Handbuch Zimmerpflanzen
1600 Pflanzenporträts. (4082) Von R.
Blaich, 432 S., 480 Farbfotos, 84 Zeichnungen, 1600 Pflanzenbeschreibungen,
Pappband. **DM 39,–**/S 319.–

Blütenpracht in Grolit 2000
Der neue, mühelose Weg zu farbenpräch-
tigen Zimmerpflanzen. (5127) Von G.
Vocke, 64 S., 50 Farbfotos, Pappband.
DM 14,80/S 119.–

Ziergräser
Über 100 Arten erfolgreich kultivieren.
(0829) Von H. Jantra, 104 S., 73 Farbfotos, 6 Farbzeichnungen, kart.
DM 16,80/S 139.–

Bonsai
Japanische Miniaturbäume und Miniatur-
landschaften. Anzucht, Gestaltung und
Pflege. (4091) Von B. Lesniewicz, 160 S.,
106 Farbfotos, 46 s/w-Fotos, 115 Zeichnungen, gebunden. **DM 68,–**/S 549.–

**Zimmerbäume, Palmen und andere
Blattpflanzen**
Standort, Pflege, Vermehrung, Schädlinge.
(5111) Von G. Schoser, 96 S., 98 Farb-
fotos, 7 Zeichnungen, Pappband.
DM 19,80/S 159.–

Biologisch zimmergärtnern
Zier- und Nutzpflanzen natürlich pflegen.
(4144) Von N. Jorek, 152 S., 15 Farbtafeln, 120 s/w-Fotos, Pappband.
DM 19,80/S 159.–

Hydrokultur
Pflanzen ohne Erde – mühelos gepflegt.
(4080) Von H.-A. Rotter, 120 S., 82 Abb.,
Pappband. **DM 19,80**/S 159.–

Zimmerpflanzen in Hydrokultur
Leitfaden für problemlose Blumenpflege.
(0660) Von H.-A. Rotter, 32 S., 76 Farbfotos, 8 farbige Zeichnungen, Pappband.
DM 7,80/S 69.–

Sukkulenten
Mittagsblumen, Lebende Steine, Wolfs-
milchgewächse u. a. (5070) Von W. Hoffmann, 64 S., 82 Farbfotos, Pappband.
DM 14,80/S 119.–

Kakteen und andere Sukkulenten
300 Arten mit über 500 Farbfotos.
(4116) Von G. Andersohn, 316 S., 520
Farbfotos, 193 Zeichnungen, Pappband.
DM 49,–/S 398.–

Fibel für Kakteenfreunde
(0199) Von H. Herold, 102 S., 23 Farbfotos, 37 s/w-Abb., kart. **DM 7,80**/S 69.–

Kakteen
Herkunft, Anzucht, Pflege, Arten. (5021)
Von W. Hoffmann, 64 S., 70 Farbfotos,
Pappband. **DM 14,80**/S 119.–

Kakteen
Faszinierende Formen und Farben
(4211) Von K. und F. Schild, 96 S.,
127 Farbfotos, Pappband.
DM 24,80/S 198.–

Orchideen
(4215) Von G. Schoser, 96 S., 143 Farbfotos, Pappband. **DM 24,80**/S 198.–

Falken-Handbuch Orchideen
Lebensraum, Kultur, Anzucht und Pflege.
(4231) Von G. Schoser, 144 S., 121 Farbfotos, 28 Farbzeichnungen, Pappband.
DM 29,80/S 239,–

Falken-Handbuch Katzen
(4158) Von B. Gerber, 176 S., 294 Farb-
und 88 s/w-Fotos, Pappband.
DM 39,–/S 319,–

Katzen
Rassen · Haltung · Pflege. (4216) Von
B. Eilert-Overbeck, 96 S., 82 Farbfotos,
Pappband. **DM 24,80**/S 198.–

Das neue Katzenbuch
Rassen – Aufzucht – Pflege. (0427) Von
B. Eilert-Overbeck, 136 S., 14 Farbfotos,
26 s/w-Fotos, kart. **DM 8,80**/S 74.–

Lieblinge auf Samtpfötchen Katzen
(2202) Von B. Eilert-Overbeck, 80 S.,
53 Farbfotos, 5 s/w-Fotos, 1 Zeichnung,
Pappband. **DM 9,80**/S 85.–

Katzenkrankheiten
Erkennung und Behandlung. Steuerung
des Sexualverhaltens. (0652) Von Dr.
med. vet. R. Spangenberg, 176 S.,
64 s/w-Fotos, 4 Zeichnungen, kart.
DM 9,80/S 79.–

Falken-Handbuch Hunde
(4118) Von H. Bielfeld, 176 S., 222 Farbfotos und Farbzeichnungen, 73 s/w-Abb.,
Pappband. **DM 39,–**/S 319.–

Hunde
Die treuen Freunde des Menschen (2207)
Von R. Spangenberg, 80 S., 49 Farbfotos
und Zeichnungen, Pappband.
DM 9,80/S 85,–

Hunde
Rassen · Erziehung · Haltung. (4209)
Von H. Bielfeld, 96 S., 101 Farbfotos,
Pappband. **DM 24,80**/S 198.–

Das neue Hundebuch
Rassen · Aufzucht · Pflege. (0009) Von
W. Busack, überarbeitet von Dr. med. vet.
A. H. Hacker und H. Bielfeld, 112 S.,
8 Farbtafeln, 27 s/w-Fotos, 6 Zeichnun-
gen, kart. **DM 8,80**/S 74.–

Der Deutsche Schäferhund
(4077) Von U. Förster, 228 S., 160 Abb.,
Pappband. **DM 29,80**/S 239.–

Der Deutsche Schäferhund
Aufzucht, Pflege und Ausbildung. (0073)
Von A. Hacker, 104 S., 56 Abb., kart.
DM 7,80/S 69.–

Dackel, Teckel, Dachshund
Aufzucht · Pflege · Ausbildung. (0508)
Von M. Wein-Gysae, 112 S., 4 Farbtafeln,
43 s/w-Fotos, 2 Zeichnungen, kart.
DM 9,80/S 79.–

Hundeausbildung
Verhalten – Gehorsam – Abrichtung.
(0346) Von Prof. Dr. R. Menzel, 96 S.,
18 Fotos, kart. **DM 7,80**/S 69.–

Grundausbildung für Gebrauchshunde
Schäferhund, Boxer, Rottweiler, Dober-
mann, Riesenschnauzer, Airedaleterrier,
Hovawart und Bouvier. (0801) Von M.
Schmidt und W. Koch, 104 S., 8 Farbtafeln, 51 s/w-Fotos, 5 s/w-Zeichnungen,
kart. **DM 9,80**/S 79.–

Hundekrankheiten
Erkennung und Behandlung, Steuerung
des Sexualverhaltens. (0570) Von
Dr. med. vet. R. Spangenberg, 128 S.,
68 s/w-Fotos, 10 Zeichnungen, kart.
DM 9,80/S 79.–

Falken-Handbuch Pferde
(4186) Von H. Werner, 176 S., 196 Farb-
und 50 s/w-Fotos, 100 Zeichnungen,
Pappband. **DM 48,–**/S 389,–

Ponys
Rassen, Haltung, Reiten. (4205) Von
S. Braun, 96 S., 84 Farbfotos, Pappband.
DM 24,80/S 198.–

Schmetterlinge
Tagfalter Miteleuropas erkennen und
benennen. (0510) Von T. Ruckstuhl, 136 S.,
136 Farbfotos, kart. **DM 16,80**/S 139.–

Wellensittiche
Arten · Haltung · Pflege · Sprechunterricht · Zucht. (5136) Von H. Bielfeld,
64 S., 59 Farbfotos, Pappband.
DM 14,80/S 119.–

Papageien und Sittiche
Arten · Pflege · Sprechunterricht.
(0591) Von H. Bielfeld, 112 S., 8 Farbtafeln, kart. **DM 9,80**/S 79.–

Geflügelhaltung als Hobby
(0749) Von M. Baumeister, H. Meyer,
184 S., 8 Farbtafeln, 47 s/w-Fotos,
15 Zeichnungen, kart. **DM 16,80**/S 139,–

Falken-Handbuch Das Terrarium
(4069) Von B. Kahl, P. Gaupp,
Dr. G. Schmidt, 336 S., 215 Farbfotos,
geb. **DM 58,–**/S 460.–

DIE TIERSPRECHSTUNDE
Alles über Igel in Natur und Garten
(0810) Von Dr. med. vet. E. M. Barten-
schlager, 68 S., 51 Farbfotos, kart.
DM 9,80/S 79.–

DIE TIERSPRECHSTUNDE
Alles über Meerschweinchen
(0809) Von Dr. med. vet. E. M. Barten-
schlager, 72 S., 43 Farbfotos, 11 Farbzeichnungen, kart. **DM 9,80**/S 79.–

Das Süßwasser-Aquarium
Einrichtung · Pflege · Fische · Pflanzen.
(0153) Von H. J. Mayland, 152 S.,
16 Farbtafeln, 43 s/w-Zeichnungen, kart.
DM 12,80/S 99,–

Falken-Handbuch
Süßwasser-Aquarium
(4191) Von H. J. Mayland, 288 S.,
564 Farbfotos, 75 Zeichnungen,
Pappband. **DM 49,–**/S 398,–

Cichliden
Pflege, Herkunft und Nachzucht der
wichtigsten Buntbarscharten. (5144) Von
Jo in't Veen, 96 S., 163 Farbfotos,
Pappband. **DM 19,80**/S 159,–

Gesundheit

Die Frau als Hausärztin
Der unentgeltliche Ratgeber für die
Gesundheit. (4072) Von Dr. med.
A. Fischer-Dückelmann, 808 S., 14 Farb-
tafeln, 146 s/w-Fotos, 203 Zeichnungen,
Pappband. **DM 29,80**/S 239,–

**Heiltees und Kräuter für die
Gesundheit**
(4123) Von G. Leibold, 136 S., 15 Farbtafeln, 16 Zeichnungen, kart.
DM 14,80/S 119.–

Falken-Handbuch
Heilkräuter
Modernes Lexikon der Pflanzen und
Anwendungen (4076) Von G. Leibold,
392 S., 183 Farbfotos, 22 Zeichnungen,
geb. **DM 39,–**/S 319.–

Die farbige Kräuterfibel
Heil- und Gewürzpflanzen. (0245) Von
I. Gabriel, 196 S., 49 farbige und
97 s/w-Abb., kart. **DM 14,80**/ S 119.–

Arzneikräuter und Wildgemüse
erkennen und benennen. (0459) Von
J. Raithelhuber, 144 S., 108 Farbfotos,
31 Zeichnungen, kart. **DM 16,80**/S 139.–

Falken-Handbuch
Bio-Medizin
Alles über die moderne Naturheilpraxis.
(4136) Von G. Leibold, 552 S., 38 Farb-
fotos, 232 s/w-Abb., Pappband.
DM 39,–/ S 319.–

Enzyme
(0677) Von G. Leibold, 96 S., kart.
DM 9,80/S 79.–

Heilfasten
(0713) Von G. Leibold, 108 S., kart.
DM 9,80/S 79.–

**So lebt man länger nach Dr. Le
Comptes Erfolgsmethode!**
Vital und gesund bis ins hohe Alter.
(4129) Von Dr. H. Le Compte,
P. Pervenche, 224 S., gebunden.
DM 24,80/S 198.–

**Gesundheit und Spannkraft durch
Yoga**
(0321) Von L. Frank und U. Ebbers,
112 S., 50 s/w-Fotos, kart.
DM 7,80/S 69.–

Yoga für jeden
(0341) Von K. Zebroff, 156 S., 135 Abb.,
Spiralbindung, **DM 20,–**/S 160.–

Yoga für Schwangere
Der Weg zur sanften Geburt. (0777) Von
V. Bolesta-Hahn, 68 S., 76 2-farbige
Abb. **DM 12,80**/S 99,–

**Yoga gegen Haltungsschäden und
Rückenschmerzen**
(0394) Von A. Raab, 104 S., 215 Abb.,
kart. **DM 6,80**/S 59.–

Hypnose und Autosuggestion
Methoden – Heilwirkungen – praktische
Beispiele. (0483) Von G. Leibold, 116 S.,
kart. **DM 7,80**/S 69.–

Autogenes Training
Anwendung · Heilwirkungen · Methoden.
(0541) Von R. Faller, 128 S., 3 Zeichnungen, kart. **DM 9,80**/S 79.–

**Die fernöstliche Fingerdrucktherapie
Shiatsu**
Anleitungen zur Selbsthilfe – Heilwirkungen. (0615) Von G. Leibold, 196 S.,
180 Abb., kart. **DM 16,80**/S 139.–

Eigenbehandlung durch Akupressur
Heilwirkungen – Energielehre – Meri-
diane. (0417) Von G. Leibold, 152 S.,
78 Abb., kart. **DM 9,80**/S 79.–

Chinesische Naturheilverfahren
Selbstbehandlung mit bewährten
Methoden der physikalischen Therapie.
Atemtherapie · Heilgymnastik · Selbst-
massage · Vorbeugen · Behandeln · Ent-
spannen. (4247) Von F. Tjoeng Lie,
160 S., 292 zweifarbige Zeichnungen,
Pappband. **DM 29,80**/S 239.–

Bauch, Taille und Hüfte gezielt formen
durch **Aktiv Yoga**
(0709) Von K. Zebroff, 112 S., 102 Farbfotos, Spiralbindung, **DM 14,80**/S 119,–

10 Minuten täglich Tele-Gymnastik
(5102) Von B. Manz und K. Biermann,
128 S., 381 Abb., kart.
DM 14,80/S 119.–

Gesund und fit durch Gymnastik
(0366) Von H. Pilss-Samek, 132 S.,
150 Abb., kart. **DM 9,80**/S 79.–

Stretching
Mit Dehnungsgymnastik zu Entspannung, Geschmeidigkeit und Wohl-
befinden. (0717) Von H. Schulz, 80 S.,
90 s/w-Fotos, kart. **DM 7,80**/S 69.–

Gesund und leistungsfähig durch
**Konditionsübungen, Fitneßtraining,
Wirbelsäulengymnastik**
(0844) Von R. Milser, K. Grafe, 104 S.,
99 Farbfotos, 12 Farbzeichnungen, 5 s/w-
Zeichnungen, kart. **DM 16,80**/S 139.–

Schönheitspflege
Kosmetische Tips für jeden Tag. (0493)
Von H. Zander, 80 S., 25 Abb., kart.
DM 7,80/S 69.–

Natur-Apotheke
Gesundheit durch altbewährte Kräuter-
rezepte und Hausmittel.
(4156) Von G. Leibold, 236 S., 8 Farbtafeln, 100 Zeichnungen, kart.,
DM 19,80/S 159.–
(4157) Pappband, **29,80**/S 239.–

**Diät bei Krankheiten des Magens und
Zwölffingerdarms**
Rezeptteil von B. Zöllner. (3201) Von
Prof. Dr. med. H. Kaess, 96 S., 4 Farb-
tafeln, kart. **DM 10,80**/S 85.–

**Diät bei Herzkrankheiten und
Bluthochdruck**
Salzarme (natriumarme) Kost. Rezeptteil
von B. Zöllner. (3202) Von Prof. Dr. med.
H. Rottka, 92 S., 4 Farbtafeln, kart.
DM 10,80/S 85.–

**Diät bei Erkrankungen der Niere und
Harnwege, bei Nierensteinen und bei
Dialysebehandlung**
Rezeptteil von B. Zöllner. (3203) Von
Prof. Dr. med. H. J. Sarre und Prof. Dr.
med. R. Kluthe, 100 S., 4 Farbtafeln,
kart. **DM 10,80**/S 85.–

Richtige Ernährung im Alter
Rezeptteil von B. Zöllner. (3204) Von
Priv.-Doz. Dr. med. H.-J. Pusch und Dr.
med. W. Koch, 88 S., 4 Farbtafeln, kart.
DM 10,80/S 85.–

Diät bei Gicht und Harnsäuresteinen
Rezeptteil von B. Zöllner. (3205) Von
Prof. Dr. med. N. Zöllner, 80 S., 4 Farb-
tafeln, kart. **DM 10,80**/S 85.–

Diät bei Zuckerkrankheit
Rezeptteil von B. Zöllner. (3206) Von
Prof. Dr. med. P. Dieterle, 80 S., 4 Farb-
tafeln, kart. **DM 10,80**/S 85.–

**Diät bei Krankheiten der Gallenblase,
Leber und Bauchspeicheldrüse**
Rezeptteil von B. Zöllner. (3207) Von
Prof. Dr. med. H. Kasper, 88 S., 4 Farb-
tafeln, kart. **DM 10,80**/S 85.–

**Diät bei Störungen des Fettstoff-
wechsels und zur Vorbeugung der
Arteriosklerose**
Rezeptteil von B. Zöllner. (3208) Von
Prof. Dr. med. G. Wolfram und Dr. med.
O. Adam, 104 S., 4 Farbtafeln, kart.
DM 10,80/S 85.–

Diät bei Übergewicht
Rezeptteil von B. Zöllner. (3209) Von
Priv.-Doz. Dr. med. Ch. Keller, 96 S.,
4 Farbtafeln, kart. **DM 10,80**/S 85.–

Diät bei Darmkrankheiten
Durchfall – Divertikulose, Reizdarm und
Darmträgheit – einheimische Sprue
(Zöliakie) – Disaccharidasemangel –
Dünndarmresektion – Dumping
Syndrom. Rezeptteil von B. Zöllner.
(3211) Von Prof. Dr. med. G. Strohmeyer,
88 S., 4 Farbtafeln, kart.
DM 10,80/S 85.–

**Ballaststoffreiche Kost bei Funktions-
störungen des Darms**
Rezeptteil von B. Zöllner. (3212) Von
Prof. Dr. med. H. Kasper, 80 S., 4 Farbtafeln, kart. **DM 10,80**/S 85.–

Bildatlas des menschlichen Körpers
(4177) Von G. Pogliani, V. Vannini, 112 S.,
402 Farbabb., 28 s/w-Fotos, Pappband,
DM 29,80/S 239.–

Fußmassage
Reflexzonentherapie am Fuß (0714) Von
G. Leibold, 96 S., 38 Zeichnungen, kart.
DM 9,80/S 79.–

Rheuma und Gicht
Krankheitsbilder, Behandlung, Therapie-
verfahren, Selbstbehandlung, richtige
Lebensführung und Ernährung. (0712)
Von Dr. J. Höder, J. Bandick, 104 S., kart.
DM 9,80/S 79.–

Krampfadern
Ursachen, Vorbeugung, Selbstbehandlung, Therapieverfahren. (0727) Von
Dr. med. K. Steffens, 96 S., 38 Abb.,
kart. **DM 9,80**/S 79.–

Gallenleiden
Krankheitsbilder, Behandlung, Therapie-
verfahren, Selbstbehandlung, Richtige
Lebensführung und Ernährung. (0673)
Von Dr. med. K. Steffens, 104 S.,
34 Zeichnungen, kart. **DM 9,80**/S 79,–

Asthma
Pseudokrupp, Bronchitis und Lungen-
emphysem. (0778) Von Prof. Dr. med.
W. Schmidt, 120 S., 56 Zeichnungen,
kart. **DM 9,80**/S 79,–

Vitamine und Ballaststoffe
So ermittle ich meinen täglichen Bedarf
(0746) Von Prof. Dr. M. Wagner,
I. Bongartz, 96 S., 6 Farbabb., zahlreiche
Tabellen, kart. **DM 9,80**/S 79,–

Darmleiden
Krankheitsbilder, Behandlung, Selbst-
behandlung, Richtige Lebensführung und
Ernährung. (0798) Von Dr. med. K. Stef-
fens, 112 S., 46 Zeichnungen, kart.
DM 9,80/S 79,–

Die Preise entsprechen dem Status beim Druck dieses

Massage
(0750) Von B. Rumpler, K. Schutt, 112 S., 116 2-farbige Zeichnungen, kart. **DM 12,80**/S 99,–

Ratgeber Aids
Entstehung, Ansteckung, Krankheitsbilder, Heilungschancen, Schutzmaßnahmen. (0803) Von B. Baartman, Vorwort von Dr. med. H. Jäger, 112 S., 8 Farbtafeln, 4 Grafiken, kart. **DM 16,80**/S 139,–

Wenn Kinder krank werden
Medizinischer Ratgeber für Eltern. (4240) Von Dr. med. I. J. Chasnoff, B. Nees-Delaval, 232 S., 163 Zeichnungen, Pappband. **DM 29,80**/S 239,–

Ratgeber Lebenshilfe

Umgangsformen heute
Die Empfehlungen des Fachausschusses für Umgangsformen. (4015) 282 S., 160 s/w-Fotos, 25 Zeichnungen, Pappband. **DM 29,80**/S 239,–

Der gute Ton
Ein moderner Knigge. (0063) Von I. Wolter, 168 S., 38 Zeichnungen, 53 s/w-Fotos, kart. **DM 9,80**/S 79,–

Haushaltstips von A bis Z
(0759) Von A. Eder, 80 S., 30 Zeichnungen, kart. **DM 7,80**/S 69,–

Wir heiraten
Ratgeber zur Vorbereitung und Festgestaltung der Verlobung und Hochzeit. (4188) Von C. Poensgen, 216 S., 8 s/w-Fotos, 30 s/w-Zeichnungen, 8 Farbtafeln, Pappband. **DM 19,80**/S 159,–

Kleines Dankeschön für die charmante Gastgeberin
(2218) Von S. Gräfin Schönfeldt, 80 S., 46 Farbabb., Pappband. **DM 9,80**/S 85,–

Familienforschung · Ahnentafel · Wappenkunde
Wege zur eigenen Familienchronik. (0744) Von P. Bahn, 128 S., 8 Farbtafeln, 30 Abbildungen, kart. **DM 14,80**/S 119,–

Die Kunst der freien Rede
Ein Intensivkurs mit vielen Übungen, Beispielen und Lösungen. (4189) Von G. Hirsch, 232 S., 11 Zeichnungen, Pappband. **DM 29,80**/S 239,–

Reden zur Taufe, Kommunion und Konfirmation
(0751) Von G. Georg, 96 S., kart. **DM 6,80**/S 59,–

Der richtige Brief zu jedem Anlaß
Das moderne Handbuch mit 400 Musterbriefen. (4179) Von H. Kirst, 376 S., Pappband. **DM 26,80**/S 218,–

Von der Verlobung zur Goldenen Hochzeit
(0393) Von E. Ruge, 120 S., kart. **DM 6,80**/S 59,–

Reden zur Hochzeit
Mustersprachen für Hochzeitstage. (0654) Von G. Georg, 112 S., kart. **DM 6,80**/S 59,–

Glückwünsche, Toasts und Festreden zur Hochzeit
(0264) Von I. Wolter, 128 S., 18 Zeichnungen, kart. **DM 7,80**/S 69,–

Hochzeits- und Bierzeitungen
Muster, Tips und Anregungen. (0288) Von H.-J. Winkler, mit vielen Text- und Gestaltungsanregungen, 116 S., 15 Abb., 1 Musterzeitung, kart. **DM 6,80**/ S 59,–

Kindergedichte zur Grünen, Silbernen und Goldenen Hochzeit
(0318) Von H.-J. Winkler, 104 S., 20 Abb., kart. **DM 5,80**/S 49,–

Die Silberhochzeit
Vorbereitung · Einladung · Geschenkvorschläge · Dekoration · Festablauf · Menüs · Reden · Glückwünsche. (0542) Von K. F. Merkle, 120 S., 41 Zeichnungen, kart. **DM 9,80**/S 79,–

Großes Buch der Glückwünsche
(0255) Hrsg. von O. Fuhrmann, 240 S., 77 Zeichnungen und viele Gestaltungsvorschläge, kart. **DM 9,80**/S 79,–

Neue Glückwunschfibel
für Groß und Klein. (0156) Von R. Christian-Hildebrandt, 96 S., kart. **DM 4,80**/S 39,–

Glückwunschverse für Kinder
(0277) Von B. Ulrici, 80 S., kart. **DM 5,80**/S 49,–

Die Redekunst
Rhetorik · Rednererfolg (0076) Von K. Wolter, überarbeitet von Dr. W. Tappe, 80 S., kart. **DM 5,80**/S 49,–

Reden und Ansprachen
für jeden Anlaß. (4009) Hrsg. von F. Sicker, 454 S., gebunden. **DM 39,–**/S 319,–

Reden zum Jubiläum
Musteransprachen für viele Gelegenheiten (0595) Von G. Georg, 112 S., kart. **DM 6,80**/S 59,–

Reden zum Ruhestand
Musteransprachen zum Abschluß des Berufslebens (0790) Von G. Georg, 104 S., kart. **DM 7,80**/S 69,–

Reden und Sprüche zu Grundsteinlegung, Richtfest und Einzug
(0598) Von A. Bruder, G. Georg, 96 S., kart. **DM 6,80**/S 59,–

Reden zu Familienfesten
Musteransprachen für viele Gelegenheiten. (0675) Von G. Georg, 108 S., kart. **DM 6,80**/S 59,–

Reden zum Geburtstag
Musteransprachen für familiäre und offizielle Anlässe. (0773) Von G. Georg, 104 S., kart. **DM 7,80**/S 69,–

Festreden und Vereinsreden
Ansprachen für festliche Gelegenheiten. (0069) Von K. Lehnhoff, E. Ruge, 88 S., kart. **DM 5,80**/S 49,–

Reden im Verein
Musteransprachen für viele Gelegenheiten. (0703) Von G. Georg, 112 S., kart., **DM 6,80**/S 59,–

Trinksprüche
Fest- und Damenreden in Reimen. (0791) Von L. Metzner, 88 S., 14 s/w-Zeichnungen, kart. **DM 7,80**/S 69,–

Trinksprüche, Richtsprüche, Gästebuchverse
(0224) Von D. Kellermann, 80 S., kart. **DM 5,80**/S 49,–

Ins Gästebuch geschrieben
(0576) Von K. H. Trabeck, 96 S., 24 Zeichnungen, kart. **DM 7,80**/S 69,–

Poesiealbumverse
Heiteres und Besinnliches. (0578) Von A. Göttling, 112 S., 20 Zeichnungen, Pappband. **DM 14,80**/S 119,–

Verse fürs Poesiealbum
(0241) Von I. Wolter, 96 S., 20 Abb., kart. **DM 5,80**/S 49,–

Rosen, Tulpen, Nelken . . .
Beliebte Verse fürs Poesiealbum
(0431) Von W. Pröve, 96 S., 11 Faksimile-Abb., kart. **DM 5,80**/S 49,–

Der Verseschmied
Kleiner Leitfaden für Hobbydichter. Mit Reimlexikon. (0597) Von T. Parisius, 96 S., 28 Zeichnungen, kart. **DM 7,80**/S 69,–

Was wäre das Leben ohne Hoffnung
Trostreiche Worte
(2224) Hrsg. E. Heinold, 80 S., 23 Farbfotos, Pappband. **DM 9,80**/S 85,–

Moderne Korrespondenz
Handbuch für erfolgreiche Briefe. (4014) Von H. Kirst und W. Manekeller, 544 S., gebunden. **DM 39,–**/S 319,–

Der neue Briefsteller
Musterbriefe für alle Gelegenheiten. (0060) Von I. Wolter-Rosendorf, 112 S., kart. **DM 5,80**/S 49,–

Geschäftliche Briefe
des Privatmanns, Handwerkers, Kaufmanns. (0041) Von A. Römer, 120 S., kart. **DM 6,80**/S 59,–

Behördenkorrespondenz
Musterbriefe – Anträge – Einsprüche. (0412) Von E. Ruge, 120 S., kart. **DM 7,80**/S 69,–

Musterbriefe
für alle Gelegenheiten. (0231) Hrsg. von O. Fuhrmann, 240 S., kart. **DM 9,80**/S 79,–

Privatbriefe
Muster für alle Gelegenheiten. (0114) Von I. Wolter-Rosendorf, 132 S., kart. **DM 6,80**/S 59,–

Briefe zu Geburt und Taufe
Glückwünsche und Danksagungen. (0802) Von H. Beitz, 96 S., 12 Zeichnungen, kart. **DM 7,80**/S 79,–

Erfolgstips für den Schriftverkehr
Briefwechsel leicht gemacht durch einfachen Stil und klaren Ausdruck (0678) Von J. Werbellin, 120 S., kart. **DM 8,80**/S 74,–

Worte und Briefe der Anteilnahme
(0464) Von E. Ruge, 128 S., mit vielen Abb., kart. **DM 7,80**/S 79,–

Reden in Trauerfällen
Musteransprachen für Beerdigungen und Trauerfeiern (0736) Von G. Georg, 104 S., kart. **DM 6,80**/S 59,–

Lebenslauf und Bewerbung
Beispiele für Inhalt, Form und Aufbau. (0428) Von H. Friedrich, 112 S., kart. **DM 6,80**/S 59,–

Erfolgreiche Bewerbungsbriefe und Bewerbungsformen
(0138) Von W. Manekeller, 88 S., kart. **DM 5,80**/S 49,–

Die erfolgreiche Bewerbung
Bewerbung und Vorstellung. (0173) Von W. Manekeller, 156 S., kart. **DM 9,80**/S 79,–

Die Bewerbung
Der moderne Ratgeber für Bewerbungsbriefe, Lebenslauf und Vorstellungsgespräche. (4138) Von W. Manekeller, 264 S., Pappband. **DM 19,80**/S 159,–

Vorstellungsgespräche
sicher und erfolgreich führen (0636) Von H. Friedrich, 144 S., kart. **DM 9,80**/S 79,–

Keine Angst vor Einstellungstests
Ein Ratgeber für Bewerber. (0793) Von Ch. Titze, 120 S., 67 Zeichnungen, kart. **DM 9,80/S 79.–**

Zeugnisse im Beruf
richtig schreiben, richtig verstehen. (0544) Von H. Friedrich, 112 S., kart. **DM 9,80/S 79.–**

In Anerkennung Ihrer . . . ,
Lob und Würdigung in Briefen und Reden.
(0535) Von H. Friedrich, 136 S., kart. **DM 9,80/S 79.–**

Erfolgreiche Kaufmannspraxis
Wirtschaftliche Grundlagen, Geld, Kreditwesen, Steuern, Betriebsführung, Recht, EDV. (4046) Von W. Göhler, H. Gölz, M. Heibel, Dr. D. Machenheimer, 544 S., gebunden. **DM 39,–/S 319.–**

Der Rechtsberater im Haus
(4048) Von K.-H. Hofmeister, 528 S., gebunden. **DM 39,–/S 319.–**

Arbeitsrecht
Praktischer Ratgeber für Arbeitnehmer und Arbeitgeber, (0594) Von J. Beuthner, 192 S., kart. **DM 16,80/S 139.–**

Mietrecht
Leitfaden für Mieter und Vermieter. (0479) Von J. Beuthner, 196 S., kart. **DM 14,80/S 119.–**

Familienrecht
Ehe – Scheidung – Unterhalt. (4190) Von T. Drewes, R. Hollender, 368 S., Pappband. **DM 29,80/S 239,–**

Erziehungsgeld, Mutterschutz, Erziehungsurlaub
Alles über das neue Recht für Eltern. Mit den Gesetzestexten. (0835) Von J. Grönert, 144 S., kart. **DM 12,80/S 99.–**

Scheidung und Unterhalt
nach dem neuen Eherecht. (0403) Von Rechtsanwalt H. T. Drewes, 112 S., mit Kosten- und Unterhaltstabellen, kart. **DM 7,80/S 69.–**

Testament und Erbschaft
Erbfolge, Rechte und Pflichten der Erben, Erbschafts- und Schenkungssteuer, Mustertestamente. (4139) Von T. Drewes, R. Hollender, 304 S., Pappband. **DM 26,80/S 218.–**

Erbrecht und Testament
Mit Erläuterungen des Erbschaftssteuergesetzes von 1974. (0046) Von Dr. jur. H. Wandrey, 224 S., kart. **DM 6,80/S 59.–**

Endlich 18 und nun?
Rechte und Pflichten mit der Volljährigkeit. (0646) Von R. Rathgeber, 224 S., 27 Zeichnungen, kart. **DM 14,80/S 119.–**

Was heißt hier minderjährig?
(0765) Von R. Rathgeber, C. Rummel, 148 S., 50 Fotos, 25 Zeichnungen, kart. **DM 14,80/S 119.–**

Erfolgreiche Bewerbung um einen Ausbildungsplatz
(0715) Von H. Friedrich, 136 S., kart. **DM 9,80/S 79,–**

Elternsache Grundschule
(0692) Hrsg. von K. Meynersen, 324 S., kart. **DM 26,80/S 218.–**

Sexualberatung
(0402) Von Dr. M. Röhl, 168 S., 8 Farbtafeln, 17 Zeichnungen, Pappband. **DM 19,80/S 159.–**

Die Kunst des Stillens
nach neuesten Erkenntnissen (0701) Von Prof. Dr. med. E. Schmidt/ S. Brunn, 112 S., 20 Fotos und Zeichnungen, kart. **DM 9,80/S 79.–**

Wenn Sie ein Kind bekommen
(4003) Von U. Klamroth, Dr. med. H. Oster, 240 S., 86 s/w-Fotos, 30 Zeichnungen, Pappband. **DM 24,80/S 198.–**

Vorbereitung auf die Geburt
Schwangerschaftsgymnastik, Atmung, Rückbildungsgymnastik. (0251) Von S. Buchholz, 112 S., 98 s/w-Fotos, kart. **DM 6,80/S 59.–**

Wie soll es heißen?
(0211) Von D. Köhr, 136 S., kart. **DM 5,80/S 49.–**

Das Babybuch
Pflege · Ernährung · Entwicklung. (0531) Von A. Burkert, 128 S., 16 Farbtafeln, 38 s/w-Fotos, 30 Zeichnungen, kart. **DM 12,80/S 99.–**

Wenn der Mensch zum Vater wird
Ein heiter-besinnlicher Ratgeber. (4259) Von D. Zimmer, 160 S., 20 Zeichnungen, Pappband. **DM 19,80/S 159.–**

Mitmachen – die Umwelt retten!
Das Öko-Testbuch
Analysen und Experimente zur Eigeninitiative. (4160) Von M. Häfner, 400 Farbfotos, 137 farbige Zeichnungen, Pappband. **DM 39,–/S 319.–**

Die neue Lebenshilfe Biorhythmik
Höhen und Tiefen der persönlichen Lebenskurven vorausberechnen und danach handeln. (0458) Von W. A. Appel, 157 S., 63 Zeichnungen, Pappband. **DM 12,80/S 99.–**

Vom Urkrümel zum Atompilz
Evolution – Ursache und Ausweg aus der Krise. (4181) Von Jürgen Voigt, 188 S., 20 Farb- und 70 s/w-Fotos, 32 Zeichnungen, kart. **DM 19,80/S 159.–**

Dinosaurier
und andere Tiere der Urzeit. (4219) Von G. Alschner, 96 S., 81 Farbzeichnungen, 4 Fotos, Pappband. **DM 24,80/S 198.–**

Der Sklave Calvisius
Alltag in einer römischen Provinz 150 n. Chr. (4058) Von A. Ammermann, T. Röhrig, G. Schmidt, 120 S., 99 Farbabb., 47 s/w-Abb., Pappband. **DM 19,80/S 159.–**

ZDF · ORF · DRS
Kompaß Jugend-Lexikon
(4096) Von R. Kerler, J. Blum, 336 S., 766 Farbfotos, 39 s/w-Abb., Pappband. **DM 39,–/S 319.–**

Astrologie
Das Orakel der Sterne. (2211) Von B. A. Mertz, 80 S., 42 Farb- und 15 s/w-Fotos, Pappband. **DM 9,80/S 85,–**

Psycho-Tests
– Erkennen Sie sich selbst. (0710) Von B. M. Nash, R. B. Monchick, 304 S., 81 Zeichnungen, kart. **DM 16,80/S 139,–**

Falken-Handbuch Astrologie
Charakterkunde · Schicksal · Liebe und Beruf · Berechnung und Deutung von Horoskopen · Aszendenttabelle. (4068) Von B. A. Mertz, 342 S., mit 60 erläuternden Grafiken, gebunden. **DM 29,80/S 239.–**

Selbst Wahrsagen mit Karten
Die Zukunft in Liebe, Beruf und Finanzen. (0404) Von R. Koch, 112 S., 252 Abb., Pappband. **DM 12,80/S 99.–**

Weissagen, Hellsehen, Kartenlegen . . .
Wie jeder die geheimen Kräfte ergründen und für sich nutzen kann. (4153) Von G. Haddenbach, 192 S., 40 Zeichnungen, kart. **DM 19,80/S 159.–**

Frauenträume, Männerträume
und ihre Bedeutung. (4198) Von G. Senger, 272 S., mit Traumlexikon, Pappband. **DM 29,80/S 239,–**

Wahrsagen mit Tarot-Karten
(0482) Von E. J. Nigg, 112 S., 4 Farbtafeln, 52 s/w-Abb., Pappband. **DM 14,80/S 119.–**

Aztekenhoroskop
Deutung von Liebe und Schicksal nach dem Aztekenkalender. (0543) Von C.-M. und R. Kerler, 160 S., 20 Zeichnungen, Pappband. **DM 9,80/S 79.–**

Was sagt uns das Horoskop?
Praktische Einführung in die Astrologie. (0655) Von B. A. Mertz, 176 S., 25 Zeichnungen, kart. **DM 9,80/S 79.–**

Das Super-Horoskop
Der neue Weg zur Deutung von Charakter, Liebe und Schicksal nach chinesischer und abendländischer Astrologie. (0465) Von G. Haddenbach, kart. **DM 9,80/S 79.–**

Liebeshoroskop für die 12 Sternzeichen
Alles über Chancen, Beziehungen, Erotik, Zärtlichkeit, Leidenschaft. (0587) Von G. Haddenbach, 144 S., 11 Zeichnungen, kart. **DM 7,80/S 69.–**

Die 12 Sternzeichen
Charakter, Liebe und Schicksal. (0385) Von G. Haddenbach, 160 S., Pappband. **DM 12,80/S 99.–**

Die 12 Tierzeichen im chinesischen Horoskop
(0423) Von G. Haddenbach, 128 S., Pappband. **DM 9,80/S 79.–**

Sternstunden
für Liebe, Glück und Geld, Berufserfolg und Gesundheit. Das ganz persönliche Mitbringsel für Widder (0621), Stier (0622), Zwillinge (0623), Krebs (0624), Löwe (0625), Jungfrau (0626), Waage (0627), Skorpion (0628), Schütze (0629), Steinbock (0630), Wassermann (0631), Fische (0632) Von L. Cancer, 62 S., durchgehend farbig, Zeichnungen, Pappband. **DM 5,–/S 39.–**

So deutet man Träume
Die Bildersprache des Unbewußten. (0444) Von G. Haddenbach, 160 S., Pappband. **DM 9,80/S 79,–**

Die Familiie im Horoskop
Glück und Harmonie gemeinsam erleben – Probleme und Gegensätze verstehen und tolerieren. (4161) Von B. A. Mertz, 296 S., 40 Zeichnungen, kart. **DM 19,80/S 159.–**

Erkennen Sie Psyche und Charakter durch **Handdeutung**
(4176) Von B. A. Mertz, 252 S., 9 s/w-Fotos, 160 Zeichnungen, Pappband. **DM 36,–/S 298.–**

Falken-Handbuch Kartenlegen
Wahrsagen mit Tarot-, Skat-, Lenormand- und Zigeunerblättern. (4226) Von B. A. Mertz, 288 S., 38 Farb- und 108 s/w-Abb. Pappband. **DM 39,–/S 319.–**

I Ging der Liebe
Das altchinesische Orakel für Partnerschaft und Ehe. (4244) Von G. Damian-Knight, 320 S., 64 s/w-Zeichnungen, Pappband. **DM 29,80/S 239,–**

Wenn die Schwalben niedrig fliegen
Bauernregeln
(2208) Von G. Haddenbach, 80 S., 52 Farbfotos, Pappband. **DM 9,80/S 85,–**

Die Preise entsprechen dem Status beim Druck dieses

Bauernregeln, Bauernweisheiten, Bauernsprüche
(4243) Von G. Haddenbach, 192 S., 62 Farbabb. 9 s/w-Fotos, 144 s/w-Zeichnungen, Pappband. **DM 29,80**/S 239,–

Computer

Computer Grundwissen
Eine Einführung in Funktion und Einsatzmöglichkeiten. (4302) Von W. Bauer, 176 Seiten, 193 Farb- und 12 s/w-Fotos, 37 Computergrafiken, kart.,
DM 29,80/S 239,–
(4301) Pappband, **DM 39,–**/S 312,–
Einführung in die Programmiersprache BASIC. (4303) Von S. Curran und R. Curnow, 192 S., 92 Zeichnungen, kart. **DM 19,80**/S 159,–
Lernen mit dem Computer. (4304) Von S. Curran und R. Curnow, 144 S., 34 Zeichnungen, Spiralbindung. **DM 19,80**/S 159,–
Computerspiele, Grafik und Musik
(4305) Von S. Curran und R. Curnow, 147 S., 46 Zeichnungen, Spiralbindung. **DM 19,80**/S 159,–
dBase III
Einführung für Einsteiger und Nachschlagewerk für Profis. (4310) Von J. Brehm, G. A. Karl, 211 S., 23 Abb., kart. **DM 58,–**/S 460,–
Das Medienpaket
Buch und Programmdiskette „dBase III" zusammen (4312) **DM 98,–**/S 784,–
Grundwissen Informationsverarbeitung
(4314) Von H. Schiro, 312 S., 59 s/w-Fotos, 133 s/w-Zeichnungen, Pappband. **DM 58,–**/S 460,–
Heimcomputer-Bastelkiste
Messen, Steuern, Regeln mit C 64-, Apple II-, MSX-, TANDY-, MC-, Atari- und Sinclair-Computern. (4309) Von G. A. Karl, 256 S., 160 Zeichnungen, kart. **DM 39,–**/S 319,–
Drucker und Plotter
Text und Grafik für Ihren Computer. (4315) Von K.-H. Koch, 192 S., 12 Farbtafeln, 5 s/w-Fotos, kart. **DM 39,–**/S 319,–
Textverarbeitung mit Home- und Personal-Computern
Systeme – Vergleiche – Anwendungen. (4316) Von A. Görgens, 128 S., 49 s/w-Fotos, kart. **DM 29,80**/S 239,–

Software

Maschinenschreiben
In 10 Tagen spielend gelernt. Von Bernhard Hoppius. (7008) Diskette für den C 64 und C 128 PC. **DM 49,80** (unverb. Preisempf.), (7009) für IBM + kompatible, **DM 79,–** (unverb. Preisempf.), (7010) für Schneider CPC 464, 664, 6128, **DM 69,–** (unverb. Preisempf.).
The Grammar Master
Englische Grammatik üben und beherrschen.
(7002) C 64-Diskettenversion, **DM 49,80**

Lernhilfen

Deutsch für Ausländer im Selbstunterricht
Ausgabe für Jugoslawen
(0261) Von I. Hladek und E. Richter, 132 S., 62 Zeichnungen, kart.
DM 9,80/S 79,–
Deutsch – Ihre neue Sprache.
Grundbuch (0327) Von H.-J. Demetz und J. M. Puente, 204 S., mit über 200 Abb., kart. **DM 14,80**/S 119,–
Glossar Italienisch
(0329) Von H.-J. Demetz und J. M. Puente, 74 S., kart.
DM 9,80/S 79,–
In gleicher Ausstattung:
Glossar Spanisch (0330)
DM 9,80/S 79,–
Glossar Serbokroatisch (0331)
DM 9,80/S 79,–
Glossar Türkisch (0332)
DM 9,80/S 79,–
Glossar Arabisch (0335)
DM 9,80/S 79,–
Glossar Französisch (0337)
DM 9,80/S 79,–
Das Deutschbuch
Ein Sprachprogramm für Ausländer, Erwachsene und Jugendliche.
Autorenteam: J. M. Puente, H.-J. Demetz, S. Sargut, M. Spohner.
Grundbuch Jugendliche
(4915) Von Puente, Demetz, Sargut, Spohner, Hirschberger, Kersten, von Stolzenwaldt, 256 S., durchgehend zweifarbig, kart. **DM 19,80**/S 159,–
Grundbuch Erwachsene
(4901) Von Puente, Demetz, Sargut, Spohner, 292 S., durchgehend zweifarbig, kart. **DM 24,80**/S 198,–
Arbeitsheft
zu Grundbuch Erwachsene und Jugendliche. (4903) Von Puente, Demetz, Sargut, Spohner, 160 S., durchgehend zweifarbig, kart. **DM 16,80**/S 139,–
Aufbaukurs
(4902) Von Puente, Sargut, Spohner, 232 S., durchgehend zweifarbig, kart. **DM 22,80**/S 182,–
Lehrerhandbuch Grundbuch Erwachsene
(4904) 144 S., kart. **DM 14,80**/S 119,–
Lehrerhandbuch Grundbuch Jugendliche
(4929) 120 S., kart. **DM 14,80**/S 119,–
Lehrerhandbuch Aufbaukurs
(4930) 64 S., kart. **DM 9,80**/S 79,–
Glossare Erwachsene:
Türkisch
(4906) 100 S., kart. **DM 9,80**/S 79,–
Englisch
(4912) 100 S., kart. **DM 9,80**/S 79,–
Französisch
(4911) 104 S., kart. **DM 9,80**/S 79,–
Spanisch
(4909) 98 S., kart. **DM 9,80**/S 79,–
Italienisch
(4908) 100 S., kart. **DM 9,80**/S 79,–
Serbokroatisch
(4914) 100 S., kart. **DM 9,80**/S 79,–
Griechisch
(4907) 102 S., kart. **DM 9,80**/S 79,–
Portugiesisch
(4910) 100 S., kart. **DM 9,80**/S 79,–

Polnisch
(4913) 102 S., kart. **DM 9,80**/S 79,–
Arabisch
(4905) 100 S., kart. **DM 9,80**/S 79,–
Glossare Jugendliche:
Türkisch
(4927) 104 S., kart. **DM 9,80**/S 79,–
Italienisch
(4932) Von A. Baumgartner, 104 S., kart. **DM 9,80**/S 79,–
Spanisch
(4933) Von M. Weidemann, 104 S., kart. **DM 9,80**/S 79,–
Serbokroatisch
(4934) Von M. Vuckovic, 104 S., kart. **DM 9,80**/S 79,–
Griechisch
(4936) Von Dr. G. Tzounakis, 112 S., kart. **DM 9,80**/S 79,–
Tonband Grundbuch Erwachsene
(4916) Ø 18 cm. **DM 125,–**/S 1.000,–
Tonband Grundbuch Jugendliche
(4917) Ø 18 cm. **DM 125,–**/S 1.000,–
Tonband Aufbaukurs
(4918) Ø 18 cm. **DM 125,–**/S 1.000,–
Tonband Arbeitsheft
(4919) Ø 18 cm. **DM 89,–**/S 712,–
Kassetten Grundbuch Erwachsene
(4920) 2 Stück à 90 Min. Laufzeit. **DM 39,–**/S 319,–
Kassetten Grundbuch Jugendliche
(4921) 2 Stück à 90 Min. Laufzeit. **DM 39,–**/S 319,–
Kassetten Aufbaukurs
(4922) 2 Stück à 90 Min. Laufzeit. **DM 39,–**/S 319,–
Kassette Arbeitsheft Grundbuch
(4923) 60 Min. Laufzeit. **DM 19,80**/S 159,–
Overheadfolien Grundbuch Erwachsene
(4924) 60 Stück **DM 159,–**/S 1.270,–
Overheadfolien Grundbuch Jugendliche
(4925) 59 Stück. **DM 159,–**/S 1.270,–
Overheadfolien Aufbaukurs
(4931) 54 Stück. **DM 159,–**/S 1.270,–
Diapositive Grundbuch Erwachsene
(4926) 300 Stück. **DM 398,–**/S 3.184,–
Bildkarten
zum Grundbuch Jugendliche und Erwachsene. (4928) 200 Stück.
DM 159,–/S 1.270,–
Arbeitshefte für ausländische Jugendliche in der Berufsvorbereitung
Fachsprache im projektorientierten/ fachübergreifenden Unterricht Metall 1
(4937) Von S. Sargut, M. Spohner, 96 S., 30 Farbfotos, 100 Zeichnungen, kart. **DM 14,80**/S 119,–